"十二五"职业教育国家规划教材

经全国职业教育教材审定委员会审定

早期教育专业系列教材

婴幼儿语言指导活动设计与组织

（第二版）

杨春华　张远丽　主编

科学出版社

北　京

内 容 简 介

本书分为理论篇、实践篇和案例篇三部分，分别从婴幼儿语言发展与教育的基础理论知识、早教和托育机构语言指导活动设计与组织的方法，以及不同年龄段婴幼儿语言指导活动案例几个角度较为详尽地介绍婴幼儿语言指导活动设计与组织的相关内容。此外，本书还在每个单元设置了实践活动、拓展练习和推荐阅读等模块，尽可能地丰富教师教学与学生阅读的内容。

本书既可作为中高职院校相关专业的教材，也可作为早教机构开展婴幼儿语言教育的基础性教材，还可作为广大家长了解婴幼儿语言活动方面的参考用书。

图书在版编目（CIP）数据

婴幼儿语言指导活动设计与组织/杨春华，张远丽主编. —2版. —北京：科学出版社，2025.3

"十二五"职业教育国家规划教材 早期教育专业系列教材

ISBN 978-7-03-077952-6

Ⅰ. ①婴… Ⅱ. ①杨… ②张… Ⅲ. ①婴幼儿-语言教学-高等职业教育-教材 Ⅳ. ①G613.2

中国国家版本馆 CIP 数据核字（2024）第 031540 号

责任编辑：王 彦 周春梅 / 责任校对：赵丽杰
责任印制：吕春珉 / 封面设计：东方人华平面设计部

科学出版社 出版

北京东黄城根北街 16 号
邮政编码：100717
http://www.sciencep.com

三河市中晟雅豪印务有限公司印刷
科学出版社发行 各地新华书店经销

*

2015 年 1 月第 一 版 开本：787×1092 1/16
2025 年 3 月第 二 版 印张：11 3/4
2025 年 3 月第九次印刷 字数：278 000

定价：48.00 元

（如有印装质量问题，我社负责调换）

销售部电话 010-62136230 编辑部电话 010-62130750

随着 2016 年"全面两孩"政策的实施，尤其是 2021 年三孩生育政策及配套支持措施的实施，婴幼儿照护日益成为社会关注的热点，党中央国务院对婴幼儿照护服务给予高度重视。2017 年，党的十九大报告在保障和改善民生的蓝图中，将"幼有所育"排在首位；2017 年 12 月，习近平总书记在中央经济工作会议上强调"着力解决好婴幼儿照护和儿童早期教育服务问题"；2019 年 5 月发布的《国务院办公厅关于促进 3 岁以下婴幼儿照护服务发展的指导意见》明确提出"发展婴幼儿照护服务的重点是为家庭提供科学养育指导，并对确有照护困难的家庭或婴幼儿提供必要的服务"；2022 年 10 月，党的二十大报告中提到"优化人口发展战略，建立生育支持政策体系，降低生育、养育、教育成本"。幼有所育不仅关系国民人口素质的高低，更是促进我国人口长期均衡发展和经济社会持续健康发展的重要议题。

近年来，0～3 岁婴幼儿早期教养指导和托育服务机构的发展，迫切需要大量高素质婴幼儿照护服务专业人才。为此，众多高校和职业院校开设了婴幼儿照护相关专业和课程，但相关专业教材和课程参考用书极其缺乏。

本书是针对婴幼儿照护相关专业而编写的师资培训教材。本书所界定的婴幼儿年龄范围为 0～3 岁。本书内容包括理论篇、实践篇、案例篇三个部分，共九个单元。其中，理论篇主要介绍 0～3 岁婴幼儿语言发展与教育的基础理论知识，实践篇主要介绍早教和托育机构语言指导活动设计与组织的方法，案例篇按照不同年龄段婴幼儿语言发展的特点和教育要求提供活动案例。每个单元设有"学习目标""学习要点""单元导读""案例评析""实践活动""拓展练习""推荐阅读"等模块，既有理论阐述，又有实例列举，既保证了知识学习的系统性，又有利于技能训练的操作性。

本书第二版在维持第一版主线的基础上，作出以下调整和改进。

1）紧跟时代要求，在教材中融入课程思政元素。第二版增加了"相关政策"栏目，加强婴幼儿照护相关政策法规的宣传，提高学生对婴幼儿照护工作重要性的认识，强化专业意识与荣誉感。

2）紧跟学科发展前沿进行知识更新，及时反映婴幼儿语言发展方面的新理论、新成果、新动态。第二版根据当前婴幼儿照护服务人才培养的需要，在原有的早教机构语言领域亲子活动内容的基础上，新增托育机构和家庭语言教育活动案例，将早教机构、托育机构和家庭教育相结合，提高教师对家庭进行科学养育指导服务的能力。

3）教材内容呈现形式丰富化、多元化。第二版在原有的文字、表格等内容基础上，增加了微课和教学视频案例，并通过二维码的方式进行呈现，使教材内容更加生动、直观、形象。

本书由成都大学杨春华、成都师范学院张远丽担任主编，杨春华负责统稿、定稿。第二版修订人员包括：杨春华（负责单元一至单元六的修订）；张远丽（负责单元七至单元九的修订）；合肥幼儿师范高等专科学校吴敏（参与单元三的修订）；合肥幼儿师范高等专科学校附属实验幼儿园薛会群、任童玉，成都金苹果呷呀学苑邓婷（参与单元七至单元九案例的修订）。感谢成都市金牛区社区教育学院早教指导中心王玉提供视频案例。

由于编者水平有限，疏漏之处在所难免，敬请广大同行和读者批评指正。

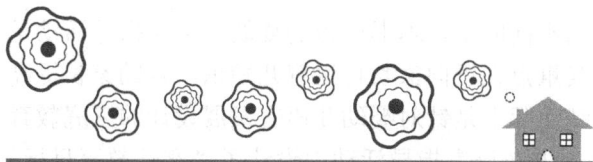

联合国儿童基金会 2000 年底发表的报告指出，婴儿出生以后的 36 个月是成长的关键期，营养和刺激对大脑的发育产生深刻的影响，报告呼吁各国政府及家庭重视 0～3 岁婴幼儿的教育。在中国，各级政府对 0～3 岁婴幼儿早期教育给予了关注。2001 年 5 月，国务院印发《中国儿童发展纲要（2001～2010 年）》，在儿童与教育方面，第一次提出要发展 0～3 岁婴幼儿的早期教养。2003 年，教育部等十部委《关于幼儿教育改革与发展的指导意见》明确提出为 0～6 岁儿童和家长提供早期保育和教育服务，全面提高 0～6 岁儿童家长及看护人员的科学育儿能力。2010 年，国务院颁布的《国家中长期教育改革和发展规划纲要（2010～2020 年）》明确提出"重视 0～3 岁婴幼儿教育"。

近年来，随着 0～3 岁婴幼儿早期教育事业的发展，各种早教机构如雨后春笋般兴起，亲子活动成为众多婴幼儿家长的选择。与传统的以婴幼儿为主要教育对象的早教机构（托儿所、幼儿园）不同的是，现在的早教机构（如早教中心、亲子园等）以社区为依托，对 0～3 岁散居婴幼儿及其家长进行早期教养指导。早教机构不仅要把婴幼儿作为教育对象，而且更强调教师以正确的教育观念和教育方法示范家长，与家长结成教育的伙伴关系，使家长的教育观念和行为发生变化，使教育延伸到家庭中，其宗旨是"提高家长科学育儿水平和能力，提升家庭教育质量"。

本书是针对早教机构婴幼儿语言教育活动设计与组织而编写的师资培训教材。本书所界定的婴幼儿年龄范围为 0～3 岁。本书内容包括理论篇、实践篇、案例篇三个部分，共九个单元。其中，理论篇主要介绍 0～3 岁婴幼儿语言发展与教育的基础理论知识，具体包括婴幼儿语言发展概述、婴幼儿语言教育概述、婴幼儿语言指导活动设计与组织概述三个单元；实践篇主要介绍早教机构语言指导活动设计与组织的方法，包括婴幼儿语言理解指导活动设计与组织、婴幼儿语言表达指导活动设计与组织、婴幼儿早期阅读指导活动设计与组织三个单元；案例篇主要按照不同年龄段儿童语言发展的特点和教育要求，围绕语言发展核心经验提供教育案例，包括 0～1 岁婴儿语言指导活动、1～2 岁幼儿语言指导活动、2～3 岁幼儿语言指导活动三个单元。每个单元设有"学习目标""基础理论""案例评析""实践活动""拓展练习""推荐阅读"等模块，既有理论阐述，又有实例列举，既保证了知识学习的系统性，又有利于技能训练的操作性。

本书是作者在近 10 年的教学和研究基础上，吸收了当前国内外 0～3 岁婴幼儿语言发展和教育最新理论和研究成果编写而成的，也是四川省教育厅教学改革与发展项目"学前教育专业 0～3 岁保教课程模块设计与教学资源建设"的研究成果之一，其中的教学活动案例主要来源于课题实验单位的教学实践案例，具有坚实的实践基础。

本书具有如下特点。第一，突出"早教指导"的新理念。与传统早教机构（如托儿所、幼儿园）针对婴幼儿的教育活动不同的是，本书所指的婴幼儿语言指导活动是婴幼儿教养与家长教育并举的课程，其重点在于向家长传递育儿知识，帮助家长提高育儿水平。所以，婴幼儿语言指导活动实际上是针对婴幼儿语言发展设计的家庭教育示范课，家长成为教育的主要对象。本书在语言指导活动中设计了"家长教育目标""家长指导语""家庭延伸活动""家长观察记录"等内容，目的是指导家长促进婴幼儿语言能力的发展。第二，活动设计思路的新颖性。与传统语言教材一般按照年龄阶段（0～1岁、1～2岁、2～3岁）或语言活动形式（谈话、讲述、语言游戏、文学欣赏、早期阅读等）进行活动设计不同，本书按照0～3岁婴幼儿语言学习与发展的过程，从横向上将0～3岁婴幼儿的语言能力分为"语言感知与理解能力""语言表达与交流能力""早期阅读与欣赏能力"三个方面；从纵向上把0～3岁婴幼儿语言教育分为0～1岁、1～2岁、2～3岁三个年龄段，并围绕这三个方面的能力发展和年龄特点进行活动设计。这种纵横交错的活动设计方法有助于教师及家长理解、把握0～3岁婴幼儿语言发展的特点与规律，使各年龄段语言活动目标更加明确，教育活动的针对性更强。第三，强调实用性和可操作性。本书作为学前教育专业高职高专教材，内容上注重理论联系实际，偏重实践性、应用性知识的阐述，理论知识篇幅较少，并提供了丰富的语言教育游戏和语言指导活动案例，强调实践操作能力的培养。第四，图文并茂，生动有趣。书中结合婴幼儿语言发展与教育的相关内容，穿插"相关链接""延伸阅读""热点讨论""案例评析""教育故事"等内容，并通过丰富的图表对文字内容进行补充和完善，使教材内容更加生动活泼、通俗易懂。

本书可供幼师、中专、高职高专学前教育或早期教育专业学生使用，也可作为育婴师培训和早教机构开展婴幼儿语言教育的基础性教材。

本书由成都大学杨春华和成都师范学院张远丽共同编写，杨春华负责统稿、定稿。具体编写分工如下：单元一、单元二由杨春华编写，单元三、单元四、单元五、单元六由杨春华、张远丽共同编写，单元七、单元八、单元九由张远丽编写。语言指导活动案例由成都三幼树基学前教育管理有限公司早教中心和四川省直属机关东通顺幼儿园提供。

本书在酝酿和编写过程中，得到了成都师范学院文颐教授和四川省教育厅教学改革与发展项目"学前教育专业0～3岁保教课程模块设计与教学资源建设"课题组及项目园的大力支持和帮助，在此表示衷心的感谢。书中还引用了一些图片和资料，在此对其作者一并表示感谢。

由于0～3岁婴幼儿早期教育工作在我国还处于起步阶段，可供使用的国内外研究资料较少，加上作者水平和能力有限，因此在编写过程中难免存在不足之处，敬请广大读者批评指正。

目 录

理 论 篇

实 践 篇

理论篇

单元一
婴幼儿语言发展概述

【学习目标】
1. 了解婴幼儿语言发展的意义。
2. 了解婴幼儿语言发展阶段的划分及特点。
3. 掌握婴幼儿语言发展的过程及规律。
4. 了解语言获得理论三大流派的基本观点，理解婴幼儿语言发生发展的内在机制。
5. 了解婴幼儿语言发展的影响因素。

【学习要点】
1. 婴幼儿语言发展过程及规律。
2. 婴幼儿语言获得理论。
3. 婴幼儿语言发展的影响因素。

【单元导读】
语言是以语音为载体、以词为基本单位、以语法为构建规则的符号系统[①]。语言是一种社会现象，是人们最重要的沟通工具。语言与直立行走和使用工具一样，被视为人类进化和个体发展历程中极其重要的能力之一，语言也是婴幼儿心理发展过程中最重要的内容之一。语言是一种非常复杂的结构系统，但所有生理发育正常的儿童都能在出生四五年内未经任何正式训练而获得听说母语的能力，发展速度是其他复杂心理过程和特征所无法比拟的[②]。

那么，婴幼儿的语言是如何发展的？一个认知能力尚未成熟的婴幼儿是如何在未经任何正式训练的情况下获得语言能力的？影响婴幼儿语言能力发展的因素有哪些？本单元主要介绍婴幼儿语言发展基础理论知识，为语言教育活动的开展奠定基础。

一、婴幼儿语言发展过程及规律

（一）婴幼儿语言发展的意义

无论是作为一份生物遗产，还是作为一份文化遗产，语言对人类个体和社会发展所

---

① 孟昭兰，2003. 婴儿心理学［M］. 北京：北京大学出版社.
② 刘金花，2013. 儿童发展心理学［M］. 上海：华东师范大学出版社.

具有的重要作用，都是毋庸置疑的。语言最显而易见的功能是交流，正常儿童最简单和常用的交流方式就是语言交流。因此，语言能力的发展水平在一定程度上决定了婴幼儿的智力、情感、社会性等方面的发展水平。

1. 语言是婴幼儿智力发展的标志

爱因斯坦认为，一个人的智力发展和他形成概念的方法，在很大程度上取决于语言。研究表明，智力发展的第一个因子是语言能力。语言是标志事物和现象的符号，借助语词（概念），个体才能对事物进行概括，从而感知和了解事物的特征和本质属性。婴幼儿通过语言了解周围的世界，表达感知的结果，通过语言使直觉形象思维发展到抽象概括思维，认识他们不能直接感知的事物，并对事物进行概括、分类、综合、判断、推理。因此，婴幼儿语言能力的好坏与智力水平的高低有密切关系。在现实生活中，常看到这样的现象：语言发展迟缓的婴幼儿常常伴有不同程度的智力障碍。

2. 语言促进婴幼儿社会性和个性的发展

语言是人类在社会实践活动中形成的由语音、词汇、语法规则构成的符号系统，语言是社会交往的工具。个体在刚出生时只能运用表情和动作引起周围人的关注，用哭喊来满足生理上的需要和心理上的依恋需要。随着个体的发展，婴幼儿学会了运用语言这一工具，能更加准确地表达自我，与周围人进行交流。婴幼儿获得语言是婴幼儿社会化进程中的一个里程碑，婴幼儿接触社会、融入社会、与社会相互作用的主要方式就是语言交流。一定的语言理解和表达能力能促进婴幼儿与成人及同伴的交往，掌握社会交往规则，增强社会适应能力。

语言能力强的孩子会经常受到成人的表扬和鼓励，使其自信心增强；善于表达的孩子会和成人"讨论"，陈述自己的观点和想法，从而得到较多机会脱离成人的约束和发展独立性、自主性；口齿伶俐的孩子往往成为游戏活动的领导者。反之，语言能力差的孩子更多地表现出自卑、退缩、依赖、孤立的性格。

3. 语言促进婴幼儿情绪、情感的发展

情绪的良好发展是婴幼儿健康成长的重要标志之一。婴幼儿情绪多变，在其语言能力不够完善时，更多的是依靠身体动作来表达积极或消极的情绪、情感。但是，一旦他们拥有语言这一工具，就会时时刻刻地运用它。语言使婴儿与他人积极交流互动，表达对客观世界的感受，及时倾诉内心想法，宣泄消极情绪，悦纳自我，理解他人。婴幼儿语言的发展能培养表达情绪和控制情绪的能力，从而培养健康、积极的情感。

（二）婴幼儿语言发展阶段

语言发展即语言的获得（又称语言习得），是指儿童对母语的理解和产生能力的获得，主要是母语口头语言说和听的能力的获得[①]。儿童的语言发展是一个连续的、有次序、有规律的过程，是不断由量变到质变的过程。世界各国儿童虽然语言不同，每个儿

---

① 刘金花，2013. 儿童发展心理学［M］. 上海：华东师范大学出版社.

童开始学讲话的时间也略有先后，但语言发展的阶段大体相同：1 岁前是前语言的语音发展阶段，1 岁左右能说出第一个词，1 岁半左右处于简单句阶段，3～4 岁前能掌握本民族最基本的语言（表 1-1）。

表 1-1　语言发展第一次出现的平均年龄

月龄	言语反应情况
0.25	婴儿对声音作一些反应
1.25	微笑着对刺激作出反应； 发出咕咕声； 发出长元音； 转向说话的人； 说"啊——咕"； 发出咂舌声
5	转向叮当响的铃
6	咿呀学语
7	向上侧转看叮当响的铃
8	无区别地说"dada"和"mama"
9	玩躲猫猫这样姿势的游戏； 直接看叮当响的铃； 听懂"不"字
11	把"dada"和"mama"作为名字用； 对加手势指示的直接命令作出反应（如说"把它给我"同时向前伸出手）； 说出第一个词
12	没有用真正的词说出无意义的"句子"； 说出第二个词
13	说出第三个词
14	对没有手势的直接命令作出反应（如不伸手说"把它给我"）
15	说出 4～6 个词
17	用一些真正的词说出无意义的句子； 能够指出身体的 5 个部位； 说出 7～20 个词
19	形成双词联结
21	形成双词句； 掌握 50 个词
24	不加区别地使用代词（我，你）
30	有区别地使用代词（我，你）
36	有区别地使用所有的代词； 掌握 250 个词； 使用复数； 说出三词句

3 岁前婴幼儿语言发展可以划分为既有质的差异又相互关联且时有交叉的三个阶段：0～12 个月是婴幼儿语言发生的准备阶段，称为语言准备阶段；9～14 个月是婴幼儿语言理解与表达能力产生的时期，称为语言发生阶段；13～36 个月是婴幼儿口头语言发生与发展的时期，称为语言发展阶段。

1. 语言准备阶段（0～12 个月）——语音敏感期

0～1 岁是婴儿的言语知觉能力、发音能力和对语言的理解能力初步发展的时期。语言发生的准备主要表现在两个方面：一是理解词的准备，包括语音知觉和对词语的理解；二是说出词的准备，包括发出语音和说出最初的词。

2. 语言发生阶段（9～14 个月）——学话萌芽期

婴幼儿一般在 1 岁左右说出第一个具有一定意义的词，这标志着真正意义上的语言的发生。实际上，婴幼儿语言发生的过程包括语言理解的发生和语言表达的发生（即开口说话）。

1）语言理解的发生。研究表明，婴幼儿大约从 9 个月开始才能真正听懂成人的语言。怎样判断婴幼儿是否理解成人的语言呢？可以采用"话语反应判定法"，即在自然语境中如果婴幼儿对语言刺激能做出合适又恰当的反应（如问"妈妈在哪里？"，婴幼儿能把目光或头转向妈妈或用手指向妈妈），这表明婴幼儿真正听懂了成人的语言。这时婴幼儿能理解一些词义，但还不能说出词。

实验研究

宝宝什么时候明白"妈妈"指的是"您"

一般来说，婴儿首先学会的词就是生活中经常听到的"爸爸""妈妈"等词语。为了弄清楚婴儿到底从多大开始把"爸爸""妈妈"这样的单词和特定的人联系起来，心理学家对 24 名 6 个月的婴儿做了一项实验：研究人员用白色背景拍摄了每位家长的面容，然后让婴儿坐在母亲的膝上，在婴儿两边各放一台电视机，分别播放婴儿母亲或父亲的面容。此时，一个合成的声音在旁边叫"爸爸"或"妈妈"。研究人员观察到，婴儿会用更长的时间去看被叫到的亲人的面容。

为了排除婴儿可能会用"妈妈"来称呼所有妇女，用"爸爸"来称呼所有男人，研究人员又对另一组 24 名 6 个月的婴儿做了一项实验，让他们观看参加第一项实验的婴儿父母的面容的录像。结果发现，这一组婴儿在听到叫声后看电视机里"爸爸"和"妈妈"面容的时间没有什么差别。

这个实验说明，尽管 6 个月的婴儿还不会说话，但他们已经能够清楚地知道谁是自己的爸爸和妈妈。也许，这个阶段的婴儿对其他家庭成员的称呼也能辨别。

（资料来源：赛尔日·西科迪，2008. 100 个心理小实验：帮你更好地了解宝宝 [M]. 王文新，陈明媛，李美平，译. 上海：上海社会科学院出版社.）

2）语言表达的发生。研究表明，婴幼儿大约在10～14个月说出第一个词①。婴幼儿会说出第一个有意义的单词，这是婴幼儿语言发展过程中最为重要的一个里程碑，是语言发生的标志。婴幼儿一般较早掌握的是具体名词。这些词是他们直接摸到过或玩过的东西的名称。然而，对于那些立在那里不动的东西，如家具、树木或商店，儿童是叫不出它们的名称的。有人研究过18名儿童最初说出的10个词，结果表明，这些词都是动物、食物、玩具的名称②。研究还发现，无论说汉语还是说英语的儿童，他们掌握的第一批词非常相似，都是奶、蛋、鞋、娃娃、积木、狗、猫、汽车、球等之类的词③。

3. 语言发展阶段（13～36个月）——口语发展期

经过近一年的言语准备阶段，婴幼儿开始进入正式学说话阶段，又称为语言发展阶段，这一阶段将持续到六七岁。1岁以后，幼儿进入学习口语的全盛时期，主要以词汇学习为主。通过大量词汇的积累，幼儿语言理解与表达能力迅速发展。幼儿口头语言的发展经历了不完整句（单词句、双词句）—完整句（简单句、复杂句）—复句④（联合复句、偏正复句）三个阶段。到3岁左右，幼儿基本掌握了口头语言，可以用语言表达自己的需要和情感，用语言来调节自己的动作和行为，基本上能运用语言与人进行交往。

（三）婴幼儿语言发展规律

婴幼儿语言的发展是一个连续的、有秩序的、有规律的过程，是不断由量变到质变的过程。受遗传、成熟、环境、教育、营养、健康等因素的影响，每个婴幼儿的语言发展各有特征，但世界各国婴幼儿在语言发展顺序和发展特点上有着共同的趋势。

1. 从语言活动过程来看

从语言活动过程来看，语言理解先于语言表达。语言是双向的活动，其活动过程主要包括语言接受（含语言感知、语言理解）和语言表达两个过程。在婴幼儿语言活动发生、发展的过程中，两个过程并不完全同步，语言接受先于语言表达的发生、发展。从语言构成的三个基本要素（语音、词汇、句子）的发展来看，都具有以下特点：①语音知觉发生、发展在先，正确发出语音在后；②语词理解在先，讲出语词在后；③对语句意义理解在先，运用某种语句进行表达在后。例如，八九个月的婴儿虽然还不能开口说话，但能听懂类似"谢谢""再见"这样的简单指令；11个月左右的婴儿一般还不会说"给"这个词，但在听到成人对他说"给我"时，会把自己手上的东西递给成人。

① 庞丽娟，李辉，1993. 婴儿心理学［M］. 杭州：浙江教育出版社.
② 黄希庭，2015. 心理学导论［M］. 北京：人民教育出版社.
③ 陈萍，许政援，1993. 儿童最初词汇的获得及其过程［J］. 心理学报（2）：195-202.
④ 复句：由两个或两个以上意义紧密联系，结构相互独立的单句即分句组成的句子称为复句。分句之间的关系常用连词、副词及一部分起关联作用的短语来表示，复句中的分句之间有一定的逻辑关系。传统语法系统一般把复句分为联合复句（并列、连贯、补充、递进、总分）和偏正复句（因果、条件、转折）.

相关链接

语言的"fis"现象

伯科（Berko）和布朗（Brown）发现：一个儿童把他的玩具充气塑料鱼叫作 fis（正确的发音应是 fish），而当成人故意模仿他的发音也把鱼叫 fis 时，这个儿童却试图纠正成人模仿的发音，说"不是 fis，是 fis"，反复数次，几乎发火。当成人改口说 fish 时，这个儿童才认可，伯科和布朗将这种现象称为"fis"现象。这种现象说明儿童能够识别他们自己还不能发音的词。"fis"现象不是一种偶然现象，而是具有普遍性。这种现象表明，儿童听辨语音的能力已有相当的发展，但是由于发音能力还不健全，从而导致听音和发音的不同步、不匹配。

（资料来源：李宇明，2004. 儿童的语言发展 [M]. 武汉：华中师范大学出版社.）

2. 从语言交流手段来看

从语言交流手段来看，都经历了"非语言交际—口语交际—书面语言"相互交叉的三个阶段。语言是人际交流的重要手段，在语言产生以前，0～1 岁的婴儿主要利用声音、身体姿势及动作来进行交流，属于非语言交流阶段（如点头表示"要"，摇头表示"不"）；2～3 岁主要以口语表达为主（听、说），4 岁以后儿童逐渐掌握书面语言（读、写）。认字是书面语言产生的标志，一般 2～3 岁的幼儿就会认字了，4 岁是书面语言发展的关键期。

3. 从口语表达能力发展来看

从口语表达能力发展来看，都经历了从情境性语言（对话）到连贯性语言（独白）的发展过程。情境性语言是指儿童在对话中常用不连贯的短句，时常辅以手势、动作和表情进行补充表达，听者必须结合具体情境才能理解说话者的意思。连贯性语言主要是在独白中使用的语言，其主要特点是句子完整、前后连贯，听者不需说话者的手势和表情做补充，仅从语言活动本身就能理解说话者的意思。

情境性语言和连贯性语言的主要区别在于是否直接依靠具体事物作支撑。3 岁前的婴幼儿只能进行对话，不会独白，所以他们的语言主要是情境性语言表达。整个幼儿时期都处于从情境性语言向连贯性语言过渡的时期。六七岁以后儿童随着逻辑思维的发展，能运用独白进行较为完整、连贯的讲述，但其发展水平不是很高。连贯语言的发展既依赖于儿童逻辑思维的发展，又能促进儿童逻辑思维和语言表达能力的发展。

相关链接

婴幼儿的情境性语言

15 个月的妞妞发音还不清楚，但会说一些单个的词。妞妞说"歪"，别人不知道她想要什么，只有妈妈知道她要"喝爽歪歪"。可是，有时妞妞说的词，妈妈也需要根据当时的情境猜测她想要表达什么意思。比如，妞妞说"水"，在不同的语境中可能表达不同的意思。午觉起来时，妞妞表达的是"想喝水"；如果几个人都在喝水，唯有一个人没有拿杯子，妞妞说"水"是"要别人喝水"；在水池边，妞妞说"水"是表达"看见水""要玩水"等不同的意思。

（资料来源：袁萍，朱泽舟，2011. 0～3 岁婴儿语言发展与教育［M］. 上海：复旦大学出版社.）

4. 从语言形式来看

从语言形式来看，经历了从"外部语言"到"内部语言"的发展过程。语言可以分为外部语言和内部语言两大类，如图 1-1 所示。

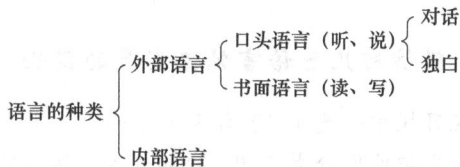

图 1-1　语言的分类

1）外部语言是用来与别人进行交流的语言，包括口头语言（听、说）和书面语言（读、写）两种。口头语言是人通过发音器官发出语音，表达思想和情感的语言，包括对话和独白两种形式。对话是一种最古老、最简单，也是最基本的语言形式（包括聊天、辩论、座谈等），是一种情境性、不连贯的语言。独白是个人独自进行的，与叙述思想、情感相联系的较长而连贯的语言（如报告、演讲、讲课等），是一种连贯性语言。独白语言是在对话语言基础上发展起来的，它比对话语言更复杂。0～3 岁婴幼儿掌握的主要是口头语言中的对话，不会独白。书面语言是用文字来表达思想、情感的语言，一般 4 岁以后才出现。

2）内部语言是一种无声的、对自己讲的语言，它与抽象思维和有计划的行为有密切联系。内部语言是从学前期（4 岁以后）开始产生的，3 岁以前的婴幼儿还没有内部语言。

孩子总是自言自语
怎么办？

二、婴幼儿语言获得理论

婴幼儿语言发展又称婴幼儿语言获得，指的是婴幼儿对母语的理解和表达能力的获得。语言发展是一个极为复杂的过程，婴幼儿为什么能在出生后两三年内不经过任何正式的训练而基本上能顺利地获得听、说母语的能力？他们是怎样学会复杂而抽象的语言规则的？目前，关于儿童语言发生、发展的内在机制的解释主要有三大理论流派，即后天学习决定论、先天决定论和相互作用论。各种理论的分歧主要表现在对语法规则系统获得的解释上。

（一）后天学习决定论

后天学习决定论包括模仿说和强化说，主要强调环境和学习对个体语言获得的决定性影响。

1. 模仿说

模仿说是心理学界关于言语获得机制最早的一种理论假设，由美国心理学家奥尔波特（Allport）率先提出。他认为，婴儿语言只是对成人语言的模仿，是成人语言的简单翻版[①]。模仿说在 20 世纪 20～50 年代很流行，后来的社会学习理论继承了这一观点。如班杜拉（Bandura）认为，婴幼儿的语言能力主要是通过对各种社会言语模式的观察和模仿而获得的，其中大部分是在没有强化的条件下进行的。如果在婴幼儿早期剥夺其社会交往环境，婴幼儿就不可能学会说话，如狼孩。

实验研究

模仿对儿童语言能力发展的影响

卡兹登（Cazden）在日托中心选了 12 名 3 岁半以下的黑人儿童作为被试，并根据儿童的年龄和语言发展水平把他们分成三组，每组 4 人，然后把三组儿童分别置于 3 种不同的条件下。①扩展条件：被试每天接受 40 分钟的强化扩展训练（例如，若儿童说 "that cat"，成人应反应："Yes，that is a cat."）。②模仿条件：被试每天有 40 分钟的时间，在与成人进行自然对话的过程中，学习更完善的成人句子。③控制条件：被试待在实验的房间里，但不给予任何训练。结果发现，扩展条件与控制条件相比，本质上并没有改善儿童的语法能力，但模仿条件下的儿童在语法上有显著提高。

（资料来源：边玉芳，2009. 儿童心理学 [M]. 杭州：浙江教育出版社.）

研究发现，儿童在语言的获得过程中，相继有 4 种类型的语言模仿行为：①即时的、完全的模仿；②即时的、不完全的模仿；③延迟模仿；④选择性模仿，又称创造性模仿，这类模仿不是完全重复别人的语句，主要是对句式的模仿。一般地，即时性模仿发生得较早、较少，主要在婴幼儿语言发展的初期起作用（1 岁左右），但随后便被延迟模仿所替代，这两种形式的模仿在 2 岁前发挥重要作用。2 岁以后，选择性模仿逐渐占据主导地位，它使幼儿能够迅速掌握和运用大量语言材料和基本语法规则，促进了幼儿语言的飞速发展。

2. 强化说

强化说在 20 世纪 40～50 年代非常盛行，美国行为主义心理学家斯金纳（Skinner）认为，婴儿的语言学习是自发的操作行为，婴儿是通过不断的强化学会语言的[②]。例如，婴儿在牙牙学语时会自发地、无目的地发出各种声音，一旦有近似于成人说话的声音，父母便对这种声音进行强化（如称赞、搂抱、抚摸等），多次反复以后，婴儿就会将这种声音与特定事物联系起来，这样就学到了语言。可见，强化理论充分肯定了语言教育和训练的作用。

[①] 庞丽娟，李辉，1993. 婴儿心理学 [M]. 杭州：浙江教育出版社.
[②] 同①。

应当承认，模仿和强化在儿童语言发展中有着重要作用。然而，后天学习决定论却难以解释儿童语言获得的全过程。如果儿童说出的每一个句子都是通过强化（奖励或惩罚）而获得，那么能把词组合起来成为有意义的句子的数量就太大了。例如，米勒（Miller）对英语中 20 个词组合成的句子数目做了一个保守估计，其数目为 10^{20}。一个人仅仅去听这些句子就要花费估计比地球年龄大 1000 倍的时间[1]。显然，强化说是无法解释儿童语言获得的。

（二）先天决定论

先天决定论包括转换生成说和自然成熟说，其共同点是否认环境和学习是语言获得的决定性因素，强调先天禀赋和生理成熟的作用。

1. 转换生成说

20 世纪 60 年代，美国语言学家乔姆斯基（Chomsky）认为，语言基本上不是习得的，而是天赋。儿童天生具有一种语言习得装置（language acquisition device，LAD）。成人将结构完整的语言材料输入儿童的这一装置，经过加工建立该种语言的语法规则，这样儿童就能在听到少量语言的情况下理解和说出大量合乎语法的新语言。就像生理上其他器官（如眼、耳、口、鼻）的功能一样，不需经过训练就能发挥其基本功能。由于有这种装置，儿童虽然只从周围环境听到有限的句子，却能产生无限的句子，并在短短的几年中流利地运用语言。

LAD 的功能如下：

原始语言材料 ————→（LAD）————→ 语法能力（理解和产生句子）
　　　　　（输入）　（加工）　　（输出）

乔姆斯基的转换生成说的贡献在于从根本上改变了语言获得中被动模仿的观点，认为人脑先天具有一种能够对语言进行加工的装置（LAD），这个装置可以创造出儿童从来没有听到过的新句子。但这毕竟只是一个假设，至今 LAD 的存在还未被神经生物学所证实，因此乔姆斯基的转换生成说很难获得直接的证据。从理论上说，要想求证儿童是否生来就有所谓的 LAD，必须观察那些既没有生理缺陷，又没有接触过语言的儿童。实际上这两个条件是很难同时具备的。狼孩似乎能满足这两个条件，但有限个案观察的结果无论对后天学习决定论还是对先天决定论都未见有利。这些儿童刚被发现时都不会说话，这似乎说明说话能力并非天生的；而这些儿童在被发现后经过教育仍不能像正常人那样说话，这似乎说明仅靠学习是不能习得语言的。

实验研究

伯科的儿童语法习得实验

人类的语言具有复杂的语法结构，语法发展包括词序、曲折变化（词形变化）、语

---

[1] 黄希庭，2015. 心理学导论［M］. 北京：人民教育出版社.

调三个方面的内容。在学龄期前，并没有人对儿童就语言结构进行教导，儿童仍然能非常迅速地习得各自语言的语法规则，他们是怎么做到的呢？有研究者认为，儿童可能已经形成了调节他们早期言语产生的一般规则，而不是对成人语言的简单模仿。

为了验证这种观点，伯科（Berko）设计了一个简单而又巧妙的实验。在实验中，伯科主要考察儿童是否理解曲折变化结尾的使用（如加上"s"形成复数，加上"ed"形成过去时态、所有格等）。为了排除强化和模仿的作用，伯科在实验中，向4~7岁儿童呈现一系列没有意义的客体和一个无意义的名字，最著名的是伯科称之为"wug"的像鸟一样的小动物。在实验中，主试告诉儿童："This is a wug. Now there is another one. There are two__." 儿童提供了正确的曲折变化结尾（wugs）。这一经典研究表明，儿童已经习得了曲折变化的规则，并且能够系统地将它们运用于不熟悉的单词。

（资料来源：边玉芳. 2009. 儿童心理学［M］. 杭州：浙江教育出版社.）

2. 自然成熟说

美国心理学家勒纳伯格（Lenneberg）提出"自然成熟说"。勒纳伯格以生物学和神经生理学为理论基础，将儿童语言的发展看作一个受发音器官和大脑等神经机制制约的自然成熟过程。他认为，生物遗传因素是人类获得语言的决定性因素。语言是大脑功能成熟的产物，语言能力是先天性的；语言关键期发生在大脑的单侧化时期，即2~12岁。过了关键期，即使给予训练，儿童也难以获得语言。

拓展阅读

语言发展关键期

勒纳伯格认为，2~12岁是语言发展的关键期。有的学者还提出，各种语言能力（如语音、词汇、语法能力）有各自不同的关键期。例如，1岁以前是语音发展的关键期；9~24个月是理解语言的关键期，1.5~4岁是表达语言发展的关键期，20~30个月是基本掌握语法（词法和句法）的关键期，2~3岁是口头语言发展的关键期，4~5岁是书面语言发展的关键期。

乔姆斯基的转换生成说和勒纳伯格的自然成熟说都强调语言是人类先天遗传因素决定的，从而否认环境和语言交往在语言发展中的重要作用。但这两种理论都无法解释本身听力正常而父母有听觉障碍和语言障碍的儿童为什么不能学会正常人的口语而只能使用聋哑人的手势语。

（三）相互作用论

1. 认知相互作用理论

瑞士心理学家皮亚杰认为，语言能力是认知能力的一个方面，认知结构是语言发展的基础，认知能力的发展决定语言能力的发展。儿童的认知结构的形成和发展是主体与客体相互作用的结果，是一个动态建构的过程。个体的语言也是主客体相互作用的结果，儿童语言的获得既要依赖于生理成熟，又必须有一定的认知基础。

该理论在一定程度上反映了语言发展的客观规律，阐明了思维和语言之间是相互影响、相互制约的关系；但过于强调认知发展是语言发展的基础，忽略了社会交往与儿童语言发展的关系，仍然具有一定的片面性。

相关链接

语 言 与 思 维

俗话说"言为心声"，即语言表达并反映了心理。在语言与思维的关系问题上，一方面语言是表达思维的重要工具之一，语言受思维的支配；另一方面，语言会影响思维。有一个心理学实验，让两组人看一幅图，画的是一条直线连接着两个圆圈（○──○）。实验者告诉第一组说"这是眼镜"，告诉第二组说"这是哑铃"，然后让两组人凭记忆画出这个图形。结果两组都没能准确地画出原图的样子，第一组画得比较像眼镜，第二组画得更像哑铃。这个实验说明，语言有助于思维，甚至会影响知觉和记忆。

2. 社会相互作用论

20 世纪 70 年代后，国外一些心理学家特别重视儿童和成人的交往在儿童语言获得中的作用，他们认为儿童和成人的语言交流是语言获得的决定性因素。如果从小剥夺儿童和成人的语言交流，儿童就不可能学会说话。目前发现的一些由野兽抚养的人类儿童都不会说人类的语言，甚至后来精心教育他们也无济于事。这些儿童就是由于出生后脱离了人类社会，而很难通过后天的教育来习得语言能力。即使是生活在人类社会的儿童，如果缺乏与成人之间的语言交流的互动实践，也难以获得语言交流能力。有研究发现，一名听力正常而父母聋哑的儿童，他的父母希望他学会正常人的语言，但不让他外出，他就只能整天在家里通过看电视学习正常人的语言。由于只能单向地听，没有语言交流实践，缺乏应有的信息反馈，这个儿童最终没能学会口语，而只能使用从父母那里学来的手势语[①]。社会相互作用论强调语言环境和对儿童的语言输入的作用。不过，语言环境和语言输入在儿童语言获得中是如何起作用、究竟起多少作用，目前还没有结论。

实验研究

动物能习得人类语言吗

教黑猩猩学习语言，从 20 世纪 50 年代以来曾有过不少尝试。

首先是口语的尝试。海斯夫妇饲养了一只名叫维吉的雌性黑猩猩，从出生后 6 个星期开始一直饲养了约 6 年，结果仅教会它说三个词（mama，papa，cup）。

其次是手语沟通的尝试。加德纳夫妇教会一只雌性黑猩猩瓦舒学习美国聋哑人的手语。瓦舒最多掌握了 240 种不同的手语，能够造出多达 6 个词的句子，还可以利用手势

---

① 刘金花，2013. 儿童发展心理学 [M]. 上海：华东师范大学出版社.

语进行交流。有一次，瓦舒爬上心理学家福茨的肩膀上撒了一泡尿，福茨恼怒地用手语问它为什么要这样做，它马上做了一个手势回答说："好玩！"

还有一些研究应用了符号语。普雷马克教会一只名叫莎拉的黑猩猩利用塑料标记作为单词，并操纵这些标记进行沟通。美国生物学家休·萨维奇以键盘作为教具，来教一只叫"坎齐"的黑猩猩"识"字。该键盘设有约 400 个键，每一个均附有一个几何图形符号供黑猩猩辨认。经过一段时间的训练之后，它能够理解每一个符号，还能通过敲击键盘提出要求和组成真正的句子，如"我想要一杯冻咖啡""请给我买个汉堡"等。

但大量的实验证明，即使是经过精心设计和强化训练，与人类基因非常接近的大猩猩仍不可能获得人类的语言，因为语言是人的大脑的机能。因此，我们仍然支持这样的结论，即在心理学意义上，正是语言使人类区别于其他物种。

综上所述，语言获得的各派理论均有一定的合理性，但也存在不同的缺陷。后天学习决定论强调环境和学习对语言获得的影响，但不能解释语言的创造性；先天决定论强调先天能力和普遍的语法规则的作用，但又无法解释脱离人类语言环境与语言交流活动的儿童为什么不能自动学会人类的语言；相互作用论强调主客体相互作用和社会交往在儿童语言发展中的重要作用，但如果仅仅依赖社会交往和语言输入就可以获得语言能力的话，那么动物也应该可以获得语言。但大量的实验证明，即使是经过精心设计和强化训练，与人类基因非常接近的大猩猩也只能学会极其有限的词汇和句子结构，不可能获得人类的语言，因为语言是人的大脑的机能。

事实表明，儿童语言发生发展的过程实质上是一个多种因素相互影响、相互作用的复杂的动态过程，生物、认知和社会经验在儿童语言的获得过程中发挥不同的作用。不过，到目前为止，关于儿童语言在语音、语义、句法、实用性等方面发展的精确模式，研究者并没有得出一致的结论。

三、影响婴幼儿语言发展的因素

心理语言学认为，每个人的第一语言（母语）都是在 1～6 岁随着发育成长在周围环境的作用下自然获得的。显然，语言获得是一个极为复杂的过程。然而，研究和事实表明，所有生理发育正常的儿童都能在出生后 4 岁左右，在正常情况下不经任何正式训练而顺利获得听说母语的能力，其发展的速度是其他复杂的心理过程和心理特征所不可比拟的。同时，同一年龄儿童的语言能力又呈现出显著差异。那么，是哪些因素影响儿童语言的成熟发展？为什么同一年龄儿童语言的发展出现巨大差异？

语言发展是一个极为复杂的过程，它是生理基础、语言环境、认知发展等多因素共同作用的结果。根据已有的研究和生活事实观察，我们认为，影响儿童语言获得的主要因素有以下 4 个方面。

（一）生理基础

拥有健康发育的大脑和健全的听音、发音器官，这是儿童语言发展的生理基础。实验表明，大脑语言中枢发生病变或受损的患者，可引发失语症等语言障碍；许多天生双耳失聪或发音器官不健全的儿童很难掌握口头语言。

1. 正常的听觉功能

正常的听觉是语言发展的保证。听觉器官主要包括外耳、中耳、内耳（图1-2）。语言的发育依赖于听力，只有先接受外界语言的刺激，个体才会做出相应的应激反应，逐渐产生语言。如果听力出现障碍，就不会感受到声音，也就无从学习说话。听力在言语活动中还起着监督的作用，它能协调舌和咽腔活动的相互联系，从而保障说话的流畅性和发音的准确性。如果听觉减弱，就不能够听清正确的发音，也不能区分错误的发音，会出现言语不清晰的现象。因此，儿童要学会准确发音，一定要有良好的听力。比如，先天耳聋的儿童，在1岁前的牙牙学语阶段也会像正常儿童一样发出各种各样的声音，因为他们的语言获得机制是正常的。但是语言学习需要听觉的正常发育，先天的听觉障碍儿童由于听觉细胞全部或大部分不能正常发挥作用而难以给大脑提供足够的听觉信息。所以，纵使他们具有和一般儿童同样的语言获得能力，也不能在自然状况下获得语言。

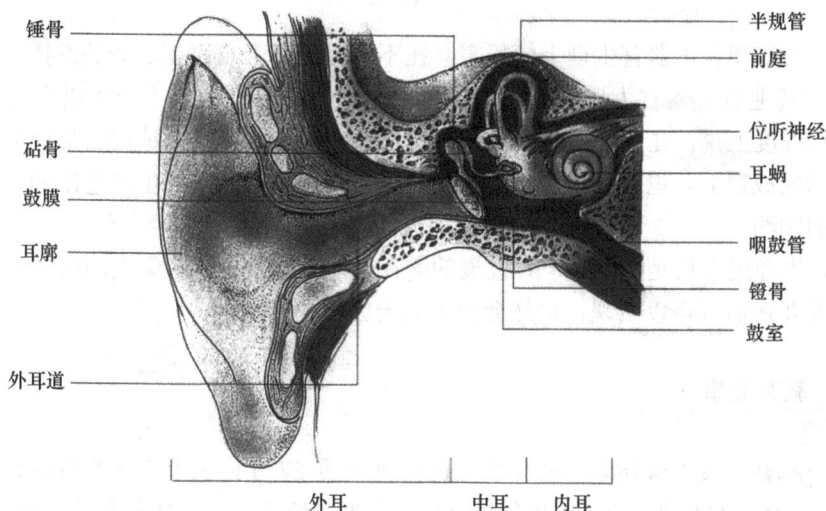

图1-2　听觉器官

2. 正常的发音器官

发音器官的成熟是儿童语言发生、发展的重要生理前提。人的发音器官包括喉、声带、咽、舌、唇、齿、腭等，语言的发育首先要求这些器官具有正常的功能，否则会出现口吃、口齿不清等语言障碍。比如，唇腭裂儿童说话时吐字不清，会影响语言的发育。

3. 正常发育的大脑和神经系统

现代神经语言学揭示：人的大脑和言语器官在结构和功能方面都是其他生物所无法比拟的。人的神经系统（包括结构和功能）具有非对称性，这与其他动物不同（图1-3）。

研究表明，语言能力与左半球有关，左半球专司语言，能辨认事物并说出事物；同时人的大脑皮质也存在严格的分工，大脑第三左额回（Broca 氏区）受到损害会导致运动性失语症；大脑后第三额上回（Wernicke 氏区）受到损害则会导致语音不识症和听觉记忆的丧失；而连接这两个区的神经纤维（上纵束）受到损害则会导致传导性失语症。

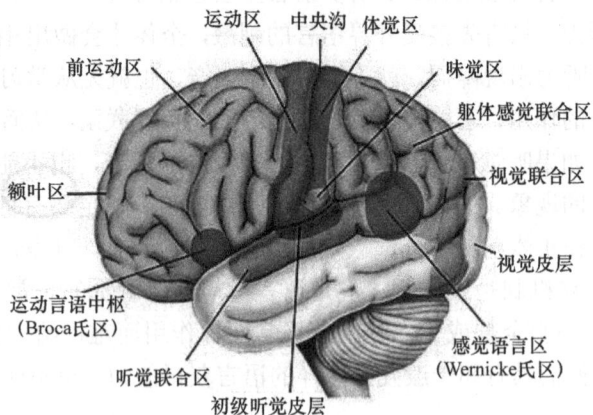

图 1-3　大脑语言中枢

显然，大脑和言语器官生理上的损害会在不同程度上影响语言功能的发挥。高度发达的大脑和其他有关器官为语言的产生提供了生理基础，也确定了个体语言发展的顺序。从某种程度上说，儿童的语言能力是一种遗传的潜能，其发展是按照某种生物发展的时间表趋向成熟的。也就是说，儿童早期的语言获得是有专门的生理基础的，受生物发展秩序的制约。

当然，生理因素只是提供了一种发展的潜在可能性和规定性。先天的这种潜在可能性和规定性要在后天得以实现，自然会受到后天因素的影响。

教育故事

海伦·凯勒，美国女作家、教育家，1880 年 6 月 27 日出生于亚拉巴马州北部的一个小城镇——塔斯坎比亚。她在 19 个月的时候因为一场高烧，不仅失去了视力和听力，还丧失了语言表达能力。

在她 9 岁时，家庭教师安妮·莎莉文走进了她的生活。在教师的悉心教导和盲人学校的教学下，海伦·凯勒学会了读书和说话，最终以优异的成绩毕业于哈佛大学拉德克利夫女子学院，成为一位学识渊博，掌握英语、法语、德语、拉丁语、希腊语 5 种语言的著名作家和教育家。

（二）认知发展

首先，儿童获得语言依赖于一定的认知发展水平。事实表明，只有当儿童能把语词或词句所指示的事物从环境中区别出来时，才可能真正掌握这些话语；概括能力的发展使儿童有可能不同程度地概括成人语言中的规则和结构；儿童已有的经验和知识结构对语言的进一步发展有着显著影响。

其次，儿童的语言获得与其认知发展一致，遵循从具体到抽象的发展趋势。例如，儿童对词性的掌握先是具体的名词、动词，然后是较为抽象的形容词、连词、介词、助词等。儿童的语言获得以一定的认知发展为基础，认知能力的提高有助于儿童语言的习得。同时，儿童语言能力的进一步发展，也必然会促进认识能力和水平在更高层次上的发展。

如果一个儿童智力发育迟缓，对事物的认识能力差，那么他的语言发展也一定迟缓。科学研究表明，大脑是语言活动的中枢，人的语言经过视觉器官和听觉器官综合感知后输入大脑，大脑对其进行分析处理，之后再经神经传到发音器官进行言语的口头表达。因此，如果大脑功能不健全或受到损伤，会出现各种不同类型的言语障碍，尤其是大脑左半球的损伤，会导致已具有言语能力的人出现失语症。

延伸阅读

孤独症儿童语言障碍的主要表现

1）语言发育迟缓。有学者认为，50%的孤独症儿童最终会使用有用的语言，但他们只能以极有限的方式进行语言活动，不能与他人有效交流；语言刻板，代词用错，如"我要"说成"你要"，或将自己称为"他"；对语言的理解表达能力低下，无法理解稍微复杂一点儿的句子。

2）重复性语言。重复性语言是指持续、反复地说所听到的他人的部分语言。正常儿童3岁左右时，这种现象即消失，而孤独症儿童可能会将这种现象持续终身。重复性语言有即时性的，也有延时性的。即时性的重复性语言是重复刚听到的，延时性的重复性语言包含重复以前某个时间周期所听到的言语，即无意义地重复所听到的。

3）语言的声调、重音、速度、节律及音调等方面的异常。孤独症儿童说话时的语调、速度往往存在问题，最为常见的是说话时表现出的语调平板单一，有的用高、尖的声音说话，有的在说话的句子与句子之间没有间隙而显得很快，有的则在说话时不能控制音量等。

（资料来源：文颐，2020. 婴儿心理与教育（0~3岁）[M]. 2版. 北京：北京师范大学出版社.）

（三）语言环境

语言环境是儿童早期获得语言的社会基础。儿童都是在特定的社会生活环境中获得语言的。对发育正常的儿童来说，出生后前两年的语言环境是影响其语言发展水平的决定性因素。

1. 家庭环境对儿童语言发展的影响

家庭是儿童早期主要的活动场所，家庭关系也是儿童最早接触和认识的社会关系，家庭环境是影响儿童语言习得最直接的因素。许多研究表明，不同形态的家庭环境与儿童语言的发展密切相关。研究发现，家庭生活质量（活动的多样性、社会性沟通和互动、在儿童活动中成人的介入程度）、家庭的教育条件（家庭的书本数量和玩具数量及多样性、儿童参加文化活动的频次）、家庭教养方式的多样化等与儿童语言的发展均具有一定的相关性。近年来的研究还表明，家庭中父母的受教育程度、教养方式、沟通策略、与儿童对话过程中的情绪状态及家庭的经济状况等都会对儿童的语言发展造成影响。比如，高教育程度父母的孩子要比低教育程度父母的孩子通常在同样年龄阶段习得的语言表达更多，形式更丰富。同时，许多研究表明，农村家庭儿童的语言发展速度要落后于城市家庭儿童的语言发展速度。此外，父母的语言习惯对儿童语言习得也有潜移默化的影响。孩子对父母有着一种先天的趋近感，这种趋近感使得父母的语言最被孩子重视。孩子会不自觉地模仿父母的语言，孩子的语言就像是父母语言的影子，父母说话时的语气、腔调及常用的词句甚至说话时的动作都对孩子有很大影响。

调查研究

抚育环境对2～3岁儿童语言发育的影响

儿童语言是在生物（先天）因素和社会（后天）因素相互作用下发展起来的，后天环境和教育起着决定性的作用。1.5～3岁是语言发育最迅速的时期，而0～3岁的婴幼儿绝大多数时间是在家庭中度过的。2007年6月至2008年3月对在北京医学院儿童保健门诊进行体检的312例2～3岁健康儿童进行的语言发育测查及家庭相关背景调查显示，语言环境是影响儿童语言获得的重要因素之一，其主要研究结论如下。

1）接受外界信息刺激数量多的孩子，其语言发展快于其他儿童。有丰富早期阅读经验的孩子在语言表达的词汇量、流畅性、积极性和理解能力方面都优于缺乏阅读经验的孩子。该研究的多因素分析显示，经常与孩子一起看图画书/讲故事/听录音、1岁以内尽可能多地与孩子说话，都会增加语言信息刺激量，从而对儿童语言发展起到促进作用；母亲受教育程度高低对儿童语言发育水平的促进作用可表现在与孩子接触中会使用较丰富的词汇和较复杂的句子。

2）抚养人的语言行为有利于儿童的语言发育，而性格内向的抚养人在生活中可能为儿童创造的语言信息刺激及互动交流机会都较少，因而对儿童语言发展产生不利影响。同时，抚育人陪伴儿童一起看图画书、讲故事、听录音会带给孩子很大的心理满足，促进抚育人与儿童间的依恋。

3）因素分析显示，父母为主要抚养人的儿童语言发育商高于老人、保姆及其他为主要抚养人的儿童。相比非父母抚养者，父母文化水平更高，语言更为丰富、流畅，而且更年轻，精力更旺盛，在给孩子讲故事时更容易使用丰富的表情和语气，从而对儿童语言发展有积极的促进作用。

4）经常得到家长表扬与鼓励的儿童语言发育商明显高于那些得到表扬与鼓励少的儿童。经常给予肯定、赞扬是影响儿童语言发育的良性刺激。经常得到表扬和赞许的儿童，其心理发育较稳定，性格开朗、活泼、反应敏捷。相反，经常批评甚至使用打骂等体罚，会使儿童产生不愉快的内心体验，对儿童的语言及心理发展产生不利的影响。

5）文献报道，家人讲多种方言，会扰乱儿童对物体的概念，导致言语发育迟缓。该研究结果虽然也显示随着家庭环境中语言种类的增加，语言发育商平均值有逐渐下降的趋势，但无显著性差异，这可能与被试年龄段及多种语言持续的时间较长且种类比较固定有关。

（资料来源：孔亚楠，孙淑英，刘微，等，2009. 抚育环境对2～3岁儿童语言发育的影响［J］.

北京医学. 31（8）：471-473.）

2. 地域文化对儿童语言习得的影响

不同的地域由于地理环境、地方习俗等方面的不同，形成特有的地域文化，这些不同的地域文化也会体现在儿童语言习得的过程中。农村儿童比城市儿童一般语言发展较慢，语言较贫乏，这也是社会、文化等方面有差距的结果。比如，由于地域文化背景不同，儿童对于不同的词汇敏感度及掌握程度不同。四川、湖南以爱吃辣椒闻名，调查显示，这两个地区的儿童对"辣"的掌握比其他地区的儿童早一年到一年半。

（四）个体差异

儿童的语言获得受到生理、语言环境、认知发展等因素的共同影响。儿童习得语言的时间、顺序大致遵循一定的规律、趋势。然而，从单个的、具体的儿童来看，由于个体发展存在差异性、特殊性，制约和影响儿童获得语言的因素发挥作用的具体方式、程度及其结果必然千差万别、丰富多彩。

例如，个体语言器官的发展成熟有早有晚，认知发展速度有快有慢。由此，语言获得在时间上就必然存在一定的差异。许政援对一个叫明明的女孩的观察研究表明：她获得第一批词汇的时间在22个月，较一般儿童晚9～10个月，但她在两岁的时候，词汇开始迅速发展，她所获得的第一批词的抽象水平比一般儿童的要高[1]。

又如，个性品质的差异。一般来说，性格外向、喜欢与人交往的儿童，其语言发展的速度较快。这是因为个性外向、自信、善于交际的儿童对周围人的言行比较注意，常常会自觉不自觉地加以观察和模仿，并敢于在各种场合表现自己，因此他们就能争取到很多语言学习和表现的机会；而个性内向的儿童往往缺乏自信、胆小怕羞，因而就会失去很多语言学习和表现的机会。也有研究指出，女孩语言发展快于男孩，其原因是女孩比男孩更乐于与人交往，这种心理差异带来行为上的差异，导致女孩语言发展快于男孩。

此外，儿童的外貌、气质、情绪等个体差异也影响其语言发展速度，越是活泼开朗、漂亮的儿童，越容易获得人们的喜爱，所处的语言环境越有利于其语言的发展。同时，

---

[1] 许政援，1994. 对儿童语言获得的几点看法：从追踪研究结果分析影响儿童语言获得的因素［J］. 心理发展与教育（3）：1-6.

生活条件和教育环境的差异也使儿童的语言获得表现出个别差异。

以上因素在儿童语言发展过程中构成一个整体（系统）而发挥作用，只是在不同的个体身上表现出千万差别的要素组合，从而导致个体语言的发展具有形形色色的差异。

案例评析

乔老师的工作日志

案例描述：

我在一次给 0～3 岁婴幼儿家长做讲座时遇到这样一件事：讲座结束后一位老人找到我，说她的外孙 2 岁半，可一句话也不会说，问我会不会是哑巴。我请老人把孩子带过来看看再说。这是一个长得虎头虎脑的壮实小男孩。我问他："小朋友，你叫什么名字？"还没等男孩回应，外婆马上告诉我："老师，他叫文曦。"我又问男孩："你今年几岁了？"男孩不回答但瞟了外婆一眼，外婆连忙说："老师，他今年 2 岁半了。"接着，我用手指着不远处的一样东西，对小男孩说："那是老师的东西，你帮老师拿过来，好吗？"小男孩很快帮我拿过来了。我对孩子说："小朋友，谢谢你！"男孩还是不说话，又瞟了外婆一眼，外婆急切地要求外孙说："你快说呀，不用谢，快说呀。"任凭外婆怎样说，小男孩只是自顾自地玩，根本不理会外婆的话。

（资料来源：袁萍，朱泽舟，2011.0～3 岁婴儿语言发展与教育［M］. 上海：复旦大学出版社.）

案例分析：

对案例中的男孩"不说话"，我首先分析他到底是"不会说话"还是"不想说话"，"不会说话"是何原因，如果是"不想说话"又是何原因。根据男孩刚才的表现和外婆的叙述，我把这个男孩的"不说话"定位在他"不想说话"上，而他"不想说话"的原因在于"根本不需要他说话"。这是怎么回事呢？我们来看一下男孩家庭的教养情况。

男孩的父母是双博士，结婚生子后还在继续深造，繁忙的学习和工作使得他们没有时间照顾孩子，有时忙得连孩子的面也难得见上一次。他们早上上班时孩子还没醒，晚上下班时孩子已熟睡，连双休日都在学习。就这样，照顾孩子的重担就落在外婆身上。在外婆无微不至的关心和照顾下，孩子一天天长大，外婆也练就了一双"火眼金睛"，只要孩子一个眼神、一个动作，外婆都会心领神会，迅速地满足孩子的需求。渐渐地，外婆和外孙的配合越来越"默契"了，时间一长，孩子也懒得说话了，直到外婆发觉孩子 2 岁半了还不说话才发现不对劲。

上面案例中的外婆在照顾外孙的过程中，根本不需要孩子说什么，都能准确无误地满足其任何需求，在孩子听懂话的关键期、学说话的关键期，没有给予孩子充分的言语锻炼的机会。这种对孩子过早满足、过分满足的行为，无意间剥夺了孩子学说话的权利，影响了孩子正常的语言发展。

实践活动

活动一：婴幼儿语言发展调查。

要求：到社区或早教中心调查数名 1～3 岁婴幼儿的语言发展情况，分析其共同特点及个别差异。

活动二：社区咨询服务。

要求：通过多种途径收集婴幼儿语言发展中的各种问题，并到社区开展婴幼儿语言发展咨询服务。

拓展练习

练习：论文写作。

要求：结合所学知识并查阅相关资料，以"评析三种语言获得理论"为题写一篇论文（不少于 500 字）。

推荐阅读

1. 文颐，2020. 婴幼儿心理与教育（0～3 岁）[M]. 2 版. 北京：北京师范大学出版社.

2. 张明红，2020. 0～3 岁婴幼儿语言发展与教育 [M]. 上海：华东师范大学出版社.

单元二
婴幼儿语言教育概述

【学习目标】

1. 了解婴幼儿语言教育的基本原则。
2. 明确婴幼儿语言教育的基本途径。
3. 掌握婴幼儿语言教育的基本方法。

【学习要点】

1. 婴幼儿语言教育的基本原则。
2. 婴幼儿语言教育的基本途径。
3. 婴幼儿语言教育的基本方法。

【单元导读】

据媒体报道,福州长乐一母亲,因性格内向,每天只顾做家务,与孩子说话不超过100句,致使身体一切都很正常的3岁儿子语言发育迟缓,语言能力仅为1岁儿童的水平,甚至连"爸爸""妈妈"都叫不清楚,几乎成了"哑巴"。可见,在婴幼儿这个语言发展的关键时期,丰富的语言刺激、适宜的环境和有效的指导是必不可少的。那么,教师和家长应该如何开展语言教育,才能有效地促进婴幼儿的语言发展呢?

本单元主要介绍婴幼儿语言教育的基本原则、基本途径、基本方法等知识,为婴幼儿家庭、早教机构和托育机构语言教育活动的开展奠定基础。

一、婴幼儿语言教育的基本原则

(一)全面性

在婴幼儿语言发展中,既要强调口头语言(听、说)的学习,又要强调书面语言(读、写)的准备;既要强调言语理解与表达能力的培养,又要强调非言语理解和表达能力的培养,即重视表情、手势、动作和身体姿势的交流。对婴幼儿来说,语言教育更侧重于培养听、说能力和养成良好的听、说行为习惯。

(二)渗透性

对婴幼儿而言,语言既是交流的工具,也是学习的对象。因此对婴幼儿而言,语言是开展各种活动必不可少的工具和手段;同时,在各种操作、观察与交往活动中学习语言，可以积累听和说的经验。婴幼儿的语言教育和训练与其他活动存在互相依存、互相渗透的关系，语言可使活动顺利开展，活动可使语言符号和动作、形象紧密结合，成为婴幼儿自动理解语义和建构话语的源泉和动力。在婴幼儿的语言教育和训练中，应处理好专门的语言教育活动和渗透性语言教育活动的关系。

（三）综合性

语言发展与认知、情感、社会性、动作发展密切相关，语言学习应融合在其他领域中。设计和组织语言教育活动，要将社会知识、认知知识、言语知识整合起来，语言教育内容应整合、渗透在一切与言语相关的其他领域中。

（四）生活性

语言学习应与婴幼儿的真实世界和社会生活经验相联系（真实性），应与婴幼儿的全部生活融为一体。婴幼儿在日常生活中有大量的时间和机会运用语言，而且生活活动日复一日、不断重复，生活中的各种情景和物品都是非常具体、形象、直观的，非常符合婴幼儿的认知特点。教师和家长应充分利用日常生活情景和各种生活活动发展婴幼儿的语言。比如，量词的准确运用对婴幼儿是一个难点，但在日常生活中，无论是家庭环境（厨房、卧室、客厅、卫生间等）还是社会生活环境（超市、餐厅、菜市场、动物园等）都蕴含着丰富的量词，是婴幼儿积累量词的大好时机。

教育故事

阳阳在背古诗《静夜思》的时候，怎么也发不准"床前明月光"的"月"字。他说："床前明月（yè）光。"我让他单个练习这个字的发音，他还是发不准音。下课后，我找了一个月饼包装盒，指着上面的月饼图案问他："这是什么？你吃过吗？"他高兴地说："月（yuè）饼我吃过呀，可好吃啦！"然后我再请他说"床前明月光"，他就说对了。

（资料来源：姜晓燕，郭咏梅，2012. 学前儿童语言教育［M］. 北京：高等教育出版社.）

（五）活动性

0～3岁婴幼儿处于直觉行动思维阶段，只能依靠感知和动作来适应外界环境。在具体的情境和活动中学习语言，有利于建立语言符号与实际物体和具体动作之间的联系，丰富婴幼儿的词汇和表达形式；同时，活动过程也为婴幼儿运用语言进行表达和交流提供了机会。因此，0～3岁婴幼儿语言教育主要通过生活活动和游戏活动进行。

（六）差异性

在0～3岁婴幼儿时期，由于受遗传、成熟、环境和教育、营养和健康等因素的相互作用，每个婴幼儿语言发展各有特征，婴幼儿语言能力的发展具有明显的差异性，主要表现在：开口说话的月龄不同，发音的清晰度不同，对言语刺激的敏感性不同，语言的兴趣点不同。教师和家长应根据婴幼儿的个体差异"因材施教"，有针对性地给予指导。

二、婴幼儿语言教育的基本途径

婴幼儿语言的发生和发展虽然主要取决于正常的生理机制和自然习得，但对于正处于语言发展关键期的婴幼儿来说，丰富的语言环境、必要的语言交流及语言学习的有效指导也是必不可少的。婴幼儿语言教育实施的基本途径主要包括创设良好的语言环境、提供丰富的人际交流、尽早开展早期阅读、开展有趣的游戏活动和组织专门的语言教育活动 5 个方面。

（一）创设良好的语言环境

在日常生活中创设良好的语言环境，可以为婴幼儿提供语言模仿与学习的机会。0～3 岁婴幼儿主要居住在家庭，父母及抚养人是实施早期教育的第一主体，家庭日常生活是婴幼儿学习语言的基本环境，是婴幼儿丰富词汇和发展口语得天独厚的条件。在日常生活中，婴幼儿有大量的时间和机会运用语言，而且这些语言都是常用的、反复出现的，有利于加深婴幼儿的印象和理解；在日常生活中，婴幼儿接触到的词句往往伴随着具体的事物和动作，便于婴幼儿建立音义之间的联系；在日常生活中，成人最容易发现婴幼儿语言表达中的问题，如发音不准、用词不当、口吃或语病等。所以，教师和家长应抓住日常生活中的各种机会对婴幼儿进行语言能力的培养。

1. 提供丰富的语言刺激

1）提供不同种类的声音刺激，如自然界的声音（风声、水声、雨声、树叶的沙沙声）、各种动物的叫声、人类活动的声音（翻书声、切菜声、脚步声、电话铃声、汽车喇叭声等）及玩具发出的声音（如摇铃的叮当声、拨浪鼓的咚咚声），帮助婴儿发展听力，但切忌强烈的声音和噪声。教师和家长可以经常给婴幼儿听摇篮曲等节奏舒缓、旋律优美的音乐，不仅可以增强婴幼儿听觉的敏感性，还能培养婴幼儿的乐感和注意力。

2）坚持每天与婴幼儿交谈，提供丰富的语音刺激。研究表明，成人对 3 个月以内的婴儿给予频繁的语音刺激，可以增加婴儿的发音率。婴儿的许多发音，特别是长时间的连续发音，往往都是在成人的逗弄下发生的[①]。父母或抚养人应多与婴儿交谈，如在给婴儿喂奶、洗澡、换尿布时，都要在他眼前用温柔亲切、富于变化的语调反复与婴儿交谈，告诉他自己正在做什么（比如"哦，宝宝饿了，妈妈来喂你！"或者"又尿了！快换干净吧"）。

3）提供丰富的文字环境。在儿童的语言发展过程中，书面语言的习得也非常重要。研究发现，3 岁以前的婴幼儿虽因年龄原因还无法对文字的确切信息进行解码，但他们

---

① 张明红，2006. 学前儿童语言教育［M］. 上海：华东师范大学出版社.

已经意识到书面语言是有意义的，可以传达一些重要信息①。创设丰富的文字环境，有利于培养婴幼儿对书面语言的兴趣和读写能力。早期阅读是婴幼儿获取文字经验的重要途径之一；此外，可以在家庭生活中创设有实际意义的文字环境，如在冰箱、电视机、门上贴上字，每天和孩子一起阅读。成人也可以有意识地引导婴幼儿关注日常生活环境中的文字，包括商标、标签、交通标志、户外广告栏中的文字等，以丰富婴幼儿的文字经验。

> **相关政策**
>
> 　　《3 岁以下婴幼儿健康养育照护指南（试行）》中关于"语言交流"的指导要点是："养育人尽早使用语言同婴幼儿进行交流，从简单的语音开始，逐渐提升到单词、短语，再到完整的语句。向婴幼儿描述周围的人、日常用品、活动和事物等，帮助孩子练习听和说，培养理解和表达能力；随着语言能力的提高，要经常为婴幼儿讲故事、读绘本、唱儿歌，多听多说，为婴幼儿提供丰富的语言环境。"

2. 丰富婴幼儿的生活内容与经验

生活是语言发展的源泉，丰富的社会活动与生活内容是语言发展的良好环境。在日常生活中，应让婴幼儿通过视、听、触、味、嗅等多种感官进行看、听、触、摸、尝、闻等活动，获得对周围环境中各种事物的认知，积累丰富的感性经验。丰富的生活内容及活动，如串门、去公园、参观、散步、阅读、看电视、游戏、劳动等活动都是锻炼婴幼儿说话的源泉。丰富的生活内容给予婴幼儿的是多种信息和刺激，包含有声语言和交往的机会，使婴幼儿有话想说、有话可说。

3. 尽量提供单一而规范的语言环境

婴幼儿语言积累的源泉是身边接触最多的人，在婴幼儿早期语言发展中，要注意避免多种方言给婴幼儿学说话带来的干扰。有些家庭中的父母、爷爷、奶奶、保姆各有各的方言，这种多种方言的语言环境会使正处于模仿成人学习语言的婴幼儿产生困惑，其结果是导致发音不规范或说话晚。因此，在0.5～2岁这个学习语言的关键期，家人最好固定一种口音跟婴幼儿交流，最好是讲普通话。

想一想：

> 有家长认为，既然3岁以前是语言发展关键期，那么要不要让孩子学英语呢？有没有必要给孩子报英语早教班呢？请你查阅相关资料后给家长提出建议。

（二）提供丰富的人际交流

丰富的人际交往活动可以为婴幼儿提供语言交流实践的机会。语言是交往的工具，婴幼儿的语言能力正是通过与父母、同伴及其他人的交往而获得发展的。研究表明，在婴幼儿所掌握的词汇中，约有 2/3 是通

孩子学英语真的越早越好吗？

---

① 彭姆龄，2008. 汉语儿童语言发展与促进 [M]. 北京：人民教育出版社.

相关政策

《全国家庭教育指导大纲（修订）》关于 0～3 岁家庭教育指导内容要点提出，家长要为儿童"提供言语示范。指导家长为儿童创设宽松愉快的语言交往环境，通过表情、肢体、语言等多种方式与儿童交流；提高自身语言表达素养，为儿童提供良好的言语示范；为儿童的语言学习提供丰富的机会，运用多种方法鼓励儿童表达；积极回应儿童，鼓励儿童之间的模仿和交流。"

过日常生活中与父母的交谈而获得的。在婴幼儿期父母就对他们说很多话的孩子，比其他孩子的智商明显要高，他们的词汇量也比那些没有接受丰富语言刺激的孩子更丰富。

成人与婴幼儿的语言交流要注意以下几点。

1）每天有足够的时间与婴幼儿交谈。每天成人只要跟婴幼儿在一起时，就要经常与婴幼儿交谈，告诉他自己正在做的事情（如"宝宝，妈妈在榨豆浆呢"），也可以说孩子正在做的事情（如"宝宝在吃苹果，又红又大的苹果"），还可以说将要做的事情（如给婴幼儿喂奶前，可以拿着奶瓶说："妈妈要喂宝宝喝奶了！"）。成人和婴幼儿说话时要注意：要有视线接触；应将脸正对婴幼儿以便于婴幼儿观察大人的表情和口形；要使用柔和的声音并运用不同的语调；发音要清晰准确；最好伴以手势（如说"再见"时每次都挥挥婴幼儿的小手）。

热点讨论

要不要用"儿语"和婴幼儿说话

父母或成人对婴儿说话会用非常短小、简单的句子，甚至是字词。在同婴儿讲话时，成人不仅要讲得慢、音调高、经常重复，还要强调关键词语（通常是指代物体或活动的单词），许多时候还吸收了婴幼儿语言的叠字成分。这种婴幼儿指向型语言简称"儿语"。研究发现，从出生开始，婴幼儿喜欢听"儿语"超过其他类型的成人谈话。"儿语"在正规成人语言与婴幼儿还未成熟的语言之间架起了一道桥梁，语言学界称之为"中介语"，它在婴幼儿语言发展中发挥着不可替代的中介作用，符合最近发展区原理。

对于 1 岁以前的婴儿，成人使用"儿语"跟他们交流，更能引起他们的注意，既有利于婴儿模仿发音，又有利于婴儿把语言与实物联系起来理解语义，对婴儿尽早掌握语言有极大帮助。但在 1 岁以后，要尽量少用或不用"儿语"（如"吃饭饭""喝水水"等），最好使用规范而完整的语言和幼儿说话，以引导幼儿的语言向更高阶段发展。

2）与婴幼儿建立积极的语言互动关系（积极回应、及时强化和鼓励）。当婴幼儿发出口头、面部和姿态方面的信号时，积极地回应会使婴幼儿更积极地表达，从而形成良性循环。研究表明，对婴幼儿发出的每一个音，成人都报以微笑和爱抚的话，那么婴幼儿在牙牙学语期所发出的语音就会显著增多，学习语言的速度也会明显增快。例如，当几个月的婴儿用尖叫或咿咿呀呀的声音来吸引成人的注意时，成人应立即重复他的语音来回答他；当婴儿尝试发出一种新语音时（哪怕发音并不正确），成人一定要及时强化并鼓励，如亲亲他、摸摸他的头。成人要尊重和接纳婴幼儿的说话方式，无论婴幼儿的表达水平如何，都应该认真地倾听并给予积极的回应，千万不要训斥和责骂孩子，而是要多表扬和鼓励孩子。

特别提醒

请家长放下手机，别让孩子变狼孩

语言能力是在婴儿出生后早期，在充分的语言环境刺激作用下发育起来的。如果在日常生活中成人忽略了和孩子的语言交流，可能会导致孩子语言发育迟缓。

华西儿科专家钱幼琼教授发现，近年来因为 3～4 岁还不会说话来看门诊的孩子逐渐增多，其原因不是听力或智力异常，也不是孤独症，而是家长沉迷手机，疏于与孩子交流。钱幼琼多次呼吁年轻家长"请放下手机，别让孩子变狼孩"。

3）注意语言与实物、图片、动作相结合，建立语音与实体之间的联系。在与婴幼儿进行日常交谈时，要配合一定的动作，并且同样的话要配合同样的动作（如碰碰头、握握手），这样婴幼儿就会较快地配合动作学会发出相应的语音。在对婴幼儿说某个物体时，或婴幼儿发出某一语音时，同时指点婴幼儿看实物，则教育效果最佳。例如，母亲可以握住婴幼儿的小手，让他的小手在母亲的脸上轻轻地抚摸，并告诉他摸到的是什么。如果摸到鼻子，母亲就说"鼻子鼻子，宝宝摸到的是妈妈的鼻子"，使婴幼儿的感知与相应的语言之间建立起联系。

相关链接

妈妈这样帮助孩子理解词汇

每次我为晚餐做准备去菜园采摘蔬菜瓜果时，我都喜欢带着宝宝一起去，我会给他说这是什么、那是什么，并让他用鼻子闻我们摘的东西。

有一天，我背着宝宝走在沙滩上。我为他指出我们所看到的一切：狗、海洋、海鸥……还有听到的海浪的声音。当我背着宝宝慢慢地向一条长凳走去时，我看见有两个女人停下来不说话，只是看着我们，我以为她们是希望我快点从长凳旁走过，但是她们中的一个笑着对我说："你是一个好母亲，会这样和你的宝宝交谈。"

4）重视与婴幼儿的非语言交流（如语调、手势、动作、面部表情等）。在与婴幼儿交流的过程中，成人除了有意识地用语言与婴幼儿交往外，还可以通过丰富的面部表情、富有变化的语调、目光接触、身体姿态变化、手势等非语言行为与婴幼儿交往。成人的非语言交流行为不仅可以补充、加强语言沟通，帮助婴幼儿更好地理解语言内容，还可以让婴幼儿模仿和学习各种非语言交流方式，增强婴幼儿语言表达的感染力和效果，使婴幼儿语言交流技能获得更好的发展。

相关政策

《3 岁以下婴幼儿健康养育照护指南（试行）》在"亲子交流"中强调"肢体语言"的运用，主张"养育人通过眼神、表情、肢体动作等方式，表达对婴幼儿的关注、喜爱、鼓励和安慰，从而进一步增进亲子感情，促进亲子交流互动"。

5）不可重复或模仿婴幼儿的错误发音。由于婴幼儿发音器官发育不够完善，听觉的分辨能力和发音器官的调节能力都较弱，不能正确掌握某些音的发音方法，不会运用发音器官的某些部位，婴幼儿期发音不准或说话结巴的现象比较常见，如把"吃"说成"七"，把"狮子"说成"希几"，把"苹果"说成"苹朵"，等等。对于这种情况，成人千万不要重复或模仿婴幼儿的错误发音，而应当用多种方式示范正确发音，让婴幼儿反复练习正确发音。

6）在婴幼儿语言学习过程中，成人切忌过于理解婴幼儿，或者在语言上"包办代替"。例如，婴幼儿想吃饼干，用手指着饼干盒，成人马上就将饼干拿给婴幼儿。这种及时满足会阻碍婴幼儿语言发展，让婴幼儿失去很多说话练习的机会。成人应避免过分满足婴幼儿的要求，最好引导婴幼儿用语言表达自己的需求。

热点讨论

看电视能促进婴幼儿语言发展吗

在现代家庭中，电视已经成了人们日常生活中不可缺少的伙伴，有的家庭甚至把电视当成看管孩子的"保姆"。有人认为，婴幼儿时期是语言获得期，电视中的节目发音标准、音乐动听、画面生动，能更好地吸引婴幼儿去模仿和理解，因此看电视有利于促进婴幼儿的语言发展。但也有人认为，婴幼儿是在同父母的情感交流中感受语言、学习语言的，电视提供的是单向的语言，缺乏互动交流，因此看电视会阻碍婴幼儿语言能力的发展。

看电视能促进语言发展吗？

婴幼儿看电视到底会阻碍还是促进语言发展？请查阅相关资料并进行交流。

相关链接

婴幼儿亲子交流要点

0～1 个月：注视新生儿的眼睛，温柔地与他（她）说话，尤其是哺乳、照护的时候，让新生儿看养育人的脸，听养育人的声音。

1～3 个月：在喂奶或孩子清醒时，对着他（她）笑，模仿他（她）的声音和他（她）说话交流。

3～6 个月：经常和孩子说话、逗笑，通过模仿他（她）的声音、表情和动作与他（她）交流。

6～9 个月：对孩子的声音和兴趣给予回应，叫他（她）名字观察反应，用布遮住脸玩"躲猫猫"，和他（她）说看到的人或物品。

9～12个月：教孩子认家中物品、家人及人的身体部位，和孩子说话、唱歌、结合场景边说边做手势，如拍手"欢迎"、挥手"再见"。可用有五官的娃娃作玩具。

12～18个月：问孩子简单的问题，回应他（她）说的话。用简单的指令调动他（她）的活动，如"把杯子给我"；鼓励他（她）称呼周围的人，看物品和图片，说出名称。

18～24个月：与孩子多说话，问他（她）问题并耐心等待他（她）的回答，用清晰、正确的发音回应他（她）说的话。带他（她）边看大自然、图画书和物品，边和他（她）交谈。

24～36个月：与孩子一起看图画书，讲故事、说儿歌，尝试和他（她）讨论图画书的内容；教他（她）说自己的姓名、性别，教他（她）认识物品的形状、颜色、用途。

（三）尽早开展早期阅读

文学作品是促进婴幼儿语言发展的重要手段。儿童文学作品（如儿歌、童谣、故事等）的语言具有生动、形象，富有节奏感等特点，而且包含情境语、反复语，易于被婴幼儿理解和接受。早期阅读是婴幼儿认识世界、探究世界的一种重要手段，也是促进婴幼儿语言发展的重要途径。每天坚持开展亲子阅读是促进婴幼儿语言发展的有效途径。

亲子阅读是父母和孩子共同阅读，并围绕阅读对象进行互动交流的过程。亲子阅读是儿童早期阅读的基本形式，也是早期亲子互动的重要形式。有一首诗生动地揭示了亲子阅读的意义：你或许拥有无限财富，一箱箱的珠宝与一柜柜的黄金，但你永远不会比我富有，我有一位读书给我听的妈妈。亲子阅读不仅可以开阔婴幼儿的视野，帮助其增长知识，而且能丰富婴幼儿词汇，培养其语言表达能力和丰富的想象力、创造力，还可以促进亲子之间的情感交流，培养婴幼儿的阅读兴趣和习惯。

在家庭中开展亲子阅读的具体方法如下。

1. 家庭阅读环境创设

1）为孩子设立专门的阅读区。准备一个低矮的小书架，在地上放几个柔软的靠垫，营造一个温馨、舒适的阅读环境。

2）提供丰富的阅读材料。除了购买绘本、图书以外，还可以为孩子提供可以点读的有声书、家庭相册、报纸、杂志、广告纸、包装纸、自制图书（如用手帕、相册、广告剪贴画、布贴等制作图书）等。

3）把书放在孩子经常活动的空间，如床边、沙发、玩具区等，提高书籍的出现率。

4）开展多样化的阅读活动。除了为孩子朗读以外，还可以经常带孩子逛书店、参观图书馆、制作图书、修补图书、表演故事等，2岁以后的幼儿还可以观看动画片，但一天不要超过30分钟。

5）提供充足的阅读时间。从孩子出生开始，父母应每天抽出一定时间（5～10分钟）为孩子朗读（如睡前阅读），让孩子熟悉父母的声音，让孩子时常看到书，从而产生对书的兴趣，形成阅读的习惯。

6）父母要经常读书看报，为孩子起到榜样作用。

2. 不同年龄段婴幼儿适宜的阅读材料和内容

（1）0～1 岁婴儿的亲子阅读

0～1 岁婴儿喜欢听音韵感强、富有节奏的儿歌，喜欢看画面简单、色彩鲜明、形象可爱、内容贴近生活、情节简单重复、音韵感强的图画书。这个年龄段的婴儿还不会看书，更多的是"玩"书，他们会伸手抓、拍打、挥动书，或把书放在嘴里咬，会用手指书中图上的事物。因此，从内容方面可以孩子熟悉的、常见的生活用品及各种物品为主，如动物、食物、蔬菜水果、交通工具等；从材质上可选择颜色明快、轮廓清楚、线条干净的彩色图片、圆角书、塑料书、布书、洗澡书等撕不烂的书。比如，绘本《蹦》《哇》《喂～哎～》就是很有意思的一套书，色彩鲜明，情节有趣，语言简单，互动性强，里面涉及不同的小动物，只有单个象声词"蹦""哇"等，非常适合这个年龄段的婴儿，婴儿可以边读边做动作。适合这个年龄段婴儿的阅读方法有大声朗读、指认图片、翻一翻、玩一玩等。

（2）1～2 岁幼儿的亲子阅读

1～2 岁这个年龄段正是开始牙牙学语，对世界充满好奇的时候。儿歌、童谣、简单的一句话、一幅图的图画书和内容为指物、认物且孩子熟悉的生活场景的书都能引起孩子的兴趣；由于这个年龄段幼儿的手部精细动作尚不成熟，他们喜欢撕书和摆弄图书。为丰富他们的生活体验，可以选择一些主题鲜明、紧贴生活、适合翻页的硬页书，以方便幼儿反复翻阅。比如《噼里啪啦》《小熊宝宝绘本》《婴儿游戏绘本》，这类书的内容涵盖了幼儿生活的各个方面，如吃饭、睡觉、洗澡、穿衣、问好、交友等，有助于孩子养成良好的生活习惯；还有一些操作性、互动性强的图书，如立体书、翻翻书、洞洞书，也能满足 1～2 岁幼儿动手探索的需求，有利于他们从小养成爱读书的习惯。适合这个年龄段幼儿的阅读方法有大声朗读、边读边讲、点读文字、猜结局等。

（3）2～3 岁幼儿的亲子阅读

2～3 岁的幼儿好奇心和想象力特别强，他们的自我意识开始提高，喜欢模仿别人。随着语言理解和表达能力的迅速发展，这个年龄段的幼儿喜欢具有简单情节、有更多细节和动作的图书，并开始认真探索书中的内容，特别会注意书中的小细节，并喜欢为书中的东西命名，也喜欢问问题和回答问题，甚至反复阅读同一本书。因此，可以为这个年龄段的幼儿选择题材丰富、涉及面广、内容较为深刻、可预测情节发展的图书，如《母鸡萝丝去散步》《谁藏起来了》《猜猜我有多爱你》。阅读时，可以把孩子或家人编进故事当中，把书中内容和现实生活联系起来。适合这个年龄段幼儿的阅读方法有看图说话、提问讨论、故事表演、故事改编等。

练一练：

请向家长推荐适合 0～3 岁婴幼儿的绘本。说明适宜的年龄段和推荐理由，并跟同学进行分享。

3．亲子阅读常用方法

1）朗读法。朗读法是成人将图画书中的文字大声地朗读给儿童听，是听、说、读、想结合的阅读活动。家长在朗读前要预先熟悉故事内容，朗读过程中要注意语音、语气、语调和节奏的变换，朗读者声情并茂，容易牢牢地吸引孩子的注意力，培养他们对读书的兴趣。

2）游戏法。在阅读活动中以各种形式的游戏为手段，引发孩子对阅读活动的兴趣。例如，在阅读《我爸爸》时可以玩扩句游戏，"爸爸"—"爸爸吃得多"—"爸爸吃得像马一样多"。此外，3 岁前可购买游戏书、立体书、拼图类图书，如《形状》《谁藏起来了》，让孩子寻找谁躲起来了，谁在哪里等游戏。

3）点读法。家长朗读时用手指指着所念的文字，让孩子跟随家长手指的移动理解每个文字所代表的意义。此方法在 3 岁前使用时，建议选择每页文字较少的图书，培养孩子的前识字经验。

4）讲读法。家长可以连贯讲述故事，同时用手指画面，提示孩子将故事和画面结合起来，培养孩子理解画面与故事情节的关系。家长还可以利用画面教孩子识别颜色，学习计数，认识简单的文字。例如，面对熟悉的画面，家长问"小熊的衣服是什么颜色的？""树上有几个苹果？"等，都会引起孩子浓厚的兴趣。

5）提问讨论法。在为孩子朗读的过程中，可以不时停下，鼓励孩子猜猜下面的情节，或针对故事情节进行提问，让孩子回答。此方法适用于反复讲述的故事，当多次讲述故事后，孩子熟悉了故事情节，此时提一些回顾故事情节、人物的简单问题，可以培养孩子的记忆能力和语言表述能力。例如，看完《好饿的小蛇》的故事后，可以问"小蛇吃了什么？"等问题来让孩子回答。

6）猜猜、认认法。在阅读中引导孩子观察封面，猜猜书名、情节、角色的语言，让孩子认一认或读一读书名、关键词等。此方法适合长期阅读、有一定阅读经验的孩子或年龄为 3 岁左右的孩子。

7）跟读法。家长讲述故事，请孩子逐句跟读，多用于句子较短的故事。

8）角色扮演法。家长一边讲述故事，一边和孩子扮演故事中人物的动作、表情、对话。例如，在给 1 岁孩子讲述《小宝系列：多吃点》时，讲到"多吃点，多吃点"，可引导孩子一起做吃东西的动作；读到"吃了长得像小猪一样高"时，可以引导孩子一起根据画面上的小猪，学做小猪叉腰的动作和小猪嘟嘴的表情。也可以在孩子熟悉故事内容的基础上，家长和孩子分别扮演不同的角色进行表演。例如，在阅读绘本《猜猜我有多爱你》后，妈妈和孩子就可以分别扮演大兔子和小兔子，演绎书中的情节。

（四）开展有趣的游戏活动

游戏活动为婴幼儿提供了丰富的语言练习机会。游戏是婴幼儿最早、最基本的交往活动，作为思维和交际工具的语言自始至终伴随着游戏，游戏为婴幼儿提供了语言实践的良好机会和最佳途径。这里的游戏既包括专门用于语言练习的听说游戏、识字游戏，也包括各种游戏中的语言运用（如角色扮演游戏和社会交往游戏等）。

1. 运用听说游戏帮助婴幼儿进行语言练习

听说游戏可以分为语音游戏、词汇游戏、句子游戏等。

1）语音游戏以练习听音和发音为目的，可以练习婴幼儿较难发出的语音或容易发错的语音，也可以进行方言干扰音的练习、普通话声调练习、发声用气练习等。语音游戏包括口腔训练游戏、模仿发音游戏和提高发音准确性的游戏等。

相关链接

语音游戏案例

游戏名称：吹雪。

游戏目的：锻炼口腔肌肉。

游戏玩法：家长帮助宝宝把餐巾纸撕碎（教宝宝用拇指和食指捏着撕），变成"雪花"。把撕好的"雪花"放在家长的手心里，用嘴轻轻地吹，让宝宝看家长的口型，并让宝宝模仿着吹。家长可以一边念儿歌"小雪花，白花花，妈妈吹一吹，宝宝吹一吹，雪花飘呀飘"，一边将"雪花"吹到宝宝身上，宝宝会很高兴。

游戏名称：咕噜咕噜。

游戏目的：锻炼口腔肌肉。

游戏玩法：找一杯可以喝的白水、一根吸管，家长先示范将吸管插入水杯里吹气，使杯子里不断地有气泡冒出，并发出"咕噜咕噜"的声音。然后再给宝宝一根新的吸管，让宝宝吹着玩。家长可以和宝宝比赛，看谁吹的声音最响，谁吹的泡泡最多。

游戏名称：表情包大王。

游戏目的：锻炼口腔肌肉。

游戏玩法：家长做出夸张的表情逗宝宝，宝宝除了哈哈大笑，还非常喜欢模仿家长夸张的表情，如龇牙、咧嘴、吐舌头、嘟嘴巴、学老虎叫、打哇哇等，也可以让宝宝对着镜子扮鬼脸。

游戏名称：开汽车。

游戏目的：模仿发音。

游戏玩法：让宝宝坐在成人腿上，在宝宝面前放一张椅子。宝宝和成人一起双手扶着椅背，说："我们的汽车要开了，叭叭——呜——""汽车开到外婆家去，叭叭——呜——""到家了，休息休息"。注意让宝宝学说"叭叭——呜——"。

2）词汇游戏以丰富婴幼儿词汇和正确运用词汇为目的。婴幼儿时期是名词、动词、形容词等词汇积累的重要阶段，主要是关于日常物品（如食物、动物、玩具）、家人称呼、身体器官及身体动作方面的词汇。

相关链接

词汇游戏案例

游戏名称：百宝箱寻宝。

游戏目的：说出常见物品名称。

适合年龄：13~18个月。

游戏玩法：准备1个小纸箱，将宝宝熟悉的几件玩具或物品（如乒乓球、小娃娃、小汽车、铃鼓等）放在他面前，先说出玩具的名称，然后放进"百宝箱"。家长让宝宝先伸手摸一摸，然后猜一猜摸到的是什么，接着拿出来看一看，最后说一说拿出的是什么。注意提醒宝宝每次只能拿出一个玩具。等宝宝将所有玩具都取出来放在桌子上以后，用布遮住玩具，然后拿掉一样，让宝宝说出什么不见了。

游戏名称：看电影。

游戏目的：说出五官名称。

适合年龄：13~18个月。

游戏玩法：准备一张打印纸，在中间挖一个孔，家长一边将纸覆盖在脸上，一边说："这个小屏幕要放电影了，我们看看放的是什么。"引导宝宝说出五官名称。然后将其他五官依次从孔中露出，让宝宝说出相应五官的名称。在宝宝熟悉游戏以后，可以让宝宝将纸覆盖于脸上，并露出一个五官，让家长说出五官名称。

游戏名称：我来做你来猜。

游戏目的：学说动词。

适合年龄：18~24个月。

游戏玩法：家长在宝宝面前做出一些日常生活中的动作，如洗脸、洗澡、切菜、炒菜、走路、跑步、骑车、游泳、开汽车、跳舞等，让宝宝猜一猜是什么动作，并说出动作名称。如果宝宝猜对了，爸爸妈妈可以亲一亲或抱一抱宝宝作为奖励；如果宝宝猜错了，可以轻轻刮个鼻子作为惩罚。家长和宝宝也可以互换角色，让宝宝做动作，家长来猜。

游戏名称：说反义词。

游戏目的：学说形容词。

适宜年龄：30~36个月。

游戏玩法：妈妈先拿皮球，在将球抛给孩子的时候说一个词如"胖的"，孩子接住球，并将球抛还给妈妈时说"瘦的"。抛球时，妈妈说"高的"，孩子抛还时说"低的"，以此类推。如果孩子说不出或说错，妈妈应及时纠正并让孩子跟着重复一遍。要求孩子必须在说出反义词的同时抛出球。当孩子慢慢熟悉规则及熟悉了反义词后，妈妈可以说一些短语，如"大皮球"，让孩子说"小皮球"；妈妈再说"冬天冷"，孩子说"夏天热"等。还可以利用日常生活和玩耍的机会，结合实物和情景对孩子进行引导，让孩子学会比较，丰富其对反义词的掌握。比如，出门散步的时候，家长说："妈妈走得快。"引导宝宝说："宝宝走得慢。"周末到河边去扔石头，比赛看谁扔得远，家长可以说："爸爸扔得远。"引导宝宝说："宝宝扔得近。"

3）句子游戏以训练孩子熟练地运用完整的句子进行表达为目的。句子游戏包括说单词句、双词句、完整句、复合句及进行连贯讲述等游戏。

▶ 相关链接

句子游戏案例

游戏名称：打电话。

游戏目的：练习句子表达，学习语言交往的社会规则。

适宜年龄：18～24个月。

游戏玩法：家长拿两个一次性纸杯，在底部戳一个小孔，穿进一根长线，长线两末端打好结，做成一个电话机。家长可以和宝宝一问一答玩打电话的游戏。这个游戏除了让宝宝开口说话外，还可以让宝宝明白语言交往的社会规则，如聆听、等待、一来一回等。

游戏名称：广播电台。

游戏目的：练习句子表达。

适宜年龄：24～36个月。

游戏玩法：家庭每个成员作为一个广播电台，如奶奶广播电台、爸爸广播电台，孩子广播电台以他自己的名字命名。一个家长打电话，当拨到孩子广播电台时，孩子广播电台就播放歌曲、相声、新闻、天气预报等节目。这样每天练习，可以培养孩子口齿清楚、态度大方，有表情地讲述故事和朗诵诗歌的能力，可促进孩子语言表达能力的提高。

游戏名称：开商店。

游戏目的：练习句子表达。

适宜年龄：24～36个月。

游戏玩法：由成人当售货员，为孩子准备一系列的日常生活用品或水果蔬菜。请孩子来购买商品，购买时一定要说出商品名称、颜色和用途，如"我买香蕉，黄色的，我喜欢吃的"，说对了才能卖给小朋友。游戏可以重复玩很多次。在玩这个游戏之前，成人可带宝宝到超市仔细观察体验，积累超市购物的经验。这个游戏可以培养孩子用完整句子表达事情的能力，巩固其对物品特征的认识。

游戏名称：小小烘焙师。

游戏目的：练习用完整句子进行讲述。

适宜年龄：24~36个月。

游戏玩法：妈妈和孩子一起用面粉做点心，然后一边吃点心，一边引导孩子讲述刚才做点心的过程（可以事先把制作过程的每一个步骤拍照，然后引导孩子根据照片内容进行讲述）。

游戏名称：传电报。

游戏目的：培养孩子的记忆力和句子表达能力。

适宜年龄：24~36个月。

游戏玩法：成人在孩子耳边讲一些有趣的电报内容，如"小猴在电灯泡里跳迪斯科""小老鼠打败了大老虎"等。孩子听后传给第三个人，第三个人讲出电报内容，发电报人进行验证。若无第三个人，则要求孩子在成人耳边复述一遍。

2. 运用游戏中的语言帮助婴幼儿进行语言练习

婴幼儿早期独自游戏中的自言自语正是交往语言产生的基础。在社会性游戏中，婴幼儿与同伴共同游戏是语言交往实践的大好时机，游戏开始时的主题确定、游戏场地和材料的选择、游戏角色的分配、游戏中的角色扮演及人际交往等，都使婴幼儿运用语言的能力得到实际练习。

（五）组织专门的语言教育活动

语言教育活动是指早教与托育机构教师有目的、有计划、有组织地实施的、以促进0~3岁婴幼儿语言发展的一系列教育活动。婴幼儿语言教育活动的内容主要有学说普通话、听话、说话、早期阅读和文学作品欣赏等。早教与托育机构婴幼儿语言教育活动主要包括三大类：语言理解指导活动、语言表达指导活动、早期阅读指导活动。婴幼儿语言教育活动的组织形式多种多样，主要有集体指导活动、个别指导活动等（具体内容参见单元三）。

三、婴幼儿语言教育的基本方法

（一）示范模仿法

示范模仿法是教师或家长为婴幼儿提供语言和行为范例并引导婴幼儿效仿的语言教育方法。婴幼儿是通过模仿学习语言的，教师或家长的语言是婴幼儿直接学习的榜样，教师或家长的语言质量直接决定婴幼儿语言的发展水平及特点。因此，教师应为婴幼儿提供准确的模仿示范。

在语言教育活动中，教师和家长可以采用的示范方法有：成人示范、录音示范、同伴示范；显性示范（明确要求婴幼儿现场模仿）、隐性示范（通过日常生活中的语言交流进行暗示，通常表现为延迟模仿）。

在运用示范模仿法时应注意以下事项。

1）示范语言应标准。一般教师示范语言的基本标准是：发音准确，表意清晰，词汇丰富，用词恰当，文理通顺，音高适中，语言文明。

2）示范应具体到位。教师的示范应具体到位，让婴幼儿能理解并迅速掌握要领。如语音示范要注意口形略带夸张，让婴幼儿清晰地感知发音的微小差异。例如，在教婴幼儿发"猪"这个字的语音时，要先侧面示范，把嘴巴张开，让婴幼儿看到舌头慢慢卷起抵在上齿龈内侧，然后再慢慢地把嘴巴撅起，这样示范便于婴幼儿看到发音的动作过程。

3）示范与讲解结合。对于婴幼儿来讲，应以示范为主，讲解为辅，配合示范的讲解应具体、简单、明了。如对某些难发的音，对有些易被忽视或不易被婴幼儿看到的发音部位，就需要采用示范与讲解结合的方法。例如，在教孩子发"苹果"的"苹"字时，可以一边示范一边讲解："请小朋友像老师这样：先把嘴巴闭上，再用力张开，'苹——'，把小手打开放在嘴巴前面，感到有股热气冲到手心，那就发对了！"

4）注意运用隐性示范。在语言教育过程中，如果教师总是采用显性示范会显得枯燥、单调、死板。因此，教师应多采用隐性示范，如以参与者身份与婴幼儿平等地进行活动，进行平行示范；对婴幼儿的语言错误进行纠正时，不要急于打断他们进行示范，而是等待他们说完以后，再进行有针对性的纠正示范。

（二）游戏法

游戏是婴幼儿时期的主导活动，运用游戏法是婴幼儿教育活动的显著特点。游戏法是教师运用有规则的游戏发展儿童语言的一种教学方法，以其趣味性、生活性和丰富性使婴幼儿在轻松愉快的氛围中，学会准确发音、丰富词汇、练习句型、学会描述和早期阅读。

在运用游戏法时应注意以下事项。

1）明确游戏的目的和内容。教师在设计游戏时应明确是为了练习发音还是为了练习词汇的运用，以便根据目的确定游戏内容。

2）准备充足的游戏材料，注意游戏情景的设置。为了使婴幼儿尽快进入游戏情景，更好地体验游戏的快乐，应准备充足的游戏材料，如实物、图片、模型、头饰等。例如，在组织发音游戏"送南瓜"时，要准备南瓜、小篮子、围裙、眼镜等。

3）注意游戏的趣味性。在语言游戏活动中，要让婴幼儿觉得好玩，就应该对游戏名称、玩法和规则进行精心设计，以吸引他们，让他们在充分感受游戏的趣味、体验游戏快乐的同时，在不知不觉中得到语言训练。

（三）表演法

表演法是指在教师指导下，婴幼儿扮演文学作品中的人物，通过对话、动作表情等再现文学作品，以提高语言表达能力的一种方法。观看表演与参与表演能使婴幼儿印象深刻，并通过语言模仿和创造促进语言能力的发展，体验快乐的情绪。

在运用表演法时应注意以下事项。

1）表演内容应具有较强的情节性并适合表演，尤其是动作和对话语言较多，情节、语言、动作重复较多的作品，如《拔萝卜》。

2）表演应目的明确，并适当排练。表演是为了通过角色扮演学习优美的语言，加深婴幼儿对作品的理解，让婴幼儿感受表演的乐趣。因此，在表演前要先让婴幼儿进行充分练习，再分派角色，并分批让婴幼儿进行表演。

3）认真布置表演场景，准备表演道具和化妆用品。具有代表性的场景布置会让婴儿尽快进入角色并喜欢表演和观看表演。

（四）练习法

婴幼儿的语言是在实践中不断发展起来的。练习法是有意识地让婴幼儿多次使用同一个言语因素（如语音、词汇、句子等）或训练某方面言语技能技巧的一种方法。

在运用练习法时应注意以下事项。

1）练习方式多样化、富有趣味性。例如，儿歌练习可以采用一边做动作一边念儿歌、你一句我一句接念儿歌等方式。

2）结合日常生活开展练习。婴幼儿语言主要是在日常生活中与成人或同伴的交往过程中，在丰富多彩的生活实践中不断发展起来的，因此要多利用日常生活情景对婴幼儿进行语言练习。例如，家里来客人了，可以让婴幼儿帮助招呼客人，跟客人打招呼、问好，当客人离开时，要跟客人告别；到超市购物时，可以跟婴幼儿商量买什么东西，并让其跟营业员交流等。

3）利用游戏活动开展练习。无论是语言游戏还是角色游戏、表演游戏，都是练习语言交往和语言表达的有利时机，而且游戏中的语言练习生动有趣，十分符合婴幼儿的年龄特点。

4）利用文学作品与阅读活动开展练习。儿歌以简短的语句、生动的内容、丰富的想象、优美的节奏而深受儿童喜爱。各种童话故事是经过作家加工的艺术语言，优美、生动、形象，是婴幼儿模仿和表演的范本，为婴幼儿扩展词汇量、丰富语言内容奠定了基础。儿歌和故事都是儿童接触书面语言的最初载体，有助于提高婴幼儿的口语表达能力，并实现口头语言向书面语言过渡。

案例评析

孩子语言贫乏，四招招宽词汇量

案例描述：

明明妈妈：儿子明明学说话真是个令人吃惊的过程，好像昨天他还只会叫"妈妈"，而今天就会蹦出一些词，甚至一些短句，连我都不知道他是从哪里学来的。我不禁感到欣慰，因为从此以后明明就能够表达一些意思了。但是，令我失望的是，有时我根本无法听懂他要表达的是什么意思。例如，明明能够清楚地说出"我要吃饼干"这样的话，但还是无法找到词汇来表达他的悲伤或害怕的情绪，他仍旧只能又踢又闹……

案例分析：

会说话和词汇量这两者，不少父母关心的是前者。可是，当孩子掌握了"东张西望""筋疲力尽"等词汇，孩子的语言就会更加生动，与人交流的效果也会更好。孩子学会说话，这只是一个"开始"，因为孩子的大脑在10岁前捕捉和反馈信息的能力比一生中任何一个阶段都要强。如果能在这个阶段通过极其自然、温和、有效的方式帮助孩子拓展词汇量，则对孩子而言是一件非常有益的事情。但是，这个过程需要妈妈讲究方法。

方法1：妈妈要"喋喋不休"。

有研究证实，宝宝如果与"喋喋不休"的妈妈在一起生活，就会更快地学到口头交流的技能。一项研究表明，与沉默寡言的妈妈生活在一起的宝宝和与"喋喋不休"的妈妈生活在一起的宝宝相比，2岁时，后者比前者多掌握约300个词汇。也就是说，与宝宝说的越多，宝宝接收到的词汇也就越多。

提示：多说话是建立在高质量沟通的基础上。也就是说，父母在跟孩子说话时，一定要注意语言的准确性，并且要及时纠正孩子的不恰当用语，这对孩子学习语言是非常重要的。

方法2：引导孩子更多说话。

很多时候是父母对孩子说话，父母常常认为只要确定自己说的话让孩子听到了，或者得到孩子"是"或者"不"的回答就足够了。其实，这是远远不够的。研究发现，孩子只有在一来一往的沟通中才能更好地学会说话，所以应该给孩子提供更多的与父母对话的机会。

提示：不妨跟孩子沟通一些开放性的、引发性的话题，并且不要在孩子刚刚表达自己的观点后就马上开口打断孩子的话。此外，当孩子跟父母说话时，父母应蹲下身来，与孩子保持平视，眼睛应注视着孩子的眼睛。通过这样的肢体语言告诉孩子父母在认真听他说话，这对孩子是最好的鼓励和赞许。父母的沟通态度会帮助孩子更多地开口讲话，从而演练他每天学到的新词语。

方法3：从名词入门丰富词汇。

名词通常是孩子掌握的第一类词汇。研究表明，20个月龄的孩子掌握的几乎全部是名词。所以，父母可以直接从名词入门，凡是生活中接触到的事物，全部称呼学名，慢慢地，再增加动词和形容词来逐渐丰富语句。

提示：父母也应通过阅读和实践来不断丰富自己的词汇量，如在看报或看电视时，找出那些不一样的表达方式，然后尝试改变自己常用的表达方式，也许父母也可以在其中体验从未经历过的乐趣。

方法4：多朗读，控制看电视。

在生活中多给孩子朗读故事或儿歌，可以培养孩子对文字、词汇和语言的感觉，并可以增加孩子的词汇量。在讲述故事情节时，使孩子自然而然地领会词汇的含义和用法，这是最好的学习方式。同时，要让孩子接触各种风格的文字，尊重和保留原来的用词，能帮助孩子接触到更多的新词汇。

提示：语言是一种符号，每个词语都与特定的事物和动作相对应，使人通过文字可以联系到它的含义。然而，电视却在很大程度上限制了人们的想象，因为语言所提及的内容已经被画面展示出来，这样就限制了孩子对词汇的想象和思考能力。朗读发出的声音能刺激孩子大脑中"词汇-形象"的对应思考，这种从抽象到具体的思维过程，是非常有利于孩子大脑发育的。

实践活动

活动一：建立婴幼儿语言游戏资源库。

要求：通过多种途径收集 0～3 岁婴幼儿语言游戏，并按语音练习游戏。例如，收集丰富词汇的游戏、句子表达游戏、听说游戏、识字游戏等，然后进行归类整理，形成婴幼儿语言游戏资源库。

活动二：家庭教育微课堂。

要求：录制一个讲解"家庭环境如何影响儿童语言发育"的小视频（3 分钟左右），并跟同学进行分享。

拓展练习

练习：婴幼儿语言发展与教育咨询指导。

要求：

1）将全班学生分为三个小组（0～1 岁、1～2 岁、2～3 岁各一组），分别搜集不同年龄段家长对婴幼儿语言发展与教育的问题或困惑（每组不少于 5 个）。

2）各小组查找相关资料并对问题或困惑进行解答，重点分析婴幼儿语言教育途径与方法方面的得失。

3）各小组派代表在全班进行交流分享。

推荐阅读

1．张明红，2020．0～3 岁儿童语言发展与教育［M］．上海：华东师范大学出版社．

2．王静，冉超，2020．0～3 岁婴幼儿语言发展与教育［M］．北京：北京师范大学出版社．

单元三
婴幼儿语言指导活动设计与组织的基本要素

【学习目标】

1. 明确婴幼儿语言指导活动的含义、目标及内容。
2. 掌握早教机构语言指导活动设计的原则、步骤及组织的步骤。
3. 了解托育机构语言指导活动设计与组织实施的方法。
4. 了解婴幼儿语言指导活动观察评估的方法。

【学习要点】

1. 婴幼儿语言指导活动的目标、内容。
2. 早教机构婴幼儿语言指导活动设计与组织。
3. 托育机构婴幼儿语言指导活动设计与组织。
4. 婴幼儿语言指导活动的观察评估。

【单元导读】

在婴幼儿教养机构（如托育机构、早教机构等），一日生活中的随机交流、语言游戏、专门的语言指导活动、渗透在其他领域活动中的语言交流等，都是促进婴幼儿语言发展的有效途径。婴幼儿语言指导活动是指在婴幼儿教养机构中，为促进 0～3 岁婴幼儿语言能力发展而开展的一系列有目的、有计划的教育活动。在观察了解婴幼儿语言发展水平基础上，根据婴幼儿语言能力发展水平和实际需要设计和组织适宜的游戏和教育活动，以有效地促进婴幼儿语言发展，这是婴幼儿教养机构教师的基本职业技能。

本单元主要介绍婴幼儿语言指导活动的目标、内容，早教机构和托育机构语言指导活动设计与组织实施的基本方法、流程，以及婴幼儿语言指导活动观察评估的方法，培养早教机构和托育机构教师设计、组织实施婴幼儿语言指导活动的基本技能。

一、婴幼儿语言指导活动的目标、内容

（一）婴幼儿语言指导活动的目标

婴幼儿语言指导活动的目标是对语言指导活动结果的一种期望，是指通过语言指导活动，对婴幼儿语言能力发展的预期结果。制定婴幼儿语言指导活动的目标，是婴幼儿语言指导活动设计中最重要的一环，目标的恰当与否，将对整个活动设计产生决定性的影响。教师应该在深入理解婴幼儿语言教育总目标、年龄阶段目标的基础上，结合某一

具体教育内容制定活动目标。

1. 总目标

0~3 岁婴幼儿语言教育总目标是培养倾听与理解（听）的能力、口头表达与交流（说）的能力和文学欣赏与早期阅读（读）的能力，重点是培养他们的倾听能力和口语表达能力，使其基本掌握口头语言，基本能运用语言与人进行沟通。

按照《托育机构保育指导大纲（试行）》规定，0~3 岁婴幼儿语言教育总目标如下。

1）对声音和语言感兴趣，学会正确发音。

2）学会倾听和理解语言，逐步掌握词汇和简单的句子。

3）学会运用语言进行交流，表达自己的需求。

4）愿意听故事、看图书，初步发展早期阅读的兴趣和习惯。

2. 年龄阶段目标

婴幼儿语言教育年龄阶段目标是终期目标在各年龄段上的具体体现，体现了婴幼儿语言能力发展的阶段性和连续性。例如，不同年龄段儿童的口头表达能力的培养目标是不一样的：对 0~1 岁的婴儿要求是能模仿发单字音，能开口说一两个词；对 1~2 岁幼儿的要求是能说出常见物品名称；对 2~3 岁幼儿的要求是能说出自己的姓名、年龄、性别，能用简短语句回答问题。

0~3 岁婴幼儿语言教育年龄阶段目标如表 3-1 所示。

表 3-1　0~3 岁婴幼儿语言教育年龄阶段目标

语言能力	年龄阶段目标		
	0~1 岁	1~2 岁	2~3 岁
倾听与理解	● 喜欢听别人说话、唱歌、念儿歌，喜欢听乐曲、鸟叫等悦耳的声音； ● 能辨别家人称呼； ● 能辨别常见物品名称； ● 能辨别 2 个身体器官名称； ● 能执行简单的动作指令（如欢迎、再见等）； ● 能听懂禁令（不）	● 能辨认并说出图片上常见物体的名称； ● 懂得常见物品的名称和用途； ● 能理解简短的语句； ● 能执行连续两个动作的指令； ● 能知道身体各部位名称	● 能分辨不同事物发出的声音； ● 能理解简单的行为要求； ● 能执行两个不相关的动作指令； ● 能理解除被动句和双重否定句以外的各种句型
表达与交流	● 能听别人对自己说话时，能用声音、手势、表情或单词做出反应； ● 能模仿发单字音； ● 能模仿常见动物叫声； ● 能说出第一个有意义的单词； ● 会用手指表示"1 岁"	● 会重复别人说过的话，发音不一定清楚； ● 能说出常见物品的名称和用途； ● 能说出自己的姓名； ● 能用单词或手势、表情等向成人表达自己的要求； ● 会说 2~3 个词的简单句子； ● 能用"是"或"不"回答别人的问题	● 能说出自己的姓名、年龄、性别； ● 对本民族语言或方言发音基本清楚； ● 会使用礼貌用语； ● 能叙述简单事件； ● 能用简单的语句回答别人的问题； ● 能看图说话； ● 能说 5~6 个词的复杂句子

续表

语言能力	年龄阶段目标		
	0~1 岁	1~2 岁	2~3 岁
表达与交流		• 会使用常见的名词和动词； • 掌握约 300 个词汇	• 会使用名词、动词、形容词、代词、副词、连词、介词、量词等各类词汇，词汇量达 1000 个； • 基本掌握口头语言，基本上能运用语言与人进行交往
欣赏与阅读	• 喜欢听成人讲故事、念儿歌； • 能尝试翻书，对早期阅读有初步的兴趣	• 能安静地听成人念儿歌、讲故事； • 会念几句儿歌； • 能理解故事简单情节（人物、事件）； • 会用拇指和食指一页一页地翻书； • 能模仿书中人或动物的动作	• 会背诵几首儿歌； • 能看懂单页单幅图画的主要内容； • 喜欢看书，能按顺序听成人讲述或独立阅读图画书上的故事； • 理解故事主要情节（如人物、事件、经过、结果）

3. 活动目标

活动目标是由教师根据婴幼儿语言教育总目标、年龄阶段目标及本地区、本班婴幼儿实际情况制定的。它是指具体某一次活动的目标，与具体的教育内容紧密相连。语言指导活动目标是语言指导活动设计与组织的出发点，也是落脚点。

语言指导活动目标是本次活动需要培养和促进的某些语言能力的行为表现，其表述应具体、明确，便于观察和评价，通常用儿童学习行为的变化进行表述。一个恰当的目标应该能成功地向别人表达教师的教育意图，应便于观察者和评价者在活动后通过婴幼儿的行为变化加以评价。一般来说，情感态度目标的表述术语有培养……情感、懂得……道理、明白……意义、喜欢、愿意等。认知目标的表达术语有了解、理解、掌握、学会、认识等。能力或技能目标的表述术语有能够、学会、运用、使用等。

语言核心经验解读

语言核心经验的用途

（二）婴幼儿语言指导活动的内容（核心经验）

教育内容是实现教育目标的手段。语言教育内容的确定，就是把教育目标中的要求转化为儿童学习语言的内容，使儿童通过多种多样的学习获得语言经验。0~3 岁婴幼儿语言学习与发展核心能力的培养是婴幼儿语言指导活动的主要内容。

从心理学角度来看，语言活动过程主要包括语言感知、语言理解和语言表达三个基本方面，这三个方面既是语言交流活动必须经过的三个阶段，也是语言能力的三个重要组成部分；从语言学角度看，语音、词汇、语法（句子结构）是语言构成的三个基本要素，语言能力的发展也充分体现在这三个方面；从教育学角度来看，语言教育目标是培养儿童听、说、读、写能力。综合以上三个方面的相关内容，结合婴幼儿语言发展特点，我们将语言核心能力划分为倾听与理解、表达与交流、欣赏与阅读三个方面，形成 0～3 岁婴幼儿语言教育具体内容框架（图 3-1），供教师在选取语言教育活动内容时参考。

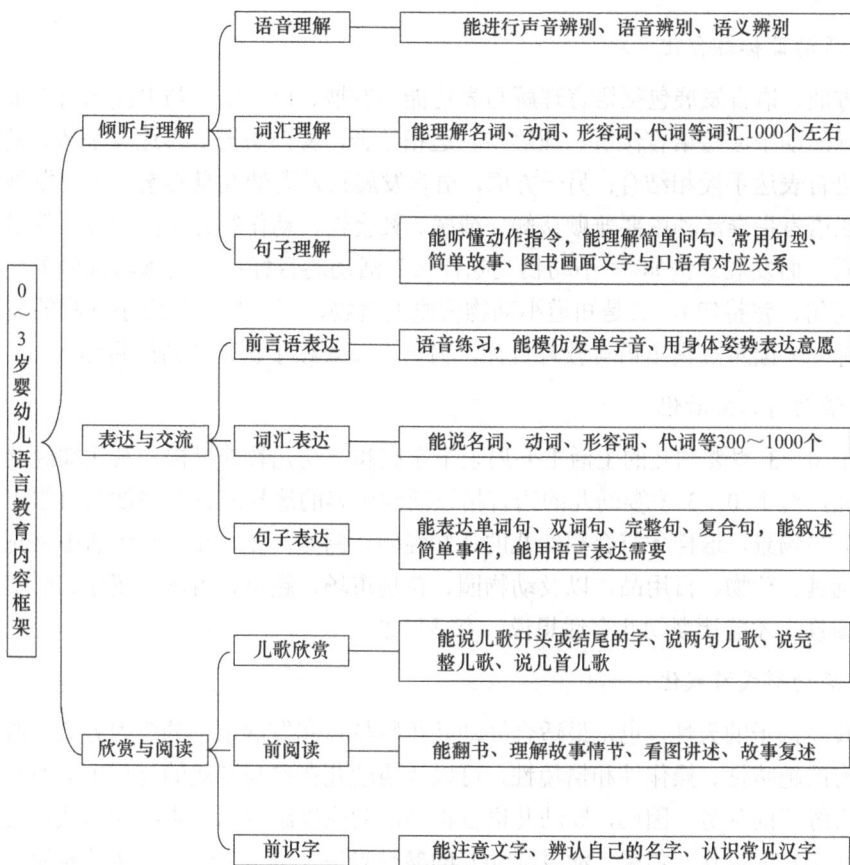

图 3-1　0～3 岁婴幼儿语言教育内容框架

二、早教机构婴幼儿语言指导活动的设计与组织

早教机构是专门为 0～3 岁婴幼儿及抚养人提供儿童早期教育培训、指导和服务的机构（如亲子园、早教指导中心等）。目前，0～3 岁婴幼儿早教机构亲子活动的设计和组织还没有统一的标准和规范，全国各地的学者和各种早教机构都在实践中进行探索。因此，本单元内容主要是基于课题组的研究和课题园的实践经验，仅是对早教机构婴幼儿语言指导活动模式的一种探索。

由于 0～3 岁婴幼儿主要散居在家庭，父母及抚养人才是实施早期教育的第一主体，日常生活才是实施教育的主要途径，早教机构一周一次或几次的课程是无法促进婴幼儿持续发展的。所以，早教机构语言指导活动实际上是针对婴幼儿语言发展设计的家庭教育示范课，其目的是帮助家长了解婴幼儿语言发展水平及特点，树立正确的语言发展观，学习在日常生活中促进婴幼儿全面发展的具体方法和手段。因此，早教机构语言指导活动中的"指导"有三层含义：一是教师对婴幼儿的指导，二是教师对家长的指导，三是家长对婴幼儿的指导。

（一）早教机构婴幼儿语言指导活动设计原则

1. 活动目标综合化

一方面，语言发展包括语言理解与表达能力发展、口头语言与书面语言发展等，在语言指导活动中应将语言倾听、理解与表达相结合，将口头语言表达与手势、动作、表情等非语言表达手段相结合；另一方面，语言发展只是婴幼儿身心素质全面发展的一个方面，在语言指导活动中要兼顾认知、情感、社会性、动作等方面的发展，促进婴幼儿身心素质全面发展。例如，"小动物爱吃什么"活动的目标：一是练习说简单句（单词句、双词句、完整句），二是知道小动物爱吃的食物，三是培养热爱小动物的情感。这样的目标一方面重点突出语言教育目标，另一方面兼顾了认知和情感目标。

2. 活动内容生活化

由于 0～3 岁婴幼儿的生活主要局限于家庭和婴幼儿教养机构，其认知经验十分有限。因此，对于 0～3 岁婴幼儿的语言指导活动内容的选择应该是婴幼儿日常生活中熟悉的物品与场景，这样才符合婴幼儿的认知经验。例如，婴幼儿日常生活中常见的各种食物、玩具、动物、日用品，以及动物园、花鸟市场、超市、厨房、餐厅、卧室等真实的生活场景，才能让婴幼儿有话想说、有话可说。

3. 活动形式游戏化

游戏是孩子的天性，也是最适合婴幼儿年龄特点和发展水平的学习方式。游戏活动本身具有的趣味性、操作性和情境性，可以让婴幼儿在参与游戏的过程中，不知不觉地完成语言练习的任务。因此，婴幼儿语言指导活动应以游戏为基本组织形式，通过具体的情景和丰富的操作、体验，激发婴幼儿的参与兴趣，引发婴幼儿表达的意愿，让婴幼儿在体验快乐的同时，建构语言经验、获得语言发展。例如，有位老师让刚入园的小朋友在开火车的游戏中熟悉同伴的名字，游戏玩法如下。一名小朋友戴上头饰当火车司机，边用手拍节奏边说："嗨，嗨，嗨，我的火车就要开。"其余的小朋友就问："往哪里开？"小司机回答："往……那里开！"被点到名的小朋友做司机，游戏反复进行。

4. 活动过程互动性

语言是人际交往互动的主要手段。教师在设计活动时，不仅要考虑教师与婴幼儿、教师与家长、家长与婴幼儿、婴幼儿与环境之间的互动，还要注意为婴幼儿与婴幼儿之间、家长与家长之间创造互动交往机会，充分利用集体活动促进婴幼儿的社会性发展，为以后适应幼儿园集体生活奠定坚实的基础，也为家长的育儿经验交流提供一个平台。

5. 活动途径多样化

语言是交流的工具。在婴幼儿教养机构中，每日生活的各个环节、游戏活动和各领域教学活动都离不开语言交流。因此，婴幼儿的语言教育应渗透在每日生活之中，婴幼儿的语言学习应渗透在其他领域的活动之中。诚然，模仿和强化是促进婴幼儿语言发展的基本手段，语言指导活动的最终落脚点是婴幼儿的语言操作活动（模仿和练习），但是，这并不意味着语言活动从头到尾都是语言模仿和练习（如"老师说、孩子听"，或者是"老师问、孩子答"）。语言指导活动完全可以借助其他领域的活动形式，尤其是那些游戏性、情境性、操作性强的活动（如音乐、绘画、动作、社会交往等），在儿童丰富的认知经验、情感体验或动作操作基础上进行语言练习。例如，游戏"碰一碰"和"跟着圆圈走走"是练习名词和动词理解的活动，它们都是借助音乐和动作活动的形式，帮助婴幼儿进行词汇理解练习。例如，活动"糖果宝宝"（单元九），通过摸一摸、看一看、说一说、唱一唱、尝一尝、涂一涂等多种活动形式，将认知、动作、绘画、语言活动进行整合，每一个环节都是在婴幼儿操作体验的基础上进行语言表达的练习，从而避免了语言活动陷入单一而枯燥的听说练习。

相关链接

游戏案例两则

游戏名称：碰一碰。

适宜年龄：18～24个月。

游戏目标：认识五官及身体部位名称。

游戏玩法：小朋友手拉手围成一圈，一边跟老师唱儿歌一边绕圈走：找一个朋友碰一碰，找一个朋友碰一碰，碰哪里？老师发指令说"碰鼻子"（眼睛、头发、后脑勺、小手、手臂、膝盖、脸、肚子、屁股、小脚等），小朋友就赶快找一个好朋友碰一碰鼻子。

游戏名称：跟着圆圈走走。

适宜年龄：18～24个月。

游戏目标：执行一个动作指令。

游戏玩法：教师播放儿歌《跟着圆圈走》：跟着圆圈走走，跟着圆圈走走，走走走走，走走走走，看谁先站（跑、跳、蹲、飞、爬）好。小朋友手拉手围成一圈，一边听儿歌一边绕圈走。儿歌一停，小朋友就根据儿歌内容作出相应动作，出错的小朋友退出游戏。

（二）早教机构婴幼儿语言指导活动设计的步骤

婴幼儿语言指导活动设计是指依据婴幼儿语言发展水平和特点，确定语言教育目标，选择恰当的教学内容和形式，策划活动流程，制订活动方案及活动评价标准的一系列活动过程。

在观察评估的基础上，婴幼儿语言指导活动设计的具体步骤如图 3-2 所示。

1. 确定活动目标

早教机构婴幼儿语言指导活动是家庭教育示范课，是以"亲子同步成长"为目的的，所以语言指导活动目标应包含儿童发展目标和家长学习目标两个方面，如表3-2所示。

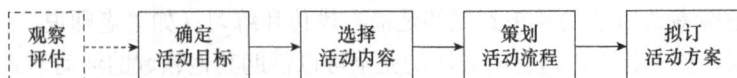

```
观察      确定        选择        策划        拟订
评估  →  活动目标  →  活动内容  →  活动流程  →  活动方案
```

图3-2　婴幼儿语言指导活动设计的具体步骤

表3-2　语言指导活动目标案例

儿童发展目标	家长学习目标
1）正确使用"个、只"等个体量词； 2）学说"一串、一双"等集合量词； 3）初步了解临时量词和不定量词的使用	1）知道31～36个月宝宝说量词能力等级。 ① 会说"个、只"等个体量词（等级一）； ② 会说"一串、一双"等集合量词（等级二）； ③ 会说"一盆、一筐"等临时量词（等级三）； ④ 会说"一些、一点"等不定量词（等级四）。 2）观察宝宝目前说量词的水平。 3）掌握教宝宝学说量词的方法

（1）儿童发展目标

儿童发展目标的拟定应遵循以下原则。

1）目标的适宜性和挑战性。

一方面，活动目标的制定应适合婴幼儿现有的语言发展水平，符合语言发展年龄特点；另一方面，要略高于该年龄段婴幼儿现实发展水平，把促进婴幼儿的语言发展作为落脚点，在最近发展区内确定语言教学目标。

2）目标的表述应具体、明确。

语言活动目标通常可以用婴幼儿学习行为的变化进行表述。每次活动具体要求婴幼儿了解哪些知识，掌握哪些基本技能，培养哪种情感、态度，都要明确说明，使目标充分表达执教者的教育意图，并便于观察和评价。例如，"练习n、l的发音"，而不是"训练发音能力"；"能模仿不同动物的叫声"，而不是"训练模仿发音能力"；"学说礼貌用语"，而不是"培养语言表达能力"；"学说完整句'××喜欢吃××'"，而不是"培养句子表达能力"。

3）既面向全体，又兼顾个别差异，体现目标的层次性。

参加亲子活动的婴幼儿来自不同的家庭，由于遗传因素、环境和看护人的不同，婴幼儿语言发展水平各有差异；而且亲子中心语言指导活动一般以半岁为一个年龄段进行分班，婴幼儿之间的语言发展水平客观上存在差异。因此，教师应在活动之前对婴幼儿的语言发展水平进行测查、评价，有针对性地设计活动，并通过不同层次的目标设置，对不同水平的婴幼儿提出不同要求，促进每名婴幼儿在原有水平的基础上都有所发展。例如，在2～3岁婴幼儿"念儿歌"的活动中，可以提出4个层次的教育目标：①说出儿歌中押韵的字；②说出一句完整的儿歌；③说一首完整的儿歌；④会说4～5首儿歌。

（2）家长学习目标

家长学习目标包含以下两方面的内容。

1）本次活动可以让家长了解什么知识？具体可以描述为：本活动设计思路及教育价值，关于育儿的某个方面的知识，婴幼儿语言能力的发展水平，等等。

2）本次活动让家长可以掌握什么技能？具体可以描述为：婴幼儿语言能力的观察评估方法，某一活动的内容向家庭迁移的办法，某种简易玩具的制作方法，某种与婴幼儿互动的技巧；一个育儿难题或困惑的解决方法，等等。

每次活动可以根据具体活动情况，选择以上内容的某些方面作为本次活动的家长学习目标。

2. 选择活动内容

教育内容是实现教育目标的手段，是将目标转化为婴幼儿发展的中间环节，也是活动设计的核心。教师在选择活动内容时要注意以下几点。

1）根据目标选择内容。活动内容要紧密围绕既定目标进行选择，可选择若干不同的内容达成同一目标。例如，若目标为"练习 n、l 的发音"，则可以选择内容包含 n、l 发音的儿歌、绕口令、故事、游戏对话等。如绕口令"兰兰和南南"：公园里面碰碰船，坐着兰兰和南南，南南开船碰兰兰，兰兰开船躲南南，兰兰和南南碰一起，乐坏了南南和兰兰。

2）根据婴幼儿语言发展水平和特点确定活动内容，活动内容难易适度。例如，在教处于单词句阶段的婴幼儿学说儿歌时，应选择相对简单的三字儿歌，以便婴幼儿模仿和练习；1 岁左右幼儿的语言表达练习，应选择模仿发音活动，如模仿小动物的叫声等。

3）了解婴幼儿已有经验，在婴幼儿的新旧经验之间建立联系。例如，要开展"超市购物"游戏，就应了解婴幼儿是否有到超市购物的经验。

4）紧密联系婴幼儿的生活，结合日常生活活动或场所选择活动内容。例如，动物园、超市、花鸟市场、菜市场等，家里的客厅、厨房、餐厅、卫生间等，甚至婴幼儿的书包、衣柜等，都是婴幼儿生活中熟悉的场所，其中包含丰富的语言活动内容（如认识常见物品名称、认识颜色、学说量词等）。

5）因时因地制宜，注意地域和文化差异。例如，四川地区的儿童学说普通话时，应注意进行 z、c、s 与 zh、ch、sh，l 与 n，in、en 与 ing、eng 等的发音练习。

3. 策划活动流程

活动流程包括设计语言指导活动的开展过程、环节、顺序及活动方式，其中活动方式是活动环境和条件、活动方法、活动组织形式、活动环节的有机结合和综合体现。

1）活动环境和条件。开展活动的空间、场地、教具、学具、设备的提供，包括名称、规格、数量、出示的时间、方法等。

2）活动方法。语言教育的基本方法有动作或实物与语言配合法、示范模仿法、游戏法、表演法等，可以根据活动内容的需要恰当地选择，通常是几种方法综合使用。

3）活动组织形式。语言指导活动一般有两种形式：一是集体指导活动，二是个别指导活动。

4）活动环节。语言指导活动主要包括活动开始、活动进行、活动结束 3 个环节。

① 活动开始：主要包括问好、热身、点名、家长指导、发放儿童行为观察记录表等。

② 活动进行：这是语言指导活动的主体部分，是婴幼儿在教师引导下主动学习和练习的过程，具体包括导入活动、主题活动（分层游戏）、自主活动、放松活动 4 个部分。

③ 活动结束：一般包括活动小结、家长交流、布置家庭延伸活动等。

4. 拟订活动方案

从形式上看，活动方案（即教案）是将活动目标、活动内容、活动流程形成书面形式，实质上它包含一定的教育理念和理论观点。活动方案是开展教育活动的必要准备和依据，但也不是一成不变的，可根据活动实施过程和实际情况的变化而调整。

早教机构语言指导活动方案的基本内容包括以下 7 个方面。

1）活动名称：活动名称最好从儿童角度命名，体现童趣；同时能较为概括地反映活动内容。例如，故事《三个好朋友》，儿歌《小动物走路》，看图说话《小猪洗澡》等。

2）适合月龄：说明本次活动适合的年龄段。

3）活动目标：说明本次活动家长学习目标和儿童发展目标（具体训练哪一种语言能力，最好是一种能观察到的行为表现，如"能听懂简单的动作指令""能复述部分情节或对话"等）。

4）活动准备：包括物质准备和经验准备。物质准备包括环境创设、活动材料、设施设备的准备等。经验准备是指孩子事先对学习对象或内容有一定的认识。例如，在学习诗歌《滴答，滴答》的活动前，需要孩子感受雨滴落在脸上冰凉的感觉。

5）家长指导语：这是亲子活动方案中非常重要的组成部分，包括对儿童发展水平和现状的描述、活动目标、活动的教育价值及家长在活动中的注意事项等。家长指导语的撰写是活动设计环节的一个难点，它需要教师准确把握婴幼儿语言发展水平和特点，熟悉语言教育基本内容，了解某一语言能力发展对婴幼儿心理发展的意义。

家长指导语

量词是实词中掌握较晚的，在生活中使用较广。婴幼儿掌握量词是由个体量词、不定量词、集合量词、临时量词逐步发展的，练习说量词有助于培养婴幼儿初步的逻辑思维能力，丰富婴幼儿的词汇，帮助婴幼儿更好地由双词句向简单句过渡。本次活动我们提供了三个层次的游戏让宝宝练习说量词。

量词一般有较为规范的搭配关系，对准确性的要求很高。家长注意在引导宝宝了解事物的名称后，再匹配相应的量词。如果宝宝出现量词使用不准确的现象，家长不必急于纠正，但要注意给予正确的示范。活动中家长要认真观察记录宝宝的语言水平，并根据宝宝的语言水平选择相应的活动进行指导。

6）活动流程：活动实施的基本环节和具体方法步骤等。

7）活动延伸：在活动结束后，继续围绕本次活动内容开展相关活动，以起到巩固学习效果的作用。活动延伸可以在托幼机构的游戏活动或区角中实施，也可以延伸到家庭生活中。

早教机构语言指导活动教案格式如表 3-3 所示。

表 3-3　早教机构语言指导活动教案格式

活动名称：		年龄：
场地：		人数：

	家长学习目标	儿童发展目标
目标	1）了解儿童语言发展水平、年龄特点及活动价值。 2）学习游戏玩法或材料使用方法。 3）掌握观察要点及方法。 4）了解家庭延伸活动的方法。	1）（等级一）××××。 2）（等级二）××××。 3）（等级三）××××。
活动准备	与活动相关的物质准备、经验准备、环境准备	
家长指导	家长指导语（2~3 分钟） 1）游戏价值。 介绍游戏目的、内容、价值、设计思路等。 2）家长提示。 ① 请家长在活动中注意观察孩子的表现，可根据孩子的兴趣和能力选择适合的游戏。 ② 在游戏中，尽量放手让孩子自己尝试完成任务，家长不要包办代替。 ③ 及时对孩子的行为进行鼓励（亲吻、拥抱等）。 ④ 游戏中的安全注意事项。 3）发放儿童行为观察记录表，提示观察内容要点。	
活动过程	1. 导入活动（2~3 分钟） 通过简短、有趣的小游戏，引入活动主题，激发孩子和家长参与活动的兴趣。 2. 主题活动（20 分钟左右） 围绕婴幼儿语言核心经验设计的分层次游戏活动。 3. 自主活动（5 分钟） 家长选择主题活动中适合孩子能力或孩子感兴趣的游戏，继续与孩子进行互动，教师要进行观察、指导。 4. 放松活动（2~3 分钟） 让孩子在轻松愉快的气氛中自然地结束活动。	
家庭延伸	指导家长利用生活场景和材料，继续围绕本次活动目标和内容开展活动（复习、巩固）。	

（三）早教机构婴幼儿语言指导活动的组织

1. 婴幼儿语言指导活动的类型

婴幼儿语言指导活动主要包括三大类：语言理解指导活动、语言表达指导活动、早期阅读指导活动，如图 3-3 所示。

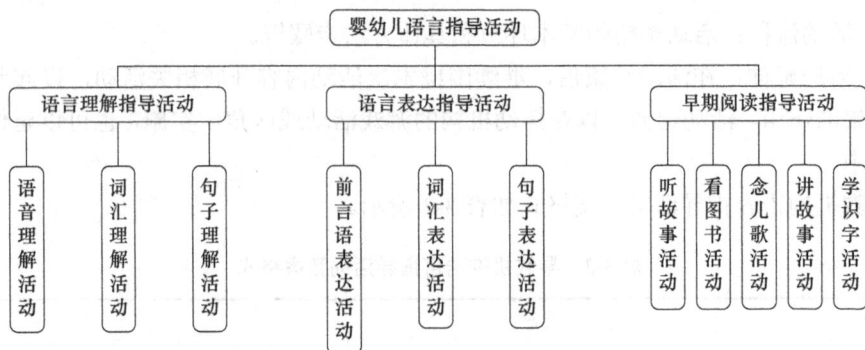

图 3-3　婴幼儿语言指导活动的类型

2. 婴幼儿语言指导活动组织的步骤

婴幼儿语言指导活动组织的步骤如图 3-4 所示。

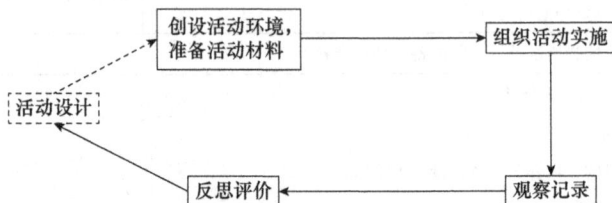

图 3-4　婴幼儿语言指导活动组织的步骤

（1）创设活动环境，准备活动材料

根据婴幼儿语言指导活动设计的步骤撰写活动方案后，首先要充分准备活动材料、环境和儿童行为观察记录表等，以保障指导活动的顺利开展。

（2）组织活动实施

语言指导活动的组织实施流程包括活动准备、活动开始、活动进行、活动结束等基本环节，如图 3-5 所示。

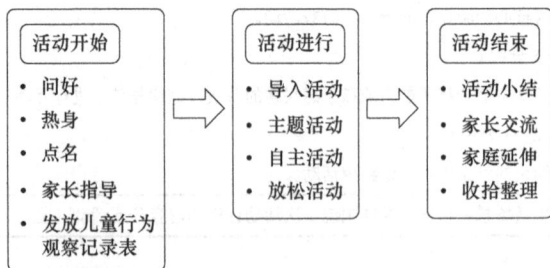

图 3-5　婴幼儿语言指导活动组织实施流程

1）活动开始（8 分钟左右）。

问好：每次活动正式开始之前，教师和助教要接待家长和孩子，可以跟家长和孩子打招呼，进行简单问候和交流。

热身：目的是调动气氛、示意上课，引导婴幼儿和家长进入亲子活动。常常以律动舞蹈类活动、线上活动（走线、线上模仿操等）为主。

点名：点名环节是以婴幼儿相互熟悉，展示、介绍自己为目的的活动，形式以歌曲类、游戏类、儿歌类、创意类等为主，有时也可与热身结合开展。

家长指导：在活动正式开始之前，教师讲解儿童语言发展水平和年龄特点，介绍本次活动的目的（如家长学习目标、孩子发展目标）、活动环节、活动价值或意义、活动中的注意事项（如安全隐患、家长态度行为）等，让家长对本次活动设计思路和基本要求有一个初步的了解。

发放观察记录表：将儿童行为观察记录表发放给家长，提示观察要点及注意事项。

2）活动进行（30分钟左右）。

导入活动（2～3分钟）：通过简短而有趣的手指游戏、儿歌、音乐律动、直观教具、图片、视频等方式引入本次活动主题，吸引孩子的注意力，激发孩子和家长参与活动的兴趣。

主题活动（20分钟左右）：主题活动节是语言指导活动的核心部分。主题活动是围绕婴幼儿语言核心经验设计的分层次游戏活动。在每一个分层次游戏中都有教师讲解、示范、亲子互动、观察、指导等。这种层层递进的游戏练习方式的目的主要有以下三个方面：一是让家长了解某一语言能力的发展过程；二是让家长在游戏中观察自己孩子的语言发展水平；三是让家长了解自己孩子语言能力的最近发展区。

自主活动（5分钟）：自主活动环节紧随主题活动之后，家长可以根据婴幼儿能力或兴趣，在主题活动中选择适合孩子的游戏或活动继续游戏，家长可与婴幼儿互动。这个环节主要是考虑婴幼儿的个体差异而设置的。虽然婴幼儿多在同一年龄段内，但婴幼儿的语言能力发展的个体差异无法忽视。所以，教师常常在主题游戏环节告知家长："每个婴幼儿的发展是有差异的，游戏中家长需要观察宝宝处于哪一层次，如果宝宝已经能够准确理解简单问句，那么在自主活动环节中，家长就应着重引导宝宝练习理解选择句。如果您的宝宝还不能准确理解祈使句，在自主活动环节中，家长则可以从练习听懂祈使句开始。"在自主活动环节中，教师需要做两件事：一是观察婴幼儿和家长，了解婴幼儿语言发展到什么水平，家长和婴幼儿互动是否恰当，有无指导，是否包办，家长是否掌握了和婴幼儿互动的方法等，并根据观察情况填写家长行为观察记录表，便于活动后给予家长信息反馈，帮助家长反思自己的教育行为；二是对家长和婴幼儿的互动进行个别指导，可以通过讲解、示范、评论等方式指导家长。

放松活动（2～3分钟）：以活泼的游戏、律动或舒缓的活动，让婴幼儿在轻松愉快的气氛中自然结束活动。

3）活动结束（5分钟左右）。

活动小结：教师就家长和婴幼儿在活动中的总体情况进行点评。

家长交流：在小结以后，可以根据情况组织一个简短的家长沙龙，家长之间进行经验分享。交流的话题可以由教师提出，也可以请家长谈一谈活动感受或教养中的困惑。

家庭延伸：每次活动结束后，教师要围绕本次活动目标和内容，为家长提供便于在家庭中开展的游戏等活动，并讲解如何在家庭中进行练习。亲子活动的家庭延伸内容可以制作成小卡片，在活动结束后发放给家长，便于家长随时查看。

指导家长填写儿童行为观察记录表：教师指导家长填写婴幼儿在活动中表现出的语言能力、风格等方面的情况，将活动中的收获、困惑等记录下来。教师可根据观察记录为婴幼儿制订个性化的指导方案。

收拾整理：引导婴幼儿收拾整理玩具材料，打扫环境，并养成良好的行为习惯。

家庭延伸卡

亲爱的家长，形容词是继名词和动词之后，孩子较早掌握的一类实词。形容词的掌握能丰富孩子的词汇量，增强孩子的语言表达能力，对孩子的认知发展也有很好的促进作用。婴幼儿语言发展需要愉悦轻松的环境，生活中的真实语言情境正是孩子练习语言的契机，所以家长要利用生活中的物品及生活情境和孩子练习说形容词。

1）我知道：家长可以选择生活中的常见物品，从颜色、外形、声音、味道等方面用形容词进行描述，让孩子练习说形容词。

2）美味碰一碰：和孩子将神秘的厨房调料进行大集合，让孩子品尝蘸有不同调料（如酱油、醋、沙拉、果酱等）的食物，说一说不同的调料尝起来的感觉，比一比什么味道最好吃。

3）猜一猜：用钉子将矿泉水瓶盖钻出一些小孔为孩子自制嗅觉瓶，装各种有气味的物品（如花椒、八角、胡椒、辣椒等），蒙住孩子的眼睛和孩子来做猜一猜的游戏，说一说花椒（麻麻的）、八角（香香的）、胡椒（刺刺的）、辣椒（辣辣的）的气味。

（资料来源：文颐，2012. 婴儿早期教育指导课程（0～3）[M]. 北京：北京师范大学出版社：158.）

（3）观察记录

语言指导活动中的观察记录包括教师对家长行为的观察记录和家长对儿童行为的观察记录。教师可事先准备好儿童行为观察记录表和家长行为观察记录表，在活动正式开始之前将儿童行为观察记录表发放给家长，并提示观察要点和注意事项。在活动中，教师要注意观察家长的教养行为和态度，并做好记录。活动结束后，指导家长填写儿童行为观察记录表，并与家长进行简单交流，以便及时解答家长的疑问。

（4）反思评价

在活动结束后，对活动目标是否达成、活动内容是否恰当、孩子在活动中是否积极参与、教师的指导是否体现个体差异性等方面进行思考，及时发现活动设计与组织中存在的问题与不足，并提出改进策略。教师进行及时、科学的评价与反思，不仅能够增强语言教育活动的科学性和有效性，还有助于培养研究能力，促进成长。

早教活动：故事理解"拔萝卜"（25～30个月）

3. 语言指导活动中的家长指导策略

语言指导活动中的家长指导主要有集体指导和个别指导两种策略。

（1）集体指导

集体指导是指在语言指导活动中面向所有家长的指导。集体指导内容及形式如表 3-4 所示。

表 3-4　集体指导内容及形式

活动环节	家长指导内容	指导形式
活动开始	家长指导语 1）解读儿童语言发展水平、年龄特点； 2）告知家长活动目标、内容及价值； 3）告知家长活动要求及注意事项； 4）发放儿童行为观察记录表，提示观察要点及方法	口头指导
活动进行	活动过程、环节的组织 1）示范游戏玩法或材料使用方法； 2）观察家长教养行为和态度，并做好记录； 3）对家长教养行为进行即兴指导； 4）提示家长注意观察孩子的行为； 5）提醒家长安全注意事项	口头指导 行为示范
活动结束	总结讲评 1）通过活动小结对家长教养行为进行即兴的评价和指导； 2）组织家长沙龙，引导家长进行分享交流； 3）布置家庭延伸活动（发放家庭延伸卡）； 4）指导家长填写儿童行为观察记录表并回收记录表； 5）引导婴幼儿收拾整理玩具材料	口头指导

（2）个别指导

个别指导是教师面向一名婴幼儿及其家长开展的单独指导和服务。这种指导对教师要求更高，需要教师具备良好的综合素质：沟通能力、专业知识的运用能力和综合分析能力。

个别指导的内容如下。

1）介绍教养方法。介绍促进发展方法通常是教师针对家长与婴幼儿互动时出现问题或困惑时发起的，如介绍如何引导婴幼儿发音、说话，如何帮助婴幼儿理解语言，怎样培养婴幼儿的阅读兴趣，如何选择适合婴幼儿的图书等。

2）解释婴幼儿行为。教师具有专业知识，比家长更了解婴幼儿的发展规律，因此教师会向家长解释婴幼儿的心理和行为。例如："不要将自己的宝宝与其他孩子做比较，否则会影响孩子的自信心，因为孩子已经在理解成人的语言了。"

3）更正家长行为。教师主要是更正情境中出现的家长教养行为，包括家长对婴幼儿的无意识行为，如告诉家长："爸爸要在孩子玩的时候进行指引，跟进语言刺激。"教师要纠正家长的错误方法，如提示看护人："婆婆，不要抓着姗姗的手做，让她自己独立完成。"这种纠正能帮助家长形成正确的态度和采取正确的方法。

个别指导的策略如下。

1）尊重家长。在沟通中，让对方感受到尊重是沟通的重要原则，要进行良好的互动，教师在进行个别指导时建立一种尊重他人和接纳他人的关系，家长就更可能积极地与教师接近。

2）以婴幼儿和家长的实际情况为依据。所有的指导都应以婴幼儿的发展水平及家长的实际教养情况为基础，教师对家长和婴幼儿的了解程度会影响对家长语言和行动的解读，家长对自己孩子的评价常常因带有主观期望而失真，教师需要适当地获取家长的信息，观察孩子的发展水平，结合专业知识思考得当的建议，并考虑如何有效地对家长进行指导，避免家长出现抵触情绪。

3）以专业知识进行指导。教师对家长的指导不仅是向家长描述儿童的发展水平，更需要落实在对家长教养行为的指导上。与家长分析所提出的建议依据的理论基础，能增进家长对教师的信任和尊敬。

4）有效的、可操作的建议。教师发起的互动要满足家长的需求，帮助家长解决实际问题。

三、托育机构语言指导活动的设计与组织

托育机构语言指导活动是指在托育机构或幼儿园托班针对 0～3 岁婴幼儿开展的促进语言能力发展的活动。教学活动的设计是对一个教学活动的具体行动规划，是教师进行教学的蓝图，也是教师取得良好教育效果的必要准备工作。

（一）托育机构语言指导活动的设计

1. 研究和把握婴幼儿语言发展情况

托育机构的教育对象主要是 0～3 岁婴幼儿。托育机构教师应该学习和掌握有关婴幼儿语言发展的相关知识，熟知婴幼儿语言发展的年龄段特征。在设计活动时，以此为依据，确定教学活动的目标，创设相应的、适宜的学习环境，促进婴幼儿语言能力的发展。除此之外，教师在设计语言教学活动时，还应基于本地区、本园、本班婴幼儿发展的实际，关注班级内不同婴幼儿之间存在的语言水平差异。善于在托育机构一日生活中观察婴幼儿，敏锐捕捉婴幼儿的细微变化，了解婴幼儿的兴趣和需要，及时做好观察记录，研究和把握本班婴幼儿语言发展的情况，以此作为语言教学活动的出发点和依据。

相关链接

《托育机构保育指导大纲（试行）》：语言保育要点

1. 7～12个月

1）经常和婴儿说话，引导其对发音产生兴趣，模仿和学习简单的发音。

2）向婴儿复述生活中常见物品和动作，帮助其逐渐理解简单的词汇。

3）引导婴儿使用简单的声音、表情、动作、语言表达自己的需求。

4）为婴儿选择合适的图画书，朗读简单的故事或儿歌。

2. 13～24个月

1）培养幼儿正确发音，逐步将语言与实物或动作建立联系。

2）鼓励幼儿模仿和学习使用词语或短句表达自己的需求。

3）引导幼儿学会倾听并乐意执行简单的语言指令，积极使用语言进行交流。

4）提供机会让幼儿多读绘本、多听故事、学念儿歌。

3. 25～36个月

1）指导幼儿正确地运用词语说出简单的句子。

2）鼓励幼儿用语言表达自己的需求和感受。

3）创造条件和机会，使幼儿多听、多看、多说、多问、多想，谈论生活中的所见所闻。

4）培养幼儿阅读的兴趣和能力，学讲故事、学念儿歌。

2. 语言指导活动设计的基本内容

教学活动设计是一项系统工程，在设计和撰写具体的教学活动方案时，需要从以下几方面去整体考虑和把握。

（1）活动名称

活动名称需要具备三要素：适合的年龄段、语言活动类型、具体的活动内容。在年龄段描述方面，可参照《托育机构设置标准（试行）》的规定：托育机构一般设置乳儿班（6～12个月）、托小班（12～24个月）、托大班（24～36个月）三种班型。由于0～3岁婴幼儿阶段不同月龄段的发展水平差异较大，也可在活动名称后面再标明具体月龄段。例如，可将托大班细分为25～30个月幼儿、31～36个月幼儿。语言活动类型主要包括语言理解活动、语言表达活动、早期阅读活动。具体的活动内容须点明本节语言教学活动的主题。例如，托大班语言表达活动：花园种花。

（2）活动目标

活动目标是教学活动所能达到的教育效果，是活动的起点和归宿，也是指导、实施和评价教学活动的基本依据。托育机构语言教学活动目标是指某一具体的语言教学活动要达到的目的，是本次语言教学活动要完成的任务。语言指导活动目标的拟定要遵循以下原则。

1）活动目标应着眼于婴幼儿的语言发展。一方面，活动目标的制定应适应婴幼儿现有的语言发展水平，符合他们的语言发展规律；另一方面，活动目标应把促进婴幼儿的语言发展作为落脚点，将目标具体到婴幼儿对语言内容、形式和技能的掌握上，在最近发展区内确定语言教学目标。总之，托育机构的教师要熟知婴幼儿语音、语义、语法、语用技能的发展规律，在制定语言教学活动目标时既不能任意超前，也不能盲目滞后。

2）活动目标拟定要全面。托育机构语言教学活动目标可以从三个维度去制定。①具体的语言知识的学习，即认知目标，包含语言知识的形式、数量及种类。例如，要求婴幼儿掌握词汇、句式等。②对婴幼儿情感态度的培养，包括兴趣、态度、价值观等。例如，婴幼儿具备耐心、礼貌倾听别人说话的态度，对交流感兴趣，懂得语言交流的一般规则等，还有文学作品本身蕴含的道理和价值感，如《三只蝴蝶》能让婴幼儿感受好朋友之间相亲相爱、永不分开的美好情感。③语言能力的训练，如模仿动物的叫声，指认熟悉的物品和人，能运用恰当的词和句进行表达，能观察和理解图片等。

3）活动目标要具体，具有可操作性。由于活动目标要用于活动过程的指导和实施后的反思和评价，活动目标是否具体、可操作，直接影响活动的有效开展。在制定托育机构语言教学活动目标时切忌泛泛而谈、空洞无物，如有的活动目标为"学会运用语言进行交流，表达自己的需求"，这样的表述显得太空泛，更像是婴幼儿语言发展目标，而不是具体的活动目标。

此外，托育机构语言教学活动目标还应该尽量做到：描述角度统一，宜采用以婴幼儿为主体的发展目标来表述；目标有主次之分；兼顾婴幼儿个体差异性等。

（3）活动准备

活动准备一般包括三个方面：一是活动材料的投放，指的是在语言教学活动过程中用到的所有物质材料；二是婴幼儿知识经验的准备，可以是教师有目的地铺垫，也可以请家长参与婴幼儿知识经验的准备；三是语言学习情境和环境的创设。

（4）活动过程

在活动目标确定之后，就要思考通过哪些具体的活动内容和活动形式来达成目标，活动过程的设计则是将这种思考书面化和细致化。

1）活动过程设计应完整。活动过程主要包括导入活动（2～3分钟）、主题活动（10分钟左右）和放松活动（2～3分钟）。导入活动起到初步激发婴幼儿参与活动的兴趣、积极性，以及调动婴幼儿已有经验的作用。活动开始部分一般有讲故事、引导婴幼儿看图片、欣赏视频资料或情景表演等。主题活动是完成目标的主要部分，也是活动过程的主体部分。托育机构教师组织婴幼儿采用集体和小组的形式进行语言活动。放松活动主要是让婴幼儿在轻松愉快的氛围中自然而然地结束语言教学活动，可以是游戏、音乐、美术、身体动作活动等。

2）活动过程设计应紧扣目标。托育机构教师在设计活动过程时，要具有"目标意识"。教师要在基于对教学内容分析和了解婴幼儿的基础上，去考虑活动的每一环节，避免为了追求"场面的热闹""方法的多样"等去设计一些与目标和内容没有关系的环节。例如，在"托大班幼儿语言表达活动：小汽车"中，教师在导入环节设计了一个幼儿非常熟悉并喜欢的身体律动游戏——小动物模仿操，活动场面看上去的确很热闹，但是跟本节活动主题没有直接关系，游离于目标之外。

3）活动过程应体现各类语言教学活动结构的特点。活动结构是每一类教学活动的基本构成要素，以及这些要素先后展开的顺序的规范性表现。不同类型的语言教学活动有不同的活动结构。例如，语言理解活动的主题过程以"创设情境，通过语言和动作相结合的方式启发婴幼儿对字、词、句的理解"为开端，随后以集体或者小组的形式进行强化，建立声音与事物之间的联系。语言表达活动则以"教师示范表达，婴幼儿初步感知"为开端，随后采用集体或者小组的形式进行模仿练习。

（5）活动延伸

活动延伸是与本次教学活动相关的后续活动，但不属于本次教学活动过程。延伸活动的目标和内容是多种多样的，既可以是对本次教学活动的巩固，也可以是对本次教学活动相关知识经验的拓展和深入。语言教学活动的延伸开展形式也是多样的，既可以往托育机构生活活动中延伸，也可以往托幼机构区角活动中延伸，还可以往家庭生活中延伸。例如，"托大班幼儿早期阅读活动：三只蝴蝶"的延伸活动——在托育机构活动室表演区投放与故事内容相关的材料和道具，引导婴幼儿进行故事情景表演。

活动案例

托小班语言表达活动"好饿的毛毛虫"

活动名称：好饿的毛毛虫		年龄：19～24 个月
场地：托小班活动室		人数：12 人
活动目标	1）有意识倾听 5 分钟故事，知道毛毛虫吃了哪些水果。 2）能说出相应水果的名称。 3）喜欢参与找水果游戏，并与老师进行互动。	
活动准备	1）经验准备：语言理解及认知能力良好，认识常见的水果。 2）环境准备：舒适、宽敞、安静的室内环境。 3）物资准备：绘本《好饿的毛毛虫》、水果模型（如苹果、梨子、李子、草莓、橘子等）。	
活动过程	1. 手指游戏导入活动，吸引注意力（2～3 分钟） （1）打招呼开始活动 教师：宝贝们，你们好啊！我是×××老师，伸出小手和×××老师打个招呼吧！好玩的游戏就要开始啦！ （2）手指游戏导入 教师：咻！我的小手不见啦（小手背在身后）。咻！小手变出来（小手伸出来），宝宝们，小手要来变魔术啦！ 　　　　　　　　　　手指谣 　　一根手指头，变呀变呀变，变成毛毛虫，扭呀扭； 　　两根手指头，变呀变呀变，变成小白兔，蹦蹦跳； 　　三根手指头，变呀变呀变，变成小花猫，喵喵叫； 　　四根手指头，变呀变呀变，变成小螃蟹，横着走； 　　五根手指头，变呀变呀变，变成大老虎，啊呜叫。	

活动过程	2. 主题活动（10分钟左右） 1）今天，老师带来了一位可爱的新朋友，她的身体长长的、弯弯的，喜欢扭来扭去。它就是——毛毛虫。毛毛虫最喜欢吃水果啦。我们看看毛毛虫吃了哪些水果呢？ 2）教师读绘本，与幼儿进行互动。 教师：星期一毛毛虫吃了什么水果？请你翻开书找找答案。是什么水果？（苹果） 依次互动（星期二、星期三和星期四），引导幼儿说出不同的水果名称。 （3）出示水果模型，进行找水果游戏 教师引导幼儿手指变成毛毛虫。"宝宝们，咱们的手指变变变，变成小毛毛虫。毛毛虫要去找水果吃喽。星期五，毛毛虫吃橘子，请把橘子找出来吧。" （鼓励幼儿说出找到的水果名称。） 教师：这里还有很多水果，哪种水果是宝宝最喜欢的呢？请宝宝来选择，说出它的名字，你就可以把它带走。 3. 放松活动（2～3分钟） 教师：水果宝宝要回家了，请宝贝们将水果宝宝送回来吧！ （鼓励和肯定自主收纳的幼儿，在轻松愉快的气氛中自然地结束活动。）
活动延伸	托育机构区角活动中的延伸活动。 1）在小厨房等游戏区角中投放水果模型，帮助幼儿巩固词汇。 2）提供水果卡片，可以与模型进行匹配。

（教案撰写：成都金苹果呀呀学苑　邓婷）

（二）托育机构语言教学活动的组织

只有将文字教案转化为实践活动，才能真正促进婴幼儿语言能力发展，实现婴幼儿语言教育的目标。在托育机构语言教学活动的组织过程中，应遵循以下原则。

1. 托育机构语言教学活动组织的原则

（1）主体与主导相结合

要遵循这一原则，首先要激发婴幼儿参与活动的主动性。托育机构教师在组织语言教学活动的过程中，要善于激发婴幼儿主动学习、探索的动机，尽量做到表情丰富、动作夸张、语言抑扬顿挫。同时，还应根据婴幼儿的表现作出鼓励性的语言评价及插入设问、反问等提问形式。其次，要明确婴幼儿是活动的主体，在实施过程中托育机构教师要摆正自己的位置，以婴幼儿为中心，不要喧宾夺主。例如，当婴幼儿回答问题不准确时，应想方设法引导婴幼儿说出正确答案，而不是将答案直接告诉他们。

托育机构教师在语言教学活动中的主导作用主要通过以下几方面来实现：①创设良好的语言教育环境，如语言材料、操作材料、积极宽松的氛围等，组织和引导婴幼儿积极地与以上语言环境互动，实现语言教育目标；②教师通过提问、示范、讲述等方法指导婴幼儿感知、探索、互相交流；③由于个体差异性的存在，托育机构教师应在语言教学活动实施过程中根据自己对婴幼儿语言发展水平的观察和实际情况的了解给予针对性的指导，力求让每名婴幼儿的语言能力都得到相应的发展。

（2）自由与规范相结合

语言是社会约定俗成的产物，语言学习兼具规范守成和自由创新双方面的特点。托育机构语言教学活动是一种通过教育规范去学习语言规范的过程，但在实施规范的同时，也要注意婴幼儿语言的自由创新，让他们在轻松、自由的状态中主动、快乐地学习语言。

首先，要创设宽松、自由的语言学习氛围，为婴幼儿提供自由表达的机会。婴幼儿学习语言的过程没有"错误"可言，有的只是他们的"尝试"，下一次才能获得正确的表达方式。托育机构教师既不能完全拘泥于教案，也不能因婴幼儿的表达稍有偏离就立刻拉回预设的轨道中，而是应充分运用教育机制，让婴幼儿愿意用其已有的语言经验进行自由交流，充分感受语言学习的乐趣。

其次，引导婴幼儿养成运用规范语言进行交流的习惯。婴幼儿处在语言发展的敏感期，但由于缺乏正式的语言情境，在生活环境中他们接触到的语言往往不太规范，如果不加以引导可能会导致以后的语言发展不适应。因此，托育机构教师在开展语言教学活动时，要在语言形式、内容和运用方面，对婴幼儿提出规范的要求。例如，引导婴儿正确使用量词等。

（3）示范与练习相结合

0～3岁婴幼儿爱模仿，他们的语言、动作、行为习惯的学习与发展往往都是通过模仿进行的。若要使婴幼儿语言学习有模仿的对象，就要求托育机构教师给予语言方面的正确示范。然而，婴幼儿要牢固掌握和灵活运用语言仅仅靠教师示范是不够的，还需要婴幼儿反复练习来巩固和检验语言学习效果。

首先，托育机构的教师示范语言要规范、易懂。教师在进行语言教育时，除了要咬字清楚、发音准确、配合自然的表情和恰当的手势之外，还要注意语言的表达力、感染力，如音量、语速、语调等。对于0～3岁的婴幼儿来说，教师示范的语言要尽量放慢速度，让他们听懂并理解所示范的内容。

其次，教师要把握示范的时机和力度。0～3岁婴幼儿语言能力相对较弱，如果内容较多，应根据情况进行分步示范、完整示范、重点示范。例如，新的字词、难发的音要重点示范。例如，在"托大班语言表达活动：小青蛙"的教学中，教师要着重示范儿歌中的量词——一只、一张、两只、四条等。

再次，教师示范不能限制婴幼儿的思维。在教师进行语言示范时，如果纯粹地让婴幼儿套用教师示范的模式和语句，则会影响婴幼儿运用已有知识、经验的积极性。因此，教师在婴幼儿模仿过程中应鼓励他们在模仿的基础上大胆创新，允许并鼓励婴幼儿说出与教师示范不同的语句。例如，"托大班语言表达活动：花园种花"，教师示范对儿歌进行创编：在任老师的花园里，挖呀挖呀挖……。有些婴幼儿说：在邵老师的花园里，挖呀挖呀挖……。但有一位婴幼儿有创意地说：在圆圆的花园里，挖呀挖呀挖……。他没有完全局限在教师的示范里，此时，教师应该表扬并鼓励其他婴幼儿继续有创意地创编儿歌。

最后，为婴幼儿提供充分的练习机会。语言练习可以帮助婴幼儿加深对语言内容的理解，牢固掌握相关的语言知识，熟练运用语言技能。所以，在教师给予语言示范之后，要给予婴幼儿充分的练习时间和空间。婴幼儿语言练习的方式是多种多样的，有游戏练习、表演练习、问答练习等。

2. 托育机构语言教学活动组织的注意事项

（1）创设真实的双向交流情景

真实的情景有助于激发婴幼儿参与语言活动的兴趣，使语言教学活动的过程成为教师和婴幼儿共建的积极互动。因此，在托育机构教师语言教学活动的组织过程中应尽量创设相对真实的语言情境，利用材料、道具、图片、音乐等多种形式，将婴幼儿带入一个相对真实的情境中，切实感受和激发他们倾听、表达、交流的动机。

（2）采用多种多样的语言教学活动形式

托幼机构语言教学活动应当采用多种活动形式，既要有重在训练婴幼儿听音、发音的活动，也要有重点培养婴幼儿运用已有经验进行集体或个别交流的活动；既要有让婴幼儿欣赏文学作品的活动，又要有给婴幼儿机会表现文学作品情节的表演活动等。

（3）仔细观察婴幼儿的语言表现并给予积极回应

托育机构教师在语言教学活动过程中要密切关注婴幼儿的语言表现，善于发现婴幼儿语言发展的差异，因材施教，鼓励婴幼儿养成良好的语言行为和习惯，并给予强化。当然，教师也要及时指出婴幼儿在运用语言的过程中出现的错误，切忌重复婴幼儿不正确的语言，以免对其他婴幼儿产生误导。但及时并不是立刻、马上，而是要酌情处理。例如，婴幼儿在复述简短故事的过程中出现发音吐字错误时，不能立刻纠正，否则会打断婴幼儿的复述思路，影响复述的流畅性，更会打击婴幼儿的积极性。此时，托幼机构教师的正确做法是等到婴幼儿复述完之后，再采用鼓励的方式，在纠错的同时保护好婴幼儿语言学习的信心。

四、0～3 岁婴幼儿语言指导活动的观察评估

观察是教育的起点。意大利著名教育家蒙台梭利说："唯有通过观察和分析，才能真正了解孩子的内在需要和个别差异，以决定如何协调环境，并采取应有的态度来配合儿童成长的需要。"观察可以让成人了解儿童语言的发展状况，评估儿童语言发展水平，发现儿童语言发展中存在的问题，并将此作为语言指导活动设计的参考和依据。因此，从这个意义上来说，观察评估是婴幼儿语言指导活动设计的逻辑起点，观察评估的结果是语言指导活动目标的来源和依据。因此，观察评估是每个幼儿教师必须掌握的教育技能。

（一）婴幼儿语言发展观察评估的原则

1. 为教育而评估

在婴幼儿教养机构中，婴幼儿语言发展的评估目的在于对婴幼儿语言发展水平和能

力做出大致判断，从而为教养者提供有益的反馈信息，以供教育训练时参考。因此，在婴幼儿语言发展评估中，我们倡导"发展性评价"，评估的结果主要用于总结前一阶段语言教育训练的效果，并为下一阶段的教育训练计划提供参考。

2. 以情景性评估为主

婴幼儿语言发展观察评估的方法是多种多样的，如日常生活中的随机观察、游戏与教学活动中的观察、专业研究人员开展的实验室观察、医院组织实施的专业测查等。由于实验室观察和专业测查一般是在固定的房间、由婴幼儿不熟悉的测试者（研究者或专业人员）、在规定时间内、运用专业心理发展量表、遵照严格的程序对婴幼儿进行测试，这种测试往往不能让婴幼儿发挥真实水平，而且会花费大量人力和时间。因此，在婴幼儿教养机构中，我们建议采用日常生活中的随机观察、游戏与教学活动中的观察等情景性观察评估的方法，尽量模糊真实活动与专业测评之间的界限，让婴幼儿在生活或游戏情景中自然呈现出真实的语言发展水平和特点。

3. 评估主体多元化

在婴幼儿教养机构中，研究者、教师、家长都可以参与婴幼儿语言发展观察评估。其中，研究者（如高校教师）主要承担观察评估方案和操作程序的设计，并对评估指标体系和评估结果的分析处理提出指导性意见；教师可以指导家长在家庭日常生活中对婴幼儿语言发展水平和特点进行观察记录；家长可以通过一日生活中的随机交流和区角游戏、语言活动等情景中对婴幼儿语言发展水平和特点进行观察记录。最后，教师将多方面的信息进行整合，充分了解和掌握婴幼儿语言发展状况，并进行综合评估，为下一阶段的语言教育训练计划提供参照。

4. 关注语言发展的个性和风格

在观察评估过程中，不仅要关注婴幼儿语言能力发展水平，还要注意婴幼儿在活动过程中表现出来的个性和风格。

关于婴幼儿语言发展的个性和风格，可以从语言理解和语言表达两个方面进行描述。

（1）从语言理解的风格来看

1）语言理解的速度：指理解的快慢程度。

2）语言理解的准确性：指对语词或句子理解的准确性。

（2）从语言表达的风格来看

1）流畅性：指少重复，发音不拖，也不迟疑。

2）准确性：包括发音标准和用词准确。

3）语速快慢。

4）主动性：大胆、主动、积极。

5）表情和肢体语言丰富性。

6）节奏性（停顿是否得当）。

（二）婴幼儿语言发展观察评估的实施

1. 分月龄段语言发展观察表①

分月龄段对婴幼儿语言发展进行观察的具体内容如表 3-5～表 3-12 所示。每个年龄段的观察评估表有 10 个项目，按照月龄来评估。如果全部通过，说明该月龄段的语言发展很好；如果有 4 项未能通过，就得好好注意发展语言能力了。

建议开展两次分月龄段的语言发展观察评估。一次是在语言教育活动开展之前（即前测），用于了解婴幼儿语言发展现状和水平，并将婴幼儿在测试中未通过的项目作为下一阶段语言教育训练的目标，并据此设计有针对性的教育活动，以促进婴幼儿相应语言能力的发展；一次是在语言教育活动开展之后的一段时间（即后测），以了解前一阶段语言教育训练的效果，并为下一阶段的教育训练计划提供参考。

婴幼儿语言发展观察评估结果的应用建议：在婴幼儿教养机构中，家长和教师可分别按相应月龄段对婴幼儿语言发展进行观察评估，然后由教师对观察评估结果进行汇总，对各班级婴幼儿的语言发展现状进行统计分析，了解各个评估项目的达标率，并据此确定班级语言指导活动的目标及组织形式（集体教育和个别教育）。若全班 75%以上的婴幼儿达标，则可对 25%未达标的婴幼儿进行个别指导；若全班 75%以上的婴幼儿未达标，则需要通过组织集体教学、一日生活交流或者区角游戏来促进其语言能力发展。

表 3-5 0～3 个月儿童语言发展的观察评估表

儿童名字 _____　出生日期 _____ 年 _____ 月 _____ 日　性别 _____

陪同测试人_____　测试日期 _____ 年 _____ 月 _____ 日　测试者 _____

观察评估细目	是	否
1. 言语知觉		
1）当有声音出现时，他会有所反应		
2）当人声和其他声音一起出现时，更关注人声（如吮吸加快）		
3）特别喜欢听妈妈的声音，妈妈的声音能让他安静下来		
4）能够寻找声源		
5）听到突然的大声音会有惊吓的反应		
2. 言语发音		
1）在心情愉悦的时候会发出"嗝嗝（yúyú）"声		
2）在与父母的游戏中能够根据父母的行为发出应答性的声音		
3）在平时可以发出类似元音的声音，如 o、a 等		
4）在哭声中，会发出 ei、ou、ma 的声音		
3. 交际倾向		
生理需求得到满足后，会对成人的逗弄报以微笑，发出一些简单的音节来吸引成人的注意		

---

① 周念丽，2021. 0～3 岁儿童观察与评估［M］. 上海：华东师范大学出版社.

表 3-6　4～6 个月儿童语言发展的观察评估表

儿童名字 _____　出生日期 _____ 年 ____ 月 ____ 日　性别 _____

陪同测试人 _____　测试日期 _____ 年 ____ 月 ____ 日　测试者 _____

观察评估细目	是	否
1．言语知觉		
1）当他人用愉悦的声音和他说话时，他能够用微笑应对		
2）当他人用生气的语调对其说话时，他会做出伤心的表情		
3）会根据声音寻找说话者		
4）会特别喜欢听妈妈、爸爸或其他主要照料者的声音		
2．言语发音		
1）能够发出连续的辅音音节，如"baba""bubu"等		
2）哭的时候会发出"mun-mun"的声音		
3）能够模仿成人的简单发音		
3．言语交际		
1）在交流中能以形似"一问一答"的模式"喁喁（yúyú）"作答，从而使交流顺利地进行下去		
2）能对成人的语言做出一些肢体动作		
3）听到自己的名字时，有转头注意的能力		

表 3-7　7～9 个月儿童语言发展的观察评估表

儿童名字 _____　出生日期 _____ 年 ____ 月 ____ 日　性别 _____

陪同测试人 _____　测试日期 _____ 年 ____ 月 ____ 日　测试者 _____

观察评估细目	是	否
1．言语知觉		
1）能够理解成人的语言，目光会转向成人所指物		
2）能够辨别一些熟悉物体的名称（听到成人说"××东西在哪里"时，能够把目光转向成人或手指指向××）		
2．言语发音		
1）会出现重复的音节，即重叠音，如"mama""baba"等		
2）在音调上有升调		
3）出现辅音，如 x、j、q		
4）能够模仿他人发出的声音		
3．前语言交际能力		
1）有小儿语的出现，能和同伴愉快交流		
2）会用简单的叠音配合动作向成人指出想要的东西		
3）会用简单的手势或者发音跟他人打招呼、道别		
4）出现指物现象		

表 3-8   10～12 个月儿童语言发展的观察评估表

儿童名字 _____   出生日期 _____ 年 _____ 月 _____ 日   性别 _____

陪同测试人_____   测试日期 _____ 年 _____ 月 _____ 日   测试者 _____

观察评估细目	是	否
1. 言语知觉		
1) 能够在大人发出"门铃"声音后看着门铃		
2) 受到成人鼓励会不断重复该动作		
2. 言语发音		
1) 模仿一些非语言的声音，如咳嗽声		
2) 能够模仿成人发出的诸如"qi""xi"等语音		
3) 高兴时会伴随"啊、哦"的声音手舞足蹈		
4) 说出有意义的单词，如"妈妈"		
3. 语言交际		
1) 理解一些简单的命令性语言，如"坐下"		
2) 挥手向人说再见		
3) 初步理解一些关于吃的、玩具、家人名字等新单词		
4) 能用摇头表示不要		

表 3-9   13～18 个月儿童语言发展的观察评估表

儿童名字 _____   出生日期 _____ 年 _____ 月 _____ 日   性别 _____

陪同测试人_____   测试日期 _____ 年 _____ 月 _____ 日   测试者 _____

观察评估细目	是	否
1. 言语理解		
1) 能够模仿成人的简单语言		
2) 能够听懂 5～10 个常用物品的名称		
3) 能够理解简单的语句，并在语句的提示下完成相应的动作，如"把杯子给妈妈"		
4) 能够听懂并指出自己身体的各部位		
5) 喜欢翻图书并指点相关图片		
2. 言语表达		
1) 会说 8～20 个单词		
2) 对所看到的物体进行命名，伴有词义泛化现象（如把四条腿的动物都叫"狗狗"）		
3) 能发有复杂声调形式的几个音节		
3. 言语交际		
1) 会主动跟人打招呼和再见		
2) 在有需要的时候（如饿了的时候）会用简单的语言跟妈妈说		

表 3-10 19～24 个月儿童语言发展的观察评估表

儿童名字 ＿＿＿＿＿＿ 出生日期 ＿＿＿ 年 ＿＿ 月 ＿＿ 日 性别 ＿＿＿＿

陪同测试人＿＿＿＿＿ 测试日期 ＿＿＿ 年 ＿＿ 月 ＿＿ 日 测试者 ＿＿＿＿

观察评估细目	是	否
1. 言语理解		
1）能够执行有两个动作要求的命令，如"请把椅子下面的球球捡起来，放到桌子上"		
2）能够理解一些形容词及常用动词（主要是跟身体动作相关的动词）		
3）能够理解并正确回答"××在哪里""这是什么"等问题		
4）能够理解 1～2 个表示方位的名词，如"下面"等		
2. 言语表达		
1）能用 20～50 个词语进行日常说话		
2）能够说出由两个单词组成的句子，如"妈妈抱"		
3）说到自己时，能说出自己的名字		
4）开始会用"你""我"等代词		
3. 言语交际		
1）与人交往能仅依靠语言		
2）能进行简单的交流会话		

表 3-11 25～30 个月儿童语言发展的观察评估表

儿童名字 ＿＿＿＿＿＿ 出生日期 ＿＿＿ 年 ＿＿ 月 ＿＿ 日 性别 ＿＿＿＿

陪同测试人＿＿＿＿＿ 测试日期 ＿＿＿ 年 ＿＿ 月 ＿＿ 日 测试者 ＿＿＿＿

观察评估细目	是	否
1. 言语理解		
1）经常提出"为什么"等问题		
2）说的话未被成人听懂会有受挫感		
3）能理解成人的话		
4）喜欢反复地听一个故事		
2. 言语表达		
1）会用三词句或四词句与人交谈		
2）能重复成人说出的由 4～5 个单词组成的句子		
3）会使用否定句		
4）电报语现象明显		
5）喜欢模仿成人的语言		
3. 言语交际		
有事会请求成人帮忙		

表 3-12　31～36 个月儿童语言发展的观察评估表

儿童名字 _____　出生日期 _____ 年 ____ 月 ____ 日　性别 _____

陪同测试人_____　测试日期 _____ 年 ____ 月 ____ 日　测试者 _____

观察评估细目	是	否
1. 言语理解		
1）能理解并正确回答"谁""什么""哪儿""谁的"等问题		
2）能初步理解一些方位词，如上、下、里、外等		
3）能理解表达时间的词语，如"马上"等		
2. 言语表达		
1）会说自己的姓名、年龄、性别、喜好		
2）能说出五词句、六词句等较为复杂的句子		
3）会用语言描述物体的形状、大小和颜色等方面的特征		
4）能说出一些数量词		
5）能较为熟练地使用"我""你""他"等人称代词		
3. 言语交际		
1）会说"请""再见""谢谢"等礼貌用语		
2）能用语言向成人提要求		

2. 语言指导活动中的观察记录

在语言指导活动中，婴幼儿语言能力表现及家长的教养态度、教养行为都是观察的重要内容。早教或托育机构可以将每个家庭的观察记录表汇总存放，作为《婴幼儿成长记录册》内容之一，在婴幼儿离开机构时作为成长纪念分发给每个家庭。

（1）儿童行为观察记录表

儿童行为观察记录表的基本内容如下。

1）基本信息。一般在观察记录表的开始部分应填写以下内容：活动名称、观察对象（姓名）、性别、月龄、观察者（填表人）、观察日期等。

2）观察目的。观察目的是指通过本次观察希望能了解儿童在某领域所表现出的具体能力或表现。在语言指导活动中，观察目的一般是了解儿童某一语言能力（即核心经验）发展水平及特点，可结合具体活动目标和活动内容提出观察目的。例如，在"小熊上学校"活动中，观察目的是了解儿童在语言领域中的词汇表达能力——"说量词"方面的具体发展水平、风格及特点等，如表 3-13 所示。

3）观察要点。这是观察记录表的核心部分，观察要点是活动中观察的主要内容及角度。儿童行为观察记录表应包含三个方面的主要内容：一是儿童参与活动的兴趣，二是儿童目前在语言领域核心能力上的发展水平，三是儿童语言发展的个性和风格。此外，可以根据每次活动的具体情况添加相应内容。

表 3-13　儿童行为观察记录表

活动名称：小熊上学校　　　　　　　　　　　　核心经验：语言领域——词汇表达（说量词）

观察对象：　　　　性别：　　　年龄（月龄）：　　　填写人：　　　　时间：

观察要点（能达到的行为请打"√"）				备注（请记录特别的行为）
活动兴趣	参与活动的兴趣很高（　　）	对活动兴趣一般，常分神（　　）	对活动无兴趣，几乎不参与（　　）	
语言发展水平	能理解并表达"一个、一只"等个体量词（　　）	能理解并表达"一盆、一筐"等临时量词（　　）	能理解并表达"一对、一双"等集合量词（　　）	能理解并表达"一些、一点"等不定量词（　　）
活动风格	语音	发音准确无误（　　）	发音基本准确（　　）	发音模糊不清（　　）
	肢体语言	在活动中表情和肢体语言很丰富（　　）	在活动中表情和肢体语言比较丰富（　　）	在活动中表情和肢体语言很少（　　）
	独立性	无须他人提示，能独立完成各项活动（　　）	能在他人的提示下完成各项活动（　　）	在他人的提示引导下也难以完成各项活动（　　）
儿童发展特点分析				
教育建议				

　　在早教机构亲子活动中，儿童行为观察记录表一般由家长填写；在托育机构集体活动中，儿童行为观察记录表可由教师或保育员填写。

　　（2）家长行为观察表

　　家长行为观察记录表应包含三个方面的主要内容：一是家长在活动中的角色意识或主动性（主动承担指导者角色，积极与孩子开展互动；在教师引导下能与孩子开展互动；被动参与的旁观者）；二是家长指导孩子的方式（放任不管、包办代替、指导性建议）；三是家长对孩子的态度（偏严厉、偏温和、一般）。每次活动中需要特别观察的内容也可增加到该表中。

　　家长行为观察记录表一般由教师填写，如表 3-14 所示。

表 3-14　家长行为观察记录表

游戏名称：　　　　　　带养人：　　　　　　填写人：　　　　　　时间：

观察要点	带养人在表现的行为后请打"√"		
教育行为	能用语言引导宝宝练习说量词（　　）	能用语言和表情引导宝宝练习表达量词（　　）	完全由家长在表达量词（　　）
与孩子互动方式	家长完全包办代替，宝宝基本没有操作机会（替代者）（　　）	能给宝宝提出指导性建议，辅助宝宝操作（参与者）（　　）	任由宝宝自己操作，家长完全放任不管（旁观者）（　　）

续表

对孩子态度	严厉、责备（　　）	一般（　　）	温和、鼓励（　　）
家长教养特点分析			
家长行为建议			
家长意见反馈			

（三）语言指导活动评价

活动评价是教育活动整体结构的一个组成部分，在拟订活动方案时就应该设计好评价的标准和范围。语言指导活动可以从以下几方面进行评价。

1. 活动目标的评价

1）活动目标是否符合婴幼儿现有发展水平。

2）活动目标是否明确具体，具有可操作性。

3）活动目标是否既突出重点目标又兼顾婴幼儿身心素质的全面发展。

2. 活动内容的评价

1）活动内容是否难易适度，分量合理。

2）活动内容是否丰富多样，富有趣味性。

3）活动内容是否紧密联系婴幼儿生活情景。

3. 活动组织的评价

1）活动环节时间安排是否合理，是否动静交替、过渡自然。

2）活动形式是否多样化，是否具有较强的互动性。

3）活动中是否能照顾不同发展水平的婴幼儿。

4. 活动效果的评价

1）婴幼儿和家长是否有参与的兴趣，情绪是否积极愉快。

2）活动中，教师、家长、婴幼儿是否感情融洽、配合默契。

3）家长是否掌握了教育方法和要求，并能在家庭中实施教育和训练。

5. 教师的教育技能评价

1）教师语言表达是否准确，语气、语速是否恰当。

2）教师能否正确使用教具和材料。

3）教师能否正确地使用讲解、示范、演示等教学方法。

实践活动

活动一：观看早教或托育机构语言指导活动或录像，并进行评价。

活动二：自选一个年龄段，设计一个语言指导活动，在班上进行分享交流并互相进行点评。

拓展练习

练习：收集婴幼儿语言指导活动案例。

要求：收集早教或托育机构语言指导活动案例，按语言理解活动、语言表达活动、早期阅读活动进行归类整理成语言活动资源库。

推荐阅读

1．文颐，2023．0～3 岁早期教育指导课程［M］．北京：北京师范大学出版社．
2．文颐，2023．0～3 岁婴幼儿游戏设计［M］．北京：高等教育出版社．

实　践　篇

单元四
婴幼儿语言理解指导
活动设计与组织

【学习目标】

1. 了解婴幼儿语言理解能力的发展及特点。
2. 明确婴幼儿语言理解指导活动的目标、内容及方法。
3. 掌握婴幼儿语言理解指导活动的组织流程。
4. 在观察评估的基础上，根据婴幼儿语言发展现状和需要，设计适宜的教学活动。

【学习要点】

1. 婴幼儿语言理解能力的发展及特点。
2. 婴幼儿语言理解指导活动设计。
3. 婴幼儿语言理解指导活动组织实施流程。

【单元导读】

语言理解是将对语言符号（声、形）的知觉转换成其所代表的事物（义）的过程。儿童对语言的理解有三种水平[①]：对单词的理解是初级水平，对短语和句子的理解是中级水平，对说话人意图或动机的理解是高级水平。大约从 9 个月开始婴儿才能听懂成人的话，1～1.5 岁是语言理解能力迅速发展的阶段，能听懂的话比能说出的话要多得多；2 岁以后进入真正理解词语的阶段，3 岁左右儿童基本能理解成人所用句子，但对反话、讽刺话、隐喻尚不能理解。

本单元结合婴幼儿语言理解能力发展特点，主要介绍婴幼儿语言理解指导活动目标、内容、方法及组织实施流程，帮助早教和托幼机构教师掌握婴幼儿语言理解指导活动设计与组织实施要领。

一、婴幼儿语言理解能力的发展及特点

（一）婴幼儿语言理解能力的发展

0～3 岁婴幼儿语言感知与理解核心能力主要包括语音理解、词汇理解和句子理解三个方面。

---

① 黄希庭，2015. 心理学导论 [M]. 3 版. 北京：人民教育出版社.

1. 语音感知与理解能力的发展

语音是语言的物质载体，是由人类发音器官发出的表达一定语言意义的声音。如前所述，在婴幼儿言语发展的过程中，语音感知与理解在先，正确发出语音在后。感知语音的能力是婴幼儿获得语言的基础。从对人类语音的知觉来看，正常婴幼儿从出生起不仅能够听到声音，还能把语音和其他声音区分开来，并能对其作出不同反应。

周兢在《学前儿童语言教育》中将出生后大约一年半时间内婴幼儿的语音感知能力分成三个水平层次：辨音—辨调—辨义。[①]

（1）辨音水平（0～4个月）

婴儿对语音的听觉非常敏感。在出生到4个月左右的时间内，婴儿基本上掌握了感知、辨别单一语音的能力。

1）婴儿首先学会了分辨言语声音和其他声音的区别。研究表明，在婴儿出生1周内就能区分出人的语音和其他声音。康登和桑德把出生不到1个月的婴儿听成人说话的情景拍成电影，然后对这些镜头进行逐一分析，发现婴儿身体某部位（如手、胳膊、嘴唇等）的身体运动与话语节奏具有同步性，即话语中的音节开始和停止时，婴儿的身体运动也同步地开始和停止，甚至美国的婴儿在听到汉语时，也同样出现这种同步现象。另一些研究表明，婴儿对非言语的节奏不发生同步动作反应。例如，出生12天的新生儿就能以目光凝视或转移、停止吮吸或继续吮吸、停止蹬腿或继续蹬腿等身体行为，对说话声音和敲击物体的声音刺激作出不同的反应。

相关链接

婴儿完美的辨音能力

美国威斯康星麦迪逊大学的科学家研究发现，婴儿降生的最初一段时期，拥有一种被称为"完美听力"的声音辨别力。科学家分别给成年人和8个月的婴儿播放一段音乐，反复几次。随后再播放时，稍微改变音符顺序，成年人通常不会觉察，而8个月的婴儿却能够发现其中的区别，听到老乐曲转头、打哈欠，而对新乐曲则表现出全神贯注的神情。这种 "完美听力"的辨音能力，能帮助婴儿对人的说话声音进行完美的辨别，辨认语音，学习听和说，帮助他们形成学说话的特殊本领。随着年龄的增长，孩子就逐渐丧失了这种绝对辨音能力。

2）辨别不同人的声音。研究发现，出生24天的婴儿能够对男人和女人的声音、抚养者（如父母）和不熟悉者的声音作出明显不同的反应，而且表现出对母亲声音的明显偏爱。不同人说话声音的差别主要表现在说话时的音高、音量和音色综合而成的语音轮廓。婴儿在感知语言时能够较早地辨别这种轮廓性的差异。

---

① 周兢，2008. 学前儿童语言教育［M］. 南京：南京师范大学出版社.

相关链接

婴儿更偏爱自己母亲的声音

1980 年，美国医生德卡斯珀和菲弗在一个研究中让出生 3 天的婴儿听自己母亲和别的女性朗读同一个故事的录音带。实验中如果婴儿按一定频率吮吸奶头，他们就能听到自己母亲朗读故事的声音，如果偏离了这个吮吸频率，他们将听到另一位妇女朗读故事的声音。结果发现，96%的婴儿偏爱自己母亲的声音，为了能听到自己母亲的声音而按一定的频率吮吸奶头。

3）能分辨不同的语音。大约 2 个月大的婴儿能够开始比较清楚地感知因发声位置和方法而造成的语音差别。研究发现，2 个多月的婴儿能够从各种混合组成的话语中分辨出不同的语音，并且在刚刚开始的发音活动——"咿咿"作声时予以尝试，如/a/、/ei/、/n/、/ha/等。心理语言学家爱默斯用一种装有记录婴儿吮吸率的人工奶嘴对婴儿进行听辨语音的实验，结果表明，3~4 个月的婴儿就能区别辅音的清浊，如 ba 和 pa[①]。这些现象表明婴儿开始注意并逐渐获得对语音内部要素的感知和分辨能力。

（2）辨调水平（4~10 个月）

语调是表示情绪状态的一种基本手段。进入辨调阶段后，婴儿的语音感知能力发展很快，他们开始注意一句或一段话的语调，从整块语音的不同音高、音长变化中体会所感知的话语声音的社会性意义，并且能够给予相应的具有社会性交往作用的反馈。研究发现，这个年龄段的婴儿对区别语义的字词声调并不敏感，而是对父母或其他成人说话时表现情感态度的语调十分注意，能从不同语调的话语中判断交往对象的态度。父母用愉快的语气与婴儿说话时，语调出现升扬的变化，4 个月大的婴儿便能用微笑和"咿咿"发音作出反应。如果用 3 种不同的语调（愉悦的、冷淡的、恼怒的）对婴儿重复同一句话"宝宝，你好！我喜欢你！"，4 个月大的婴儿对愉悦和冷淡的语调有反应，表明他们最先从不同语调中分化出自己具有较多经验的两种语调。大约 6 个月大后，婴儿才能同时感知三种不同的语调，用微笑和平淡对前两种语调作出反应，而听到恼怒的语调时，无论实在语义内容如何，他们或者愣住，或者紧张、害怕，躲入母亲的怀抱，或者大声用发脾气似的"嗯"声予以应答。婴儿在整体感知语音时能分辨出不同的语调，这表明其"理解"语言的水平又提高了一步。

（3）辨义水平（10~18 个月）

10 个月之后的婴幼儿在感知人们说话时开始越来越多地将语音表征和语义表征联系起来，从而分辨出一定语音的语义内容。这个年龄段的婴幼儿开始学习通过对汉语声、韵、调整合一体的感知来接受语言。10 个月的婴儿大约可理解 10 个左右的表示人称、物体和动作的词。12 个月之后的婴儿会对成人用恼怒的语调说的"宝宝，你好。我们喜欢你！"表现出诧异、思索的行为反应，好像觉得"既然喜欢我，干吗还对我这样凶"。

---

① 边玉芳，2009. 儿童心理学［M］. 杭州：浙江教育出版社.

这种能够从人们说话中感知、分辨语义的能力，在之后的几个月中迅速发展，婴幼儿很快便积累起大量的理解性语言。这个年龄段内的婴幼儿说得少，说得不清楚，说得不准确，但他们"懂得"很多，已经为正式使用语言与人交往做好了"理解在先"的准备。

2. 词汇理解能力的发展

词是语言中能独立应用的最小意义单位，对词义的理解是儿童正确使用语言和理解语言的基础，是语言发展中极为重要的方面。儿童获得词义的过程比获得语音、句法的过程缓慢。严格地说，词义的发展将贯穿人的终身。

婴幼儿对词义的理解经历了语音理解、情境性理解、具体理解、概括性理解几个阶段。

1）语音理解阶段（0～6个月）。此阶段的婴儿主要依靠敏锐的听觉对人类的语音进行感知和辨别，如能区分语音和其他声音，能分辨母亲和其他妇女的声音，并能辨别成人语言中的语调、语气和音色的变化，但还不能对词语的意义进行理解。

2）情境性理解阶段（6～8个月）。此阶段的婴儿虽然还不会说话，但能听懂一些成人的话语，如辨别家人的称呼、指认日常物品等。但婴儿此时的理解具有很强的情境性，他们并不懂得成人话语的真正含义，而只是根据成人说话时不同的语调和手势判断出来的，可以看作是对成人话语的一种条件反射（即复合情境的理解）。例如，1975年贝茨在试验中发现，当问一个6个月的婴儿"灯在哪儿"时，婴儿能以抬头看天花板来作答，但不管天花板上有无灯管，她都会抬头注视，而且即使上面没有灯，她一点也不感到困惑。[①]说明此时婴儿还不能把词从复合情境中区分开来。

3）具体理解阶段（9～18个月）。9个月以后，婴幼儿能按成人的要求作出相应的动作，如对"摸摸小熊""亲亲奶奶"等指令都能正确执行，能准确地把词与物体或动作联系起来，说明婴幼儿进入了真正理解词语的阶段。1岁以后，幼儿虽然只会说出几个词汇，但能听懂很多词，主要是名词和动词（名词主要是幼儿熟悉的家人称呼、家用物品、动物、身体器官等，动词主要是表示身体动作、意愿和判断的动词）。但此时婴幼儿的词语理解还不具有概括性，他们对词义的理解非常具体，具有专指性，必须与具体情境或具体事物联系起来，存在词义泛化、窄化和特化等现象。例如，用"狗狗"仅指自己的玩具狗。

4）概括性理解阶段（19～24个月）。随着幼儿对词义理解的加深，词的概括性逐渐提高。例如，幼儿已经认识到"狗狗"不仅指自己的玩具狗，院子里见到的各种大狗、小狗都是狗狗。"狗狗"一词就由具体变为概括了。2～3岁是幼儿词汇量迅速增长的时期，也是语言理解能力迅速提高的时期，这时幼儿能理解的词汇达900多个，词的泛化、窄化和特化现象明显减少，词的概括性程度进一步提高。但对某些词汇在理解上还具有直接性和表面性，只能理解一些词汇的常用义项，而不能理解其全部义项或派生义项。例如，"狡猾"只与狐狸联系，"老"只与年龄大联系。又如，妈妈说："你看，你爸爸睡得好香啊！"儿子趴在爸爸身上闻了闻说："是好香！"

① 庞丽娟，李辉，2003. 婴儿心理学［M］. 杭州：浙江教育出版社.

3. 句子理解能力的发展

在语言发展过程中，句子的理解先于句子的产生。儿童在能说出某种结构的句子之前，已能理解这种句子的意义。不同年龄段儿童句子理解能力如下。

1）0～1岁：未满1岁的婴儿还不能说出有意义的单词，却已能听懂成人说出的某些词语，如7～8个月的婴儿就能够听懂简单的祈使句，能够按照成人的语言吩咐去做相应的动作。例如，成人说"欢迎叔叔"，婴儿就会拍拍手；成人说"跟奶奶再见"，婴儿就会摇摇手表示再见。不过，此时婴儿的理解具有很强的情境性，他们往往并不是真正懂得句子的含义，而是根据成人说话时的不同语调和手势判断出来的。1岁左右，婴幼儿还能理解禁令（即否定句）的句子，如带有"不能""不许"的句子等。

2）1～2岁：随着幼儿对动词的掌握，在1岁多的时候能听懂一些用于表达命令、请求、劝告、警告等的祈使句，而且不用凭借成人的动作或面部表情就可以完全理解。例如，执行简单指令"把报纸递给我"。1岁半以后的幼儿能逐渐听懂带有"是什么""干什么""在哪里""怎么办"等词汇的简单问句。

3）2～3岁：随着词汇量的迅速增加和语理理解能力的提高，2～3岁的幼儿基本上能理解成人所说的句子，也能理解对不能直接感知的事物的描述；不仅懂得一句话的字面意义，而且懂得说话者的意图。例如，有人敲门问："你妈妈在家吗？"一个3岁的幼儿就会去叫妈妈来开门，而不只是回答："妈妈在家。"

相关链接

学前儿童句子理解的策略

学前儿童是如何理解一个自己尚未掌握的新句子的呢？心理语言学家研究发现，学前儿童常常采取一定的策略，即找出一定的"诀窍"去理解新句子，这些策略是个体从已有的语言和非语言经验中总结概括出的一些"规则"去理解和解释听到的新句子。学前儿童理解句子常用的策略有语义策略、词序策略和非语言策略。

1）语义策略。这是学前儿童最初使用的一种句子理解策略。儿童只注意句子中的几个实词，将句子中的几个实词根据事件发生的可能性加以组合来理解句子，全然不顾句法结构。例如，相当多的儿童把"小明把王医生送到了医院"理解为"王医生送小明去医院"，把"用皮球打小狗"理解为"小狗拍皮球"，因为"王医生送小明去看病"和"小狗拍皮球"更符合常理。

2）词序策略。它就是根据句子中词汇的先后顺序去理解它们之间的关系和句子的意思。由于在儿童的经验中，句子的结构是名词—动词—名词词序，表示动作者—动作—承受者，因此，他们也会习惯于用这种策略去理解被动句，如把"小明被小华碰了一下"理解为"小明碰了小华"。研究发现，词序策略产生于3岁左右，4岁表现最为强烈，5岁以后逐渐减弱。

3）非语言策略。它是指儿童在理解一句话或其中的某些词时，常运用已有的生活经验而非这句话本身的语言信息进行预测。例如，认为"张老师被小华背着去教室，他的腿跌伤了"中的"他"指的是小华，因为"张老师跌伤了腿"与他们已有的经验不相符。

（二）婴幼儿语言理解能力的发展特点

0～3岁婴幼儿语言理解能力发展的主要特点表现在以下三个方面。

1. 语音敏感

国外的一些研究发现[①]，6个月大的婴儿具有很强的语言学习能力，虽然他们不能完全理解或者发出一个单词，但他们一直都在倾听成人的讲话，他们的大脑忙于把从成人那里获得的语言信息进行编码处理。研究发现，婴儿对语言信息的敏锐反应让人惊叹，他们能够辨别世界上所有语言的不同声音，而10～14个月的婴幼儿学习语言已经受到社会文化（即母语）的影响。因此，从某种意义上来说，婴儿正是凭借其对语音的敏感而学会了说话。

2. 用词不准

儿童对词义的理解有赖于概念的形成发展，受认知水平所限，词义的具体性是儿童词义理解初始阶段的主要特征，同时，词义泛化、词义窄化、词义特化、生造词等也是儿童词义理解中的常见现象。

1）词义泛化是指儿童对词义的理解是笼统的，其使用范围超出了目标语言（即成人语言）的范围，常用一个词代表多种事物（即外延扩大）。例如，"毛毛"指所有带毛的东西，把牛、羊、狗等所有具有四条腿、会行走的动物都叫作"猫"，"鸭子"不仅指图片上、真实的或玩具鸭子，还指代天鹅、鹌鹑等。

2）词义窄化是指儿童对词义的理解非常具体，具有专指性，必须与具体情境或具体事物联系起来（即外延缩小）。例如，"车车"仅指自己的婴儿车，"狗狗"仅指自己的玩具狗。

3）词义特化是指儿童的词语指称对象完全与目标语言不同（即匹配错误）。例如，用"抓住"一词指代扔东西的动作。

4）生造词。在儿童词义习得的过程中，始终存在词汇量的有限性与交际需求日益增长之间的矛盾，为了弥补词汇的不足，3～5岁的儿童还会通过生造词来进行语义补偿。例如，有一个31个月的幼儿看到一只狗在冬天不知道在阳光下"晒暖儿"，却躺在屋后的背阴处，便说："瞧那大狼狗在'晒冷'！"一个3岁半的孩子说："电话这里有条子（指电线）。"这是当儿童词汇贫乏、词义掌握不确切时出现的一种现象，也是儿童语言创造性的体现。

总的来说，婴幼儿词义理解是一个从具体到概括、从不断变异（词义泛化或窄化）

---

① 库尔，1999. 小孩的大脑里究竟装着什么：从语言和婴儿的大脑说起 [J]. 父母必读（12）：17.

到稳定、从部分义项到全部义项、从常用义项到派生义项的过程，从而逐渐靠近目标语言（即成人语言）。由于缺乏生活经验，以及思维具体形象性的特点，婴幼儿往往根据具体的语境来理解一些带有抽象意义的词（如把"勇敢"理解为"打针不哭"），出现词义理解上的偏差，并且常常从字面上理解词义，不能理解词语的象征意义、转义或反话。

3. 句子理解具有直接性和表面性

虽然两三岁的幼儿基本上能理解成人所用的句子，但由于思维水平的限制，他们还不能理解被动句和双重否定句，也不能理解反话和讽刺话。一般认为，幼儿要到 6 岁时才能较好地理解被动句，到 7 岁时才能理解双重否定句。3 岁前婴幼儿在句子理解上还具有直接性和表面性，只能按字面意义进行理解，还不能理解话语的深层含义，也无法理解说话人的情绪。例如，一个幼儿把爸爸的书乱扔，听到爸爸说"好啊，你把我的书搞得乱七八糟"，他就搞得更起劲了。

语言理解能力发展

二、婴幼儿语言理解指导活动设计

（一）婴幼儿语言理解指导活动的目标

1. 培养听的兴趣

倾听是婴幼儿感知和理解语言的行为表现。就婴幼儿语言学习和发展而言，倾听是不可缺少的一种能力，只有懂得倾听、乐于倾听并善于倾听的人，才能真正理解语言的内容、语言的形式和语言运用的方式，掌握与人进行语言交流的技巧。生活中注意提供适量的视听刺激，如各种舒缓柔和的音乐声、玩具声，经常跟婴幼儿说话、唱歌、念儿歌，不断提高婴幼儿的听觉敏感性，培养良好的倾听习惯。

2. 培养辨析性听音能力，提高听觉灵敏度

良好的听觉是清晰发音的前提，发展听觉的灵敏度就是发展辨音的能力。能分辨语音的细微差别是发音正确的前提。从婴儿一出生就要注意培养他们对声音和语音的感知能力与辨别能力，逐步建立以下倾听技能：一是有意识倾听，集中注意倾听；二是辨析性倾听，分辨不同内容；三是理解性倾听，掌握倾听的主要内容。

3. 培养词汇理解能力，不断丰富词汇量

词汇是最小的意义单位，每个词汇都代表一定的含义，正确理解词义是正确理解说话人语言内容的前提。婴幼儿以直觉和动作思维为主，对于意义比较具体的实词（如名词、动词、形容词、代词、量词等）掌握起来比意义比较抽象的虚词（如介词、连词、助词、感叹词）要相对容易一些。对于代表具体事物及特征的实词，可以通过让词和词所反映的事物同时出现的方式帮助婴幼儿进行理解；对于不能直接感知的事物，可以借助图片、录音、录像等媒介提供直观的信息，帮助婴幼儿将事物名称及特征与相应的词汇联系起来，促进对词义的理解；丰富婴幼儿的知识和生活经验也有助于积累词汇和理解词汇。

4. 培养句子理解能力，基本理解口头语言

婴幼儿的语言发展侧重于口语的发展，因此婴幼儿语言理解能力的培养侧重于婴幼儿对口语的感知与理解。婴幼儿时期基本能理解除被动句和双重否定句以外的各种句型（如陈述句、祈使句、选择句等）。在日常生活中，成人要经常与婴幼儿交谈，并注意进行各种问答练习和执行各种简单指令的训练，帮助婴幼儿理解各种日常用语；经常给婴幼儿讲故事、念儿歌，让婴幼儿初步感知文学语言的丰富和优美，逐步加深对文学作品的体验和理解。

（二）婴幼儿语言理解指导活动的内容

根据婴幼儿语言理解核心经验，婴幼儿语言理解能力包括语音理解能力、词汇理解能力和句子理解能力。因此，语言理解指导活动相应地可以分为语音理解活动、词汇理解活动和句子理解活动三种类型。

1. 语音理解活动内容

语音理解活动是提高婴幼儿听觉敏感性、训练听音能力和辨音能力的活动。从婴儿出生即可开始此类活动，4 个月以前主要是感知与辨别日常生活中的各种声音，4～8 个月主要是分辨不同语音，8～12 个月主要是进行语义辨别（如分辨家人称呼、辨别日常用品名称等）。

婴幼儿语音理解活动的主要内容有声音辨别、语音辨别和语义辨别，见表 4-1。

表 4-1　婴幼儿语音理解核心能力及代表性行为

语音理解核心能力	代表性行为（主要观察指标）
声音辨别	<ul><li>听到新异的声音有反应（如眨眼、皱眉、身体抖动、停止活动或哭泣等）；</li><li>成人说话逗引时会微笑、发声或手舞足蹈；</li><li>会把头转向声源；</li><li>能分辨不同事物发出的声音</li></ul>
语音辨别	<ul><li>听到熟悉的声音（养育者的声音）会微笑或停止哭闹；</li><li>能分辨友好和发怒的声音；</li><li>能分辨不同人的声音</li></ul>
语义辨别	<ul><li>会指认日常物品（如食物、玩具、动物及日常用品等）；</li><li>知道家人称呼；</li><li>听见别人叫自己名字时会转头看</li></ul>

（1）声音感知与辨别

声音感知是语音感知与理解的基础，新生儿的听觉较敏锐，对环境中各种声音的刺激较为敏感。他们不仅能够听见声音，而且还能区分声音的强弱、音调的高低、熟悉或不熟悉的声音，甚至能辨别声音来源的方向和不同事物发出的声音。

声音感知与辨别活动的主要内容如下。

1）丰富的声音刺激。让婴幼儿从周围环境中接触各种不同的声音，丰富他们的听

觉经验。例如，可以经常跟婴幼儿说话、唱歌，给婴幼儿放摇篮曲，或录下自然界的各种声音播放给婴幼儿听。

2）声源方位辨别。刚出生的新生儿就具有声音定向的能力，提供不同方位、不同距离的声音刺激，可以发展婴儿声音定位能力，为以后把声音和相应物体联系起来打下基础。

3）分辨不同事物发出的声音。提供不同物体让婴幼儿玩敲打游戏（如锅、碗、盘、盆），也可以通过乐器、发声玩具（拨浪鼓、摇铃）或物品（时钟、哨子），以及模仿不同动物叫声、听声音找物等活动，让婴幼儿感知不同事物发出的声音，并学会把声音和相应物体联系起来。

（2）语音感知与辨别

语音感知是语言理解的前提。刚出生的新生儿就形成了感知辨别单一语音的能力，主要表现为：能区分出人的语音和其他声音，能辨别不同人的话语声，能辨别语调和语气的变化。

语音感知与辨别活动的主要内容如下。

1）感知语音。新生儿特别喜欢听人说话，妈妈和家里的其他人都要经常跟孩子说话、唱歌、讲故事，提高孩子对语音的敏感性。例如，妈妈经常不在家，可以把妈妈的声音录下来播放给孩子听。

2）辨别不同人的声音。除了父母外，其他家人也要经常跟婴幼儿说话，让婴幼儿熟悉不同人说话的声音，如男人、女人，大人、小孩、老人、年轻人等。例如，与婴幼儿做"请你猜猜我是谁"的游戏：让婴幼儿闭上眼睛，老师指定一名婴幼儿学一种动物的叫声，如公鸡、小猫、小狗，让其他婴幼儿猜一猜刚才是谁在学动物叫。

3）区分语气语调。成人与婴幼儿交流时应注意面部表情和语音语调的变换，让婴幼儿感受语气、语调的作用，以提高婴幼儿对语音的分辨力和理解能力。例如，对婴幼儿的不合理要求以坚定的语气表示不同意；讲故事时，尽量把故事中人物的高兴、悲伤的心情用不同的语气、语调表现出来。

（3）语义感知与辨别

9个月左右的婴儿能将语音与语义联系起来，开始真正理解成人的语言。婴幼儿最初理解的词汇是日常生活中较为直观具体的词汇，如常见事物的名称、表示身体动作的动词等。语音与实物、图片或动作的配合是帮助婴幼儿掌握语言意义的基本方法。

语义感知与理解活动的主要内容如下。

1）指认物体。从婴儿4~5个月起，可以教他们认物。成人可以一边说物体名，一边让婴儿看、摸或指出相应物体（或图片）。这样，婴儿逐渐建立了语音和实体之间的联系，辨别事物名称。

2）辨别家人称呼。从婴儿出生开始，有意识地让婴儿熟悉家人的不同称呼，并逐渐将称呼与相应对象联系起来。例如，与婴儿做"认照片"的游戏：准备爸爸、妈妈、爷爷、奶奶等家人照片4~5张，成人问"妈妈呢？（或奶奶呢）"，观察宝宝能否用手指妈妈的照片或转头看妈妈，能否辨别家人称呼。

3）听懂自己的名字。经常跟婴儿玩唤名游戏，每天坚持靠近婴儿时都面带微笑地呼唤其名字，婴儿就会逐渐建立语音与自己名字之间的联系。

4）按口头指示做动作。五六个月大的婴儿就可以进行简单的动作或手势模仿练习，如再见、欢迎、点头等。可利用各种生活情景帮助婴儿积累动词，如来、吃、睡、走、坐、看等。

2. 词汇理解活动内容

词汇理解活动是指以听懂词语含义为目的的学习活动。对词义的理解是婴幼儿正确使用和理解语言的基础。由于缺乏生活经验，以及思维具体形象性的特点，婴幼儿掌握的主要是日常生活中较为直观具体的词汇，如名词、动词等，如表 4-2 所示。

表 4-2　婴幼儿词汇理解核心能力及代表性行为

词汇理解核心能力	代表性行为（主要观察指标）
名词理解	● 知道各种食物、玩具、动物、日用品的名称； ● 知道父母及家人的称呼和姓名； ● 能正确指出自己或成人脸上的五官； ● 能正确指出身体各部位； ● 知道图片上物体的名称
动词理解	● 能听懂"再见""欢迎""谢谢"等简单交往动作指令； ● 能听懂"给、打、拿"等手部动作指令； ● 能听懂"走、坐、看、听"等身体动作指令

（1）名词理解

名词理解是词汇理解中最早的词类。婴幼儿能理解的名词主要是婴幼儿周围生活中所熟悉的家用物品、人物称谓、动物名称和特征较明显的身体器官名称等。"实物配合法"、"直观法"和"游戏法"是帮助婴幼儿理解名词的基本方法。

名词理解活动的主要内容如下。

1）物品名称及特征。日常生活中各种物品的名称是婴幼儿较早掌握的词汇，如日用品、玩具、食物、动物等。

2）家人称呼、名字。通过"看照片认亲人"的方法，向婴幼儿介绍亲人的称呼、姓名、职业及工作地，既可以让婴幼儿理解家人的称呼、姓名，还可以扩展其关于职业的词汇及地名方面的词汇。

3）五官及身体部位名称。可以通过日常生活和游戏学习五官及身体部位名称。例如，在给婴幼儿洗脸、洗澡时，一边洗一边告诉婴幼儿"洗洗明明的鼻子""擦擦明明的嘴巴"等；也可以和婴幼儿玩"指五官""照镜子""瞎子摸象""头发、肩膀、膝盖、脚"等游戏。

4）指认图片。在了解各类实物名称的基础上，婴幼儿能够认出图片上的物体。可采用"三段教学法"教婴幼儿认图片。第一步"看一看"，家长出示图片并告诉婴幼儿图片名称；第二步"指一指"，家长说出图片名称，让婴幼儿从几张图片中指出来；第三步"说一说"，家长出示图片，让宝宝说出图片名称。

（2）动词理解

婴幼儿对动词的理解在词汇理解中仅次于名词，婴幼儿最先掌握的是表示身体动作的行为动词，其次是能愿动词和判断动词。语音与动作配合、游戏法等是帮助婴幼儿理解动词的基本方法。

动词理解活动的主要内容如下。

1）执行简单动作指令。如前所述，6~8个月的婴儿处于情境性理解阶段，他们能听懂一些简单的话语。成人可以结合日常生活情景，通过语音与动作配合的方法，教他们做一些简单动作，如拍手欢迎、挥手再见、坐下、走过来等。

2）念儿歌做动作。成人在念动作类儿歌时，一边念儿歌一边做动作，并让婴幼儿模仿做动作。

3）动作模仿游戏。例如，"请你跟我这样做""幸福拍手歌"等，让婴幼儿通过动作模仿游戏学习和理解各种动词。

3. 句子理解活动内容

句子理解活动是以听懂语句和培养倾听习惯为目的的活动。婴幼儿句子理解活动的主要内容有句型理解、问句理解、阅读理解，见表4-3。

表4-3 婴幼儿句子理解核心能力及代表性行为

句子理解核心能力	代表性行为（主要观察指标）
句型理解	<ul><li>能听懂禁令（听到说"不"，立刻停止活动）；</li><li>能按指示完成一个动作（"把报纸拿过来"）；</li><li>能按指示完成连续两个动作（"把书拿过来，放到桌子上"）；</li><li>能按指示完成两个不相关的动作（"把球捡起来，再把门关上"）；</li><li>能听懂选择句（如问"宝宝想吃香蕉还是苹果"，宝宝能按自己的意愿进行灵活应答，而不是只会重复后一个选项进行回答）</li></ul>
问句理解	<ul><li>能回答"是什么"的问题；</li><li>能回答"××在干什么"的问题；</li><li>能回答"××在哪里"的问题；</li><li>能回答"怎么办"的提问（如"渴了、累了、饿了怎么办"）</li></ul>
阅读理解	<ul><li>爱听故事，能安静地听5分钟故事；</li><li>知道故事的简单情节（如人物、事件）；</li><li>能给图画中的物品命名；</li><li>注意书中人物表情，模仿书中人物表情或动作；</li><li>能分清故事中的好人、坏人；</li><li>能说出书中人物职业和称呼；</li><li>能将书中内容与现实生活联系起来；</li><li>多次听一个故事后，能复述其中部分情节</li></ul>

（1）各种句型理解

婴幼儿基本能理解除被动句和双重否定句之外的句子，如陈述句、疑问句、祈使句和感叹句。成人可通过讲故事、做游戏、生活实践等方式引导婴幼儿理解语句。

句型理解活动的主要内容如下。

1）否定句理解。否定句是婴幼儿较早理解的一种句型。5 个月左右的婴儿就会看成人面部表情来理解大人的要求，从而抑制自己的行为，此时就可以开始进行听懂禁令的训练，可以在说"不许、不能动"的同时，辅之以严肃的表情和摆手等动作进行阻止。能听懂大人说"不"，表明婴幼儿能通过词汇去理解成人的要求而抑制自己的动作，这对培养婴幼儿的自我约束能力和规则意识具有重要意义。

2）祈使句理解。随着对动词的掌握，婴幼儿还能听懂一些用于表达命令、请求、劝告、警告等的祈使句（执行动作指令）。执行动作指令是婴幼儿真正理解动词的一种表现。成人可结合生活情景让婴幼儿帮助家长做事，如"把报纸递给我"，既培养婴幼儿的语言理解能力，同时又培养婴幼儿的助人品质和做事能力。

① 执行一个动作指令：婴幼儿 1 岁以后，家长可以通过语言指示让其参与一些简单的家庭劳动，如让婴幼儿帮忙把拖鞋拿过来。

② 执行两个连续动作指令：随着词汇的不断丰富，婴幼儿能按指示完成包含连续两个动作的指令，如"把书拿过来，放到桌子上"。

③ 执行两个不相关的动作指令（即分别指向两个不同对象的动作）：这对婴幼儿的语言记忆和思维能力提出了更高要求，可利用游戏并结合生活情景进行训练，如"把球捡起来，再把门关上"。

3）选择句理解。选择句的理解相对比较困难。家长可在生活中多给一些机会让婴幼儿练习选择和做决定，如吃什么东西、穿哪件衣服、玩哪个玩具、看哪本书、到什么地方散步等，都可以让婴幼儿来选择和决定，不但能提高婴幼儿的语言理解能力，还培养了婴幼儿自主抉择能力。

（2）简单问句理解

对各种问句的理解是语言理解能力的重要表现。家长要多向婴幼儿提问，并鼓励婴幼儿自己提出问题。可通过看图片、讲故事等方式进行问答练习，也可结合生活经历进行回忆性讲述。

简单问句理解活动的主要内容如下。

1）是什么。婴幼儿最先理解"这是什么？"的问句，是因为最早掌握的就是关于事物名称的词汇，可玩猜物游戏进行问答练习。

2）干什么。在积累大量动词的基础上，婴幼儿能回答"××在干什么"的问题，可通过看图片、猜动作等游戏进行练习。

3）在哪里。在积累了丰富的名词和空间方位词的基础上，婴幼儿能回答"××在哪里"的问题，可通过躲藏游戏或看图说话进行练习。

4）怎么办。在各种疑问句中，回答"怎么办"的问题是最困难的，需要婴幼儿具有一定的思维能力和丰富的生活经验。可以回答有关故事情节的简单问题，也可以在生活和游戏中设置问题情景，让婴幼儿学习解决问题。例如，在"娃娃家"游戏中，设置娃娃"渴了、累了、饿了、冷了、病了怎么办"的情景，一般 3 岁左右的幼儿能够回答这些问题。

（3）阅读理解

阅读理解是指婴幼儿运用已有的经验、表象去看懂图书的内容。阅读是培养婴幼儿语言理解和表达能力的重要手段，阅读理解是语言理解能力的综合表现。对图书内容的理解表现在婴幼儿对故事情节的了解、读懂画面、角色对话与心理活动的联想及用自己的语言讲述故事等方面。

阅读理解活动的主要内容如下。

1）认图片。成人在给婴幼儿讲故事时，要一边讲一边引导他们仔细观察画面，学习建立画面与故事内容的联系；鼓励婴幼儿说出画面中的物品名称，按故事情节指出相应的图画；或结合画面讨论故事内容，从画面中发现人物表情、动作、背景，并将之串联起来说出故事情节。

2）理解故事的简单情节。在婴幼儿听完故事后进行简单的问答练习，可以帮助他们理解和记忆故事内容。与婴幼儿谈论故事内容，如人物、事件、好人、坏人，书中人物的职业和称呼（如解放军叔叔），并尽量将书中内容与现实生活联系起来。

3）故事表演。鼓励婴幼儿模仿书中人物表情、动作或对话，通过表演的方式表达自己对故事内容和情节的理解。

4）故事复述。多次重复讲一个故事，在熟悉故事内容和情节之后，可以让婴幼儿复述故事内容，锻炼婴幼儿的语言理解和记忆能力。复述不一定是完整作品的重复讲述，可以是一个优美的词或句子，也可以是婴幼儿感兴趣的一段对话。

相关链接

0～3 岁婴幼儿各年龄段语言理解能力培养重点内容

参考年龄	语言理解能力培养重点内容
0～8 个月	以感知声音和感知语音训练为主，具体内容为： ● 声源方位辨别； ● 语气语调辨别； ● 不同人的语音辨别； ● 叫名字回头
9～12 个月	以名词、动词的理解训练为主，具体内容为： ● 辨别家人的称呼； ● 指认日常物品； ● 指认五官； ● 执行简单动作指令（如欢迎、再见）； ● 听懂禁令（否定句）

续表

参考年龄	语言理解能力培养重点内容
13～18 个月	继续进行名词、动词理解训练，具体内容为： ● 指认身体部位； ● 懂得常见物的名称和用途； ● 指认图片； ● 执行动作指令（如走、给、拿、打等）
19～24 个月	以形容词、代词、疑问句训练为主，具体内容为： ● 颜色词、感觉词； ● 方位词：里、外、上、下、前、后； ● 代词：我、你、他； ● 疑问句理解（如"是什么、干什么、在哪里、怎么办"）
25～30 个月	以形容词、介词、副词训练为主，具体内容为： ● 描述动作和外形的词（快慢轻重、高矮胖瘦、漂亮）； ● 描述情感及情景的词（高兴、快乐、好坏、容易、危险）； ● 介词：在、把、用、从、到、和； ● 副词：很、最、非常、刚才、还是、总是等； ● 理解选择句
31～36 个月	以量词、连词训练为主，具体内容为： ● 量词：个、只等； ● 连词：和、跟、还、也、又、如果、但是； ● 说反义词

（三）婴幼儿语言理解指导活动的常用方法

1. 实物配合法

结合日常生活情景，让词和词所反映的事物同时出现，这是帮助婴幼儿理解名词、形容词等词义的基本方法。例如，在帮婴幼儿穿衣时，教婴幼儿说出各种衣服的名称；在盥洗时，教婴幼儿说出盥洗用具的名称；在超市购物、参观动物园或散步时，向婴幼儿介绍各种事物的名称及特征（如颜色、形状）。

2. 直观法

对于婴幼儿日常生活中不能直接接触的事物（如恐龙、大海、森林、城堡等），可以借助照片、图片、录音、录像、电视节目等媒介，帮助婴幼儿建立语音和实体之间的联系，从而正确理解词义。

3. 动作配合法

在日常生活或游戏活动中，让词和词所反映的动作同时出现，这是帮助婴幼儿理解动词、形容词等词义的基本方法。例如，儿歌《小动物走路》：小兔子走路，跳跳跳跳跳；小鸭子走路，摇呀摇呀摇；小乌龟走路，爬呀爬呀爬；小花猫走路，静悄悄。家长和宝宝一边念儿歌一边模仿动物走路的动作，强化宝宝对儿歌内容的理解。

4. 游戏法

通过游戏认识各种物品名称及特征，扩展词汇量。例如，"这是什么声音"语音游戏，家长发出"滴滴"声，让宝宝猜一猜是什么发出的声音；家长和宝宝玩"猜拳"游戏，家长把玩具放在手上，让宝宝猜物品名称、形状、颜色等，并大声说出来；家长和宝宝玩"奇妙的口袋"游戏，家长把玩具或水果等物品放在一个口袋里，让宝宝通过"摸一摸、猜一猜、说一说"来了解物品的名称、形状、颜色等；家长和宝宝玩"挖沙寻宝"游戏：家长把物品、玩具或图片埋在沙堆里，让宝宝去挖出来，然后说出相应物品的名称。

5. 表演法

通过表情、手势、身体动作、语言等表达对语音、词汇、句子含义或故事内容和情节的理解。例如，家长和宝宝玩"我来做你来猜"动词游戏，家长做一个动作（如游泳、骑马等），让宝宝猜一猜是什么动作。也可以宝宝做一个动作后家长猜，如在给宝宝讲绘本《蹦》的时候，可以一边讲述一边让宝宝跟随绘本内容进行表演，将小青蛙、小兔子、小猫、小狗、蝗虫等不同动物蹦的特点表现出来。

三、婴幼儿语言理解指导活动的组织实施

语言理解指导活动的设计与组织大致可以分为以下几步。

（一）第一步：教师讲解，并创设情境（导入活动）

教师首先应介绍游戏活动的内容与玩法，让家长清楚活动的目的。例如，"此次活动主要是围绕简单问句理解开展的。简单问句的理解有助于提高宝宝的日常交流能力，让宝宝听懂并能回答问题，能有效增强宝宝交往的自信，让宝宝更乐于交往。本次活动我们提供了不同难度等级的四个游戏提升宝宝理解简单问句的能力"。

接下来是导入活动，教师要做的是创设情境，引起婴幼儿的兴趣和注意。教师在活动开始时，可通过实物、图片、声音、动作等引起婴幼儿的兴趣，让婴幼儿关注教师的言行，做好语言理解指导活动的准备。例如，在"认五官"的活动中，教师准备了若干张完整的人物头像图片，和五张

> **特别提示**
>
> 在活动中，如何判断婴幼儿是否理解了语言的含义呢？教师或家长可以通过以下方式进行观察。
>
> ① 指认：如在"指五官"游戏中，家长说出五官名称后，婴幼儿能用手指出相应的五官。
>
> ② 听指令做动作：如家长说"眨眨你的眼睛、张张你的嘴"后，婴幼儿能准确执行。
>
> ③ 操作：如在"粘五官"活动中，婴幼儿能将缺失的五官图片粘在正确的位置。
>
> ④ 说出来：如家长指着五官，让婴幼儿说出五官的名称。

单独的五官图片，引导婴幼儿认识图片中的五官。

又如，在"迷你情景剧"游戏中，教师通过动作示范和语言讲解小猫轻轻走，大象重重走，老鼠快快跑，蜗牛慢慢爬，启发婴幼儿理解形容动作的词汇"轻、重、快、慢"。

（二）第二步：强化理解，建立声音与事物之间的联系（主题活动）

主题活动是语言理解指导活动的核心部分，主要是围绕婴幼儿语言理解能力的核心经验设计的分层次游戏活动。在层层递进的游戏活动中，教师通过让婴幼儿指出、听指令做动作、说出等方式反复强化，引导婴幼儿建立声音与事物之间的联系，同时在婴幼儿做正确后，及时给予鼓励（如表扬、亲吻、抚摸、举高等）。例如，在"听声音找图片"的活动中，教师在出示图片、告知图片名称后，把图片放在婴幼儿面前，教师念出图片上物体的名称，让婴幼儿把图片找出来。当婴幼儿找到正确的图片后，教师及时给予鼓励。年龄段偏小的婴幼儿在认图片或实物时，要一件一件地认，一点一点地学，不要同时认几件实物。只有经过逐件实物或图片的反复温习（强化）婴幼儿才能记得牢、记得准，教师一定要有足够的耐心和热情。

（三）第三步：复习巩固，家长和孩子一对一练习（自主活动）

在自主活动环节，家长根据孩子的能力和兴趣选择适宜的游戏和孩子进行一对一的练习，一方面，增加了家长和孩子交流沟通的机会，加强了孩子的语言能力练习；另一方面，亲子互动也是帮助家长获得科学育儿的方法，家长通过操作练习，加深理解。在自主活动环节，教师可以观察家长的育儿方式，对家长进行个别指导。

例如，在执行指令的活动中提示家长"随着词汇的不断丰富，孩子能理解同一句话里针对同一对象的两个连续的动词，并做出相应的动作反应。在生活中要有意识地让孩子帮家长做一些事，训练孩子的语言理解能力和助人行为。在孩子理解两个连续动作指令之后，可以训练孩子按指令完成两个不相关的动作（分别指向两个不同对象的动作），如'宝宝，把奶瓶放在桌子上，再把书给我'。在语言记忆和思维能力方面提出了更高要求。"

（四）第四步：总结，讲评亲子互动中的表现和问题

此环节可从以下几方面总结讲评。

1）总结此次活动开展的目的。例如，"此次活动的目的是听懂祈使句、选择句"。

2）解释与描述婴幼儿语言理解发展特点。例如，"孩子在学习语言时，对句型的掌握顺序是从陈述句到非陈述句（疑问句、祈使句、感叹句等）。选择句相对复杂，孩子在理解陈述句、否定句、疑问句后，可以让孩子熟悉选择句"。

3）讲评家长行为，促进其改正。例如，"家长在引导宝宝进行理解不同句型的时候，可以将语言和动作相结合，帮助宝宝准确理解。当宝宝开口进行表达时，注意多鼓励宝宝。宝宝不能正确理解句子，家长也不必生气，多一点耐心，宝宝通过多次练习，就能逐渐理解不同的句型"。

4）介绍家庭中开展延伸活动的方法，鼓励家长在家庭中开展相应的语言游戏。"在家里，家长可以通过跟孩子游戏或生活环节，让孩子练习理解祈使句和选择句。例如，进餐时，可以对孩子说"请坐下""不说话"等常见的祈使句；穿鞋时，家长可问"红色的鞋和黄色的鞋，你要穿哪一双？"；吃点心时，家长可以问"饼干和蛋糕你选哪一个？"。

活动案例

名词理解活动 "认五官"（13～18个月）

活动名称：认五官	年龄：13～18个月	
场地：亲子教室	人数：16人（8个家长、8个宝宝）	

	家长学习目标	儿童发展目标
活动目标	1）知道13～18个月宝宝名词理解能力。 ① 知道日用品名称； ② 知道家人称呼、姓名； ③ 指认五官及身体部位； ④ 指认图片。 2）学习教宝宝认五官的游戏方法。	1）认识五官名称（等级一）。 2）了解五官位置（等级二）。 3）初步感知五官的作用（等级三）。
活动准备	1）布娃娃8个，小毛巾8块，小镜子8个，婴儿哭声的录音。 2）图片8张（缺少一个五官的头像），五官轮廓图片若干，胶棒8个。 3）香水1瓶，摇铃1个，果盘1个（切好的香蕉、西瓜、葡萄、火龙果等）。 4）儿童行为观察记录表8份，家长行为观察记录表8份。	
家长指导	1）介绍游戏目的、内容、价值。 1～1.5岁的幼儿正处于名词和动词的积累阶段，日常生活和游戏是帮助他们理解和积累词汇的重要手段。本次活动设计了"洗脸""照镜子""缺什么"三个不同层次的活动，帮助宝宝了解五官名称、位置、作用等。本次活动的重点是帮助宝宝认识五官名称。在宝宝熟悉五官名称以后，可以进一步了解五官的位置、作用等。 2）家长提示。 ① 请家长在活动中观察孩子的表现，可根据孩子的兴趣和能力选择适合的游戏。 ② 在游戏中，尽量放手让孩子自己尝试完成任务，家长不要包办代替。 ③ 及时对孩子的行为进行鼓励（亲吻、拥抱等）。 3）发放儿童行为观察记录表，提示观察内容要点。	
活动过程	1. 导入活动：儿歌《布娃娃》 1）教师一边出示布娃娃，一边念儿歌。 2）教师播放婴儿哭声的录音，然后问幼儿："咦，这是谁在哭呀？原来是布娃娃在找妈妈！" 3）教师接着问："布娃娃，你为什么哭呀？哦，你的脸脏了，不漂亮了。妈妈给你洗个脸吧！" 2. 主题游戏 （1）等级一：认识五官名称 游戏1：洗脸。	

续表

活动过程	1）教师示范用小毛巾一边给布娃娃擦脸，一边说出五官的名称和位置。 2）家长引导孩子给布娃娃洗脸，一边洗一边告诉孩子五官的名称和位置。 游戏2：手指游戏"小手爬"。 家长一边唱儿歌，一边用手指在孩子脸上爬，等孩子熟悉后也可让孩子用小手在家长脸上爬。 （2）等级二：初步了解五官位置 游戏1：照镜子。 1）家长引导幼儿照镜子：你的脸上有什么？他们在哪里？ 2）家长引导幼儿与镜子里的脸进行互动：眨眨眼睛，张张嘴，捏捏鼻子，摸摸耳朵，动动眉毛…… 游戏2：缺什么。 每名幼儿一张缺少五官的头像，让幼儿仔细观察什么不见了，鼓励幼儿说出缺少的五官名称，然后把缺少的五官粘上去（提示：家长可引导幼儿将图像与布娃娃的脸或妈妈的脸进行对比）。 教师小结：一张脸儿大又宽，弯弯的眉毛圆圆的眼，鼻子长在脸中间，嘴巴长在鼻子下面，耳朵分别在两边，这张脸多像我，笑嘻嘻的真好看。 （3）等级三：初步感知五官的作用 游戏："能干的五官"。 1）出示摇铃，请幼儿回答看见了什么？用什么看见的？眼睛是用来干什么的？（也可以让幼儿闭上眼睛感受一下）。 2）摇一摇摇铃。幼儿回答听见了什么？用什么听见的？耳朵是用来干什么的？（让幼儿捂住耳朵感受一下）。 3）喷一下香水。请幼儿回答：闻到了什么？用什么闻到的？鼻子是用来干什么的？（让幼儿捏住鼻子感受一下）。 4）出示果盘。请幼儿吃水果并回答：嘴是用来干什么的？（吃东西、说话、唱歌等） 请幼儿吃水果，并说一说吃的是什么水果，是什么味道的。 3．自主活动 家长选择孩子感兴趣的游戏或适合孩子能力的游戏，继续与孩子进行互动。教师进行观察、指导。 4．放松活动：儿歌表演"眼睛、鼻子、耳朵、嘴" 玩法：家长怀抱孩子围坐在教师周围，教师一边有节奏地念儿歌，一边用玩具娃娃进行示范，引导家长在孩子脸上做动作。
家庭延伸	1）回家以后继续跟孩子玩手指游戏"小手爬"，也可以在给孩子洗脸、洗澡的时候，从上到下依次擦洗身体部位，帮助孩子熟悉各部位的名称和位置。例如，"擦擦你的小鼻子""洗洗你的小屁股"等。 2）游戏"指五官"：家长即兴说出五官的名称，孩子用手指点一下自己的五官。家长语速可以逐渐加快。 提示：如果孩子指对了，家长可以亲一亲、抱一抱孩子作为奖励；如果孩子指错了，家长轻轻刮一下孩子的鼻子，以示惩罚。 3）游戏"摆五官"：家长先将画好的五官轮廓图剪下来，跟孩子一起在空白人脸图上贴五官。家长可故意把五官位置贴错，让孩子分辨正确与否。

想一想：

　　如果让你来设计"认五官"活动的导入活动和放松活动，你会怎样设计？请跟同学交流你的想法。

实践活动

活动一：语言理解活动观摩与评析。

要求：到早教中心进行现场教学观摩（或观看教学视频），观察并详细记录教学活动过程，对整个活动过程进行分析与评价，同时提出改进措施。

活动二：活动模拟练习。

要求：全班分组对活动案例"认五官"（13～18个月）进行模拟练习，并进行点评和改进。

拓展练习

练习一：收集语言教育小游戏。

要求：通过多种途径收集促进婴幼儿语言理解能力发展的小游戏（包括文字、图片、视频等多种资源），并将这些资料汇总整理成电子版的"语言教育资源包"，方便以后查询。

练习二：自制教学玩具设计。

要求：请为0～1岁婴儿设计制作一个声音感知的玩教具，便于家庭制作与使用，安全、实用。

推荐阅读

1．文颐，杨秀蓉，杨春华，2018．0～3岁婴儿早期教育亲子指导课程教学设计方案［M］．北京：科学出版社．

2．李俐，2012．零点起步：亲子园活动方案［M］．南京：南京师范大学出版社．

3．上海市宝山区早教指导中心，2010．0～3岁亲子活动方案［M］．上海：华东师范大学出版社．

单元五
婴幼儿语言表达
指导活动设计与组织

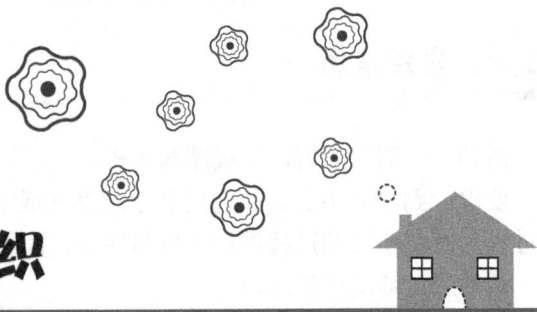

【学习目标】

1. 了解婴幼儿语言表达能力的发展及特点。

2. 明确婴幼儿语言表达指导活动目标、内容及方法。

3. 掌握婴幼儿语言表达指导活动组织实施步骤。

4. 在观察评估的基础上，根据婴幼儿语言发展现状和需要，设计适宜的教学活动。

【学习要点】

1. 婴幼儿语言表达能力的发展及特点。

2. 婴幼儿语言表达指导活动设计。

3. 婴幼儿语言表达指导活动组织实施步骤。

【单元导读】

语言表达是个体以语言为载体，通过言语器官或其他部位的活动向别人传递信息的过程，主要包括"说""写"活动。婴幼儿时期主要是培养口头语言表达能力。良好的语言表达能力不仅有助于促进婴幼儿人际交往的发展，还能促进婴幼儿智能、情感和良好个性品质的发展。

本单元结合婴幼儿语言表达能力发展特点，主要介绍婴幼儿语言表达指导活动目标、内容、方法及组织实施流程，帮助早教和托育机构教师掌握婴幼儿语言表达指导活动设计与组织实施要领。

一、婴幼儿语言表达能力的发展及特点

（一）婴幼儿语言表达能力的发展

0～3 岁婴幼儿的语言表达主要是口头表达能力的发展，具体包括前言语表达、词汇表达、句子表达三个阶段。

1. 第一阶段：前言语表达（0～1 岁）

前言语表达是语言表达能力的最初阶段，是词汇表达的基础。婴儿在正式开口说话之前，主要通过不同的语音、动作和表情等进行表达。婴儿前言语表达能力发展主要表现为语音表达能力发展和动作表达能力发展。

（1）语音表达能力发展

从出生到 1 岁，婴儿自第一声啼哭到咿咿呀呀做好说话的准备，经过了大量的发音练习。婴儿语音表达能力的发展可分为以下三个阶段。

1）简单音节阶段（0～3 个月）——反射性发音阶段。在这一阶段，婴儿的声音主要有两种：哭叫和单音节。

哭叫是婴儿第一个月的主要发音活动。新生儿出生的第一个行为表现就是哭，婴儿最初的哭叫是呼吸的开始，是对环境的反射性反应。婴儿的哭声可分为两种：未分化的和分化的。一个月内新生儿的哭声是未分化的，虽然引起哭的原因有很多，但哭声基本上无差别。出生一个月后，婴儿的哭声开始分化，母亲可以从不同线索来推断哭叫原因。

相关链接

婴儿不同哭声的含义

果果 2 个月时，细心的妈妈已总结出果果哭声的特点：闭着眼睛哭闹，是果果饥饿的表现，以哭求奶；哭声刺耳、急躁，那是受到惊吓或刺激，想要妈妈用拥抱来安慰；光哭没有眼泪、手脚乱动是果果感到寂寞，需要别人的关注；哭声哼哼唧唧，时而伴有哭闹，是尿片已湿的表现；如果哭声较低，断断续续，双目时睁时闭，就是想睡觉了；衣服没有理顺，觉得不舒服时，果果会在哭闹的同时手脚乱动等。总之，妈妈发现果果的大部分需求是通过哭来表达的。

从出生的第二个月开始，婴儿能发出一些非哭叫的声音，最初发出类似元音的"a、o、u、e"，随后出现辅音"h、k、p、m"等。这是没有任何符号意义的反射性发音，主要是一些单音节。这些反射性发音主要是婴儿玩弄自己的发音器官而发出的声音，即使是听觉障碍的婴儿，也能发出这种声音。

2）连续音节阶段（4～8 个月）——"牙牙语"阶段。

大约从 4 个月起，婴儿发音出现明显变化，经常发出重复的音节，如"ba-ba、ma-ma、da-da"等近似词的发音。其实这些发音并没有实际意义，它们只是婴儿学习调节和控制发音器官的一种活动而已。甚至听觉障碍的婴儿也会像正常婴儿一样发出牙牙语，只是他们缺乏听觉反馈，其牙牙语比正常儿童停止得早。

3）学话萌芽阶段（9～12 个月）——语言发生阶段。

在这一阶段，婴儿发出的声音开始和具体的对象联系起来，如看见爸爸时发出"ba-ba"的声音，看见妈妈时发出"ma-ma"的声音，这已经是学话萌芽状态。这个阶段的婴儿喜欢模仿成人的各种发音。大约从出生后第 10 个月开始，婴儿能够模仿成人的发音，并逐渐能发出更为复杂的声母，如 x、j、q、s、z 等，音调也经常变换，逐渐出现了四声。

（2）动作表达能力发展

在婴儿正式说话之前，动作和身体姿势表达是与成人进行沟通交流的主要手段。例如，1周至1个月期间的婴儿会用不同的哭声表达他们的需要，吸引成人的注意；大约2个月时，婴儿会在生理需要得到满足之后，对成人的逗弄和语言刺激报之以微笑或用喁喁做声或身体的同步反应予以应答；6个月以后，婴儿能用身体姿势表达意愿，如伸手要抱、以点头表示"要"，摇头或摆手表示"不要"，还会用语音语调伴随动作表情进行表达（如用尖叫伴以蹬腿表示不愿躺下）；1岁左右的婴幼儿会用手指向某物表明愿望和需要；1岁以后的幼儿会伸出食指表示"1岁"。

相关链接

教你认识婴儿的体态语言

婴儿在学会说话以前，有着丰富多彩的体态语言，它包括面部表情和身体姿势的变化。美国加利福尼亚州研究婴儿心理学的斯克佛教授在其所著的《婴儿面部表情与心理活动》一书中，分析了婴儿的面部表情语言，大致归纳为以下几种。

6个月时，婴儿会张开双臂，身体扑向亲人，要求搂抱、亲热，若陌生人想要抱他，他会转头将脸避开，表示不愿与陌生人交往。

7~8个月时，婴儿会以"拍手"和笑脸表示高兴，在父母教导下会以"点头"表示谢谢，会避开不爱吃的食物，并以"摇头"表示拒绝。

9~10个月时，婴儿会用小手指向去哪里，或用小手拍拍头，表示要戴帽子带他出去。

11~12个月时，婴儿除了以面部表情和动作来表示外，还会伴以各种声音，比如嘟嘟声（表示汽车）、嘎嘎声（表示小鸭），以及用简单的单词音来表示自己的意愿。

总之，在婴儿1岁之内，有成千上万的信息是通过婴儿的体态语言向父母传递的，而每个婴儿的传递方法也各有不同，父母应细心观察婴儿的体态语言，了解其心理需要，才能促进彼此之间的交往。

2. 第二阶段：词汇表达（1~2岁）

词是语言中的音义结合体，是语言中的表义系统。词汇是一定用语范围内的词语总和。儿童最初的词都是来自具体的动作和形象。儿童词汇表达能力的发展主要表现在词汇数量的增加、词类范围的扩大两方面。

（1）词汇量的增加

词是语言的基本单位，词汇量多少直接影响儿童语言表达能力的发展。因此，词汇量是儿童言语发展的标志之一。一般来说，儿童词汇量随着年龄的增长而增加，其中3~5岁是词汇增长的高峰期。

从婴儿 9～10 个月左右说出第一个词开始，在 10～15 个月婴幼儿以平均每月掌握 1～3 个新词的速度发展，到 15 个月时幼儿一般能说出 10 个以上词语了。随后，幼儿掌握新词的速度显著加快，到 19 个月时已能说出约 50 个词。19 个月后幼儿掌握新词的速度又突然加快，平均每个月能学会 25 个新词。这种掌握新词的速度猛然加快的现象，称为"词汇激增"或"词语爆炸"现象。到 24 个月时已掌握 300 多个词，3 岁儿童的词汇量可达 1000 个词，6 岁时达到 2500～3000 个词。

（2）词类范围的扩大

词类的掌握顺序是从实词到虚词[①]。3 岁前婴幼儿掌握的词汇中各种词类都已出现，但主要是实词，尤其是以名词、动词、形容词为主，虚词较少，见表 5-1。

表 5-1　1.5～3 岁婴幼儿使用的词类比例

词类	名词	动词	形容词	代词	副词	叹词	连词	介词
比例	50%	13%	10%	10%	9%	7.6%	0.5%	（无）

一般来说，2 岁以前的婴幼儿主要掌握的是名词和动词，2 岁以后开始掌握形容词、代词和副词，2 岁半以后逐渐掌握介词、量词、连词、叹词、助词等。一般认为，婴幼儿各种词汇的获得顺序主要取决于两个因素：一是词义的复杂性，二是各种词在成人和婴幼儿语言中的出现频率。

相关链接

儿童词汇量扩大的顺序

儿童词汇量扩大的顺序如下。

1）有具体动作或形象作为依据的词先掌握，抽象概括水平较高的词后掌握。研究发现，虽然在儿童获得的总词汇量中以名词最多，但在交往中使用频率最高的却是动词，这说明儿童掌握的词汇具有形象性和动作性的特点。

2）重复机会多的词先掌握。

3）儿童感兴趣的词先掌握。一方面，由于儿童对客体的兴趣所诱发的对标记这些客体的词产生兴趣，如儿童掌握动物、交通工具的词比例较大；另一方面，儿童对词的形式（音响、节奏和韵律）感兴趣，如叠音词、象声词。

4）能满足各种需要的词先掌握，尤其是跟日常生活需要有关的词，如"不、走、抱、坐、拿"等词在 1 岁左右就能讲了。

总之，儿童词汇发展的顺序与儿童的认知水平、接触词的频率、兴趣和需要均有关系。在词汇教育中能注意到这些因素，显然是非常有益的。

---

① 实词是意义比较具体的词，含名词、动词、形容词、数量词、代词、副词；虚词是比较抽象的词，含介词、连词、助词、感叹词。

3. 第三阶段：句子表达（2～3 岁）

句子是由词或词组按一定规则构成的、能表达一个完整意思的最基本的语言单位。幼儿句子表达能力发展主要体现在句子类型、句子长度、句子结构三个方面。

（1）句子类型从简单句到复合句

1 岁以后幼儿开口说话，其口头语言的发展经历了单词句、双词句、简单句、复合句 4 个阶段。到 3 岁左右幼儿基本掌握了口头语言，可以用语言表达自己的需要和情感，用语言来调节自己的动作和行为，基本上能运用语言与人进行交往。但在婴幼儿使用的句子中，90% 以上是简单句，复合句只占 10% 左右，而且常常省略关联词或错误使用关联词。

相关链接

婴幼儿关联词的使用

刚满 3 岁的芮芮是小（2）班的新生，从芮芮嘴里说出的话常惹得大家忍俊不禁。有一天，芮芮不想吃饭了，就说："妈妈，我不吃了，所以我不饿。"有一次芮芮和妈妈一起去超市，他对妈妈说："我长大了，如果我给你买多多好吃的。"

其实，妈妈知道芮芮第一句话想表达的是："妈妈，因为我不饿，所以我不吃了。"第二句的意思是："如果我长大了，我会给你买好多好吃的东西。"

可见，对于 3 岁左右的幼儿来说，他们开始使用关联词表达自己的想法，但由于掌握不熟练，使用中常有错误出现。

（2）句子长度（含词量）随着年龄的增长逐渐增加

婴儿最初的句子只有 1 个词（单词句），幼儿在 18 个月后会说出 2 个词的句子（双词句），在 25～27 个月左右开始说出 3 词句，28～30 个月左右说出 4 词句，30 个月以后能说出完整的句子。但 3 岁前的幼儿较多使用 4 个词以下的句子，个别幼儿句子含词量可达 5～6 个。

（3）句子结构从松散到严谨，从混沌一体到逐步分化

婴幼儿最初说出的句子（单词句、双词句）只是一个简单的词链，并不体现语法规则的结构，说出包括主谓、主谓宾的简单句后，才初具基本结构。

婴幼儿在掌握语言的过程中，语句是逐步分化的，其分化过程表现在以下三个方面。①表达内容的分化。最初，表达情感、意愿和指物（说出物体名称）三个方面紧密结合，而后逐渐分化。2 岁和 2 岁半幼儿经常是边做动作边说话，用动作补充语言所没有完全表达的意思（如一边说"走，外面"，一边拉着妈妈往外走）。到 3 岁左右幼儿能用完整语句表达愿望（如"我们出去玩吧"）。②词性的分化。幼儿早期说话不分词性，如把"叭叭呜"既当名词（汽车），又当动词（开车），以后才逐步分化出修饰语和中心语、名词、动词等。③结构层次的分化。幼儿最初说出的句子主谓语不分（如单词句、双词句），以后逐渐发展到出现层次结构分明的句子。

相关链接

儿童句子发展的四个阶段

婴儿从 1 岁开口说话开始，1～3 岁幼儿的句子表达经历了单词句—双词句—简单句—复合句几个阶段。在婴幼儿使用的句子中，简单句约占 90%，复合句约占 10%。

1）单词句（1～1.5 岁）。用一个词表达比这个词意义更为丰富的意思，如"球球"可能表示"我要踢球"或者"这是球球"。单词句的特点是：与动作紧密结合，即用单词表达某个意思时常伴随动作和表情；意义不明确、语音不清晰，成人必须根据非语言情境和语调的线索才能推断出意思；词性不明确（球：既指名词"球"，又指动词"踢球"）；多用叠音词。

2）双词句（1.5～2 岁）。双词句指由两个单词组成的不完整句子，如"妈妈抱""爸爸班班""饼饼没"等。双词句的特点是语句简略，结构不完整。句子成分常常缺漏，主要使用名词、动词、形容词等实词。

3）简单句（2～2.5 岁）。简单句指句法结构完整的单句，包括无修饰语句和有修饰语句两种。2 岁左右的幼儿开始能说出结构完整但无修饰词的句子，如"娃娃觉觉""妹妹吃糖糖"等；2.5 岁幼儿开始出现有简单修饰语的句子，如"两个娃娃玩积木"，3 岁以后开始使用复杂修饰语句，如"我玩的积木"，3.5 岁使用复杂修饰语句的数量增长最快。

4）复合句（2～3 岁）。复合句是指由两个或两个以上意思关联的单句组成的句子，如"阿姨不要唱歌，宝宝睡觉了"。复合句一般在 2 岁以后开始出现，4～5 岁时发展较快。幼儿使用复合句的显著特点：一是数量少，所占比例不大；二是结构松散，是省略连词的简单句的组合；三是联合复句出现较早，偏正复句出现较晚。

（二）婴幼儿语言表达能力发展的主要特点

0～3 岁婴幼儿的语言表达以口头语言为主，只能对话，不会独白，其主要特点如下。

1. 发音不准

1 岁左右的婴幼儿虽然已开口说话，但由于大脑语言中枢和发音器官尚不成熟，大多数婴幼儿存在发音不清的现象，尤其是辅音（如"冰糕—冰刀""叔叔—胡胡""奶奶—矮矮"）。一般来说，大多数婴幼儿的发音不清属于暂时现象，随着年龄的增长，一般会逐步得到改善。研究表明，2.5～4 岁是语音发展的飞跃期，婴幼儿语音从不准确到逐渐准确。4 岁以后儿童语音的准确性明显提高，6 岁儿童基本上能正确发出所有声母、韵母，但仍有可能出现发音不准的情况，如 zh、ch、sh、z、c、s、l、n。

语言表达能力发展

2. 以简单句为主的情境性表达

婴幼儿句子表达经历了单词句—双词句—简单句—复合句几个阶段。婴幼儿的语言表达常用不连贯的短句（单词句、双词句），时常辅以手势、动作和表情进行补充表达，听者必须结合具体情境才能理解说话者的意思。这是口头语言中对话语言的典型特点。例如，1岁2个月的宝宝，一边叫"妈妈"，一边指着桌子上的苹果，妈妈知道宝宝是想吃苹果；如果宝宝一边叫"妈妈"，一边拉着妈妈的手往外走，妈妈知道宝宝是要出去玩；如果宝宝一边叫"妈妈"，一边指着地上的水坑，妈妈知道宝宝是想告诉妈妈地上有水。

3. 说话不流畅（发育性口吃）

口吃是一种常见的言语节律障碍，表现为说话时不自主地重复、延长或语流中断、阻滞而不流利。2～3岁幼儿学习说话时，由于言语功能发育不成熟，掌握词汇有限，语言跟不上思维，说话太过紧张而造成口吃，这是言语发育的正常现象（即发育性口吃）。这时，家长和教师不要嘲笑、指责、训斥或纠正他，以免加重他的心理紧张，也不要强迫他模仿或重复，而是应该耐心倾听他讲话，并带着他慢慢地说。随着年龄的增长，这种发育性口吃会逐渐消失。

二、婴幼儿语言表达指导活动设计

（一）婴幼儿语言表达指导活动目标

1. 培养婴幼儿"说"的兴趣

让婴幼儿愿意用语言、表情、动作等肢体语言进行表达，体验语言交流的乐趣。这是从语言表达的主动性、积极性、丰富性角度提出的要求。愿意听别人说话、喜欢听别人说话，而且愿意用多种方式进行表达和交流，不仅是婴幼儿语言发展的需要，更是婴幼儿个性、社会性及情感发展的需要。

2. 训练婴幼儿正确发出基本语音，学说普通话

清楚、正确地发音是运用口语进行交际的必要条件，对本民族语言或方言发音基本清楚，是对婴幼儿语音发展的基本要求。此外，应积极创设学说普通话的环境，让婴幼儿初步感知普通话的音韵特点，愿意并喜欢学说普通话。

3. 初步培养婴幼儿的语言交流能力

语言是交往的工具，运用语言进行人际交往是对婴幼儿语言技能发展的基本要求。注意提供丰富的语言环境，适当创造人际交往与语言交流的机会，在日常生活中随时随地用简明清晰、生动形象的语言与婴幼儿进行交流，使婴幼儿学会用简单词句与别人交谈，能用语言向成人表达自己的要求和愿望，并学习言语交往的社会规则。

相关链接

言语交际的社会规则

1）使用得体的语言。得体的语言就是要使语言形式和说话时人的态度与情境、动

机与角色地位保持一致。具体包括：①根据交际目的讲话，如果交际的目的是请求别人的帮助，就不能讲成命令别人的话；②根据交际对象讲话，如在失意者面前不要讲得意的话，对不同身份和职业的人讲话时要在措辞、语调、语速、姿态、表情等方面有所区别；③根据交际场合讲话，如在正式场合讲话不能太随意，而在非正式场合讲话又不必过于严肃、规范和拘谨。

2）用较少的词语传递尽可能多的信息量，并传递主要信息。在口语交际中，语言应尽量简洁明了，清楚地传递信息。对于主要信息，可以采用提高音量、加强语气、放慢速度、重复有关词语等方法将主要信息加以突出。

3）借助适当的体态语言帮助表达。利用手势、体态、表情等体态语言帮助表达，可以暗示语义、感染情绪，起到"此时无声胜有声"的作用。但体态语言不恰当或过多，会降低听者的兴趣。

4）根据听者的反馈信息随时调整编码。言语交际时注视对方，不仅是出于尊重和礼貌的需要，而且有助于集中注意力和正确理解，也是从对方的神态、表情等表现中吸收反馈信息的重要方法。

5）把握说话的时机，不要随便插话和打断别人的讲话。

6）听话者专注倾听，做出得体的反应。听话者必须专注倾听别人的讲话，记住并及时理解别人的话语，做出得体的反应，如用点头等动作表示赞同。

4. 培养婴幼儿口头语言表达能力

会说简短的儿歌，爱听故事，能唱短歌，能说明一件简单的事情，会讲出故事简单情节，能运用简短的词汇或句子进行语言表达，这是对婴幼儿口头语言表达能力培养的基本要求。

5. 培养婴幼儿言语表情和肢体语言表达能力

能运用不同语音语调和丰富的肢体动作、手势、表情等非语言手段进行表达与交流，这是婴幼儿言语沟通能力发展的基本要求。肢体语言包含丰富的信息，是表情达意的重要手段之一；肢体语言使表达更加生动形象，从而增强沟通效果。肢体语言对于婴幼儿的认知、情感、社会性发展都有重要影响。具有良好表达能力的人，总是较受欢迎，并有较佳的人际关系。

6. 学习使用简单的礼貌用语，初步培养文明表达的习惯

这是言语交往的文明修养，是讲话态度方面的要求。礼貌用语的使用不仅是语言发展的需要，也是社会交往的规则。从婴幼儿口头语言表达开始，就要求他们在言语交往中养成良好习惯，态度要自然，声调要悦耳，说话要有礼貌，从而提高个人的人格修养。

（二）婴幼儿语言表达指导活动内容（核心经验）

根据婴幼儿语言表达核心经验，婴幼儿语言表达能力包括前言语表达能力、词汇表

达能力和句子表达能力，因此语言表达指导活动相应地可以分为前言语表达活动、词汇表达活动和句子表达活动3种类型。

1. 前言语表达活动内容

在正式开口说话之前（0~1岁），婴幼儿主要通过不同的语音、动作和表情等进行表达，因此前言语表达活动的主要内容有语音表达和动作表达，见表5-2。

表5-2　前言语表达核心能力及代表性行为

前言语表达核心能力	代表性行为（主要观察指标）
语音表达	<ul><li>发a，o，e，ba-ba，a-ba-ba-ba-ma等音节；</li><li>能模仿弄舌或咳嗽声；</li><li>能模仿发两个单字音（如"拿""走"）；</li><li>能模仿常见动物的叫声；</li><li>能见到爸爸叫"ba-ba"，见到妈妈叫"ma-ma"；</li><li>会重复别人说过的话</li></ul>
动作表达	<ul><li>会用招手表示"再见"，拍手表示"欢迎"；</li><li>会用手指向玩具或食物表示需要；</li><li>会用点头表示"要"，摇头或摆手表示"不要"；</li><li>会伸出食指表示"1岁"</li></ul>

（1）语音表达

语音表达指的是练习正确发出基本语音的活动。根据婴儿的语言发展特点，0~8个月的婴儿以发音练习为主，9~12个月的婴儿以模仿发字词音为主。

1）逗引发音（0~8个月）。家长应用多种语音和声音刺激婴儿，尽量多跟婴儿说话，帮助婴儿发展听力；积极回应婴儿的自发发音，用模仿、重复婴儿的发音来逗引婴儿，引起婴儿发音，以提高婴儿发音水平，为模仿语音奠定基础；用强化、鼓励等方法诱导婴儿发音。研究发现，婴儿的许多非自控性发音是在成人逗引下发生的。对婴儿发出的每一个音，成人都报以微笑、爱抚，婴儿的发音就会显著增多。

2）口唇运动。在婴儿学习模仿发音的同时，经常跟婴儿做一些发音器官运动和口型练习，如张嘴、伸舌、咂嘴、弹舌、咳嗽、打哇哇等嘴唇游戏，以及玩吹碎纸片、吹气球、吹羽毛、吹泡泡、学老虎叫、学猫叫、学鸭子叫等，有助于婴儿发音能力的提高。

3）学小动物叫。生活中可利用阅读、儿歌、参观动物园等活动，让婴儿学习常见小动物的叫声。例如，家长可以通过儿歌《动物唱歌真热闹》提高婴儿学习的兴趣，引导婴儿倾听并模仿拟声词，这对促进听说能力的发展有一定作用。

4）模仿发字词音。模仿是语言学习的一种重要途径，模仿发音是自主发音的准备阶段，这是婴幼儿真正开口说话的必经阶段。成人应坚持用语言刺激婴幼儿，多与婴幼儿进行近距离交流，最好面对面交流，让婴幼儿观察成人讲话的口舌运动，以便婴幼儿模仿。此外，当婴幼儿自发发出近似词的发音时（如"ma-ma"），妈妈就马上出现在他面前，一边对他说"哦，宝宝在叫妈妈呢，妈妈来了！再叫妈-妈，妈-妈……"，一边亲亲他，以强化婴幼儿近似词的发音。

（2）动作表达

动作表达是训练婴幼儿通过肢体动作、手势、表情等非语言手段进行表达与交流的活动，如挥手再见、拍手欢迎等。

1）手势语模仿：6～12个月左右的婴幼儿可以学习手势动作模仿，如用拱手表示"恭喜"，拍手表示"欢迎"，挥手表示"再见"。成人可利用生活情景进行动作示范，让婴幼儿学习各种手语，一定要注意将语音表达与动作表达相结合。不同的婴幼儿学习手语的速度不同。一般说来，1岁左右的婴幼儿可以学会10个手语，1岁半之前能增加到40个。

2）身体姿势表达。点头、摇头等身体语言是婴幼儿正式说话前表达意愿和进行人际交流的主要手段。成人在教婴幼儿肢体语言时，要注意伴随相应语言（如"抱抱"），并鼓励婴幼儿进行语言模仿。

2. 词汇表达活动内容

词汇表达活动是以说出日常常用词语为目的的活动，多集中于1～3岁，以增加词汇量为主要任务。活动内容遵循"先实词、后虚词"的原则。3岁前婴幼儿的词汇中各种词类都已出现。各类词获得的大体时间：1～2岁掌握的主要是名词和动词，2岁以后开始掌握形容词、代词和副词，2.5岁以后逐渐掌握介词、量词、连词、叹词、助词。

（1）说名词

名词是实词的一种，是指代人、物、事、时、地、情感、概念等实体或抽象事物的词。说名词是词汇表达的基础，名词是儿童最早掌握的实词。婴幼儿最初获得的主要是周围生活中所熟悉的家用物品、人物称谓、动物名称和特征较明显的身体器官名称等名词。虽然每个婴幼儿开口说出的第一个词不尽相同，但大多数婴幼儿名词掌握顺序是：①家人称呼；②常见物名称；③五官及身体部位名称；④图片名称；⑤名字（自己小名、自己全名、家人姓名）等。

（2）说动词

动词是表示人或事物的动作、存在、变化的词汇，基本上每个完整的句子都有一个动词。动词的掌握仅次于名词，是儿童最早掌握的实词之一。在生活中可以边做事边告诉婴幼儿自己在做什么，也可以通过玩猜动作游戏、模仿造句等活动，帮助婴幼儿积累词汇。婴幼儿掌握动词的顺序如下。①表示各种身体动作的词是最直观形象的，是婴幼儿最容易理解和掌握的动词（如拿、打、来、吃、睡、走、跑、跳、抓等）。②表示可能、意愿、必要的能愿动词（如应该、要、会、愿意、能等）。能愿动词的使用既是婴幼儿词汇发展的表现，也是婴幼儿自我意识和自主能力发展的重要表现。③能使用表示判断的动词（是、不是），表明婴幼儿思维发展水平较高，有一定判断是非能力。④表示心理活动的动词是最难掌握的一类动词（如爱、恨、喜欢、希望）。在婴幼儿常用的动词中，反映人物动作和行为的占80%左右，趋向动词占8%左右，心理动词占5%左右，存现动词（表示事物存在的状态、增减变化、出现消失的词汇）占5%左右。

（3）说形容词

形容词也是婴幼儿较早掌握的实词之一。说形容词是词汇表达能力增强和词汇量丰富的表现之一，形容词的出现在名词和动词之后。一般在2岁以后，婴幼儿的词汇中开始出现形容词。婴幼儿使用形容词的数量随着年龄的增长而增长，且在4岁以后出现迅速增长的趋势。形容词的迅速发展是婴幼儿句子复杂化的一个标志，也是婴幼儿对事物的性质认识迅速发展的一个标志，可通过生活情景、阅读活动或说反义词等活动帮助婴幼儿掌握各种形容词。婴幼儿掌握形容词的发展顺序为：①描述物体特征的形容词，如颜色词（大约在2岁时）；②饿、饱、痛等关于机体感觉的形容词（2岁半）；③描述动作和人体外形的形容词（3岁），如快、慢、胖、瘦；④描述个性、品质、表情、情感、事件、情境的形容词，如漂亮、高兴、快乐、好、坏、容易、危险。

（4）说代词

代词是婴幼儿使用频率较高的词汇之一，也是婴幼儿较早掌握的一类实词。2岁以后婴幼儿开始学习说代词，注意生活中多与婴幼儿进行对话交流，多用疑问代词进行问答练习，让婴幼儿有更多模仿机会。婴幼儿掌握代词的发展顺序为：①物主代词（如我的、你的、大家的）；②人称代词（如我、你、他）；③指示代词（如这、那、这边、那边）；④疑问代词（如谁、哪一个）。

（5）说副词

副词是一种用来修饰动词、形容词、全句的词，说明时间、地点、程度、方式等概念的词。婴幼儿一般要在2岁以后才开始使用副词。一方面，家长可通过自己的语言进行示范；另一方面，可以通过语言游戏、早期阅读等活动丰富婴幼儿的副词。婴幼儿掌握副词的发展顺序为：①否定副词（如不、没、别）；②频率副词（如常常、老、还、又、总是）；③程度副词（如很、最、非常）；④时间副词（如刚才、正在、已经）。

（6）说量词

量词是表示事物或动作单位的词。它按照表示事物单位和表示动作单位的不同而分成物量词（名量词）、动量词和时量词三大类。2岁半以后的幼儿开始学习使用量词。婴幼儿主要通过模仿成人的语言获得量词，最初用得并不准确。在婴幼儿的词汇中，数量最多、使用最广的是名量词，如个、只、张、头、件、条、把、颗等。临时量词往往是不太固定的搭配关系，其使用非常灵活，需要婴幼儿具有丰富的词汇基础，尤其是对物品名称的掌握。集合量词和不定量词的掌握对婴幼儿来说是比较困难的。婴幼儿掌握量词的发展顺序为：①个体量词（如个、只）；②临时量词（如一碗饭、一盆花）；③集合量词（如一串、一对）；④不定量词（如一点、一些、一层）。

（7）说连词

连词是用来连接词与词、词组与词组或句子与句子，表示某种逻辑关系的虚词。连词可以表示并列、承接、转折、因果、选择、假设、比较、让步等关系。连词在婴幼儿词汇中出现较晚，一般2岁半以后的幼儿才开始学习使用连词。婴幼儿最先掌握的连词是"和、跟"，主要用以连接两个主语。婴幼儿掌握连词的发展顺序为：①和、跟；②还、也、又；③与、或、或者；④如果、但是。

（8）说介词

介词是一种用来表示词与词、词与句之间关系的虚词，主要用来修饰动词或形容词。2 岁半以后的幼儿开始学习使用介词。婴幼儿掌握介词的发展顺序为：①表对象（如把、用）；②表时间、处所（如在、从、到、和）；③表目的、原因（如因为、由于、为了）；④表被动（如叫、让、被、给）。

表 5-3 为词汇表达核心能力及代表性行为。

表 5-3　词汇表达核心能力及代表性行为

词汇表达核心能力	代表性行为（主要观察指标）	词汇表达核心能力	代表性行为（主要观察指标）
说名词	<ul><li>会称呼家人（如爸爸、妈妈）；</li><li>以声代物（如把狗叫"汪汪"）；</li><li>说出常见物（如食物、玩具、动物名称）；</li><li>说出五官名称；</li><li>说出身体各部位名称（如头、手、脚等）；</li><li>说出图片上物品的名称；</li><li>说自己小名；</li><li>说自己全名；</li><li>说爸爸、妈妈等家人姓名</li></ul>	说副词	<ul><li>会使用否定副词（如不、没、别）；</li><li>会使用频率副词（如常常、老、还、又、总是）；</li><li>会使用程度副词（如很、最、非常）；</li><li>会使用时间副词（如刚才、正在、已经）</li></ul>
说动词	<ul><li>会说表示身体动作的词（如拿、打、来、吃、睡、走、跑、跳等）；</li><li>会说表示可能、意愿、必要的能愿动词（如应该、要、会、愿意、能等）；</li><li>会说判断动词（如是、不是等）；</li><li>会说表示心理活动的动词（如爱、恨、喜欢、希望等）</li></ul>	说量词	<ul><li>会使用个体量词（如个、只）；</li><li>会使用临时量词（如一碗、一盆）；</li><li>会使用集合量词（如一串、一对）；</li><li>会使用不定量词（如一点、一些、一层）</li></ul>
说形容词	<ul><li>会使用颜色词（如红、黑、白、绿、黄、蓝等）；</li><li>会使用感觉词（如甜、苦、冷、热、烫、痛、饱、饿、痒等）；</li><li>会使用描述动作的词（如快、慢、轻、重等）；</li><li>会使用表示人体外形特征的词（如胖、瘦、漂亮等）；</li><li>会使用描述情感的词（如高兴、快乐等）；</li><li>会使用描述个性品质的词（如好、坏等）；</li><li>会使用描述情景的词（如容易、危险等）</li></ul>	说介词	<ul><li>把、用；</li><li>在、从、到、和；</li><li>因为、由于、为了；</li><li>叫、让、被、给</li></ul>
说代词	<ul><li>会使用物主代词（如我的、你的等）；</li><li>会使用人称代词（如我、你、他、我们、你们、他们等）；</li><li>会使用指示代词（如这个、那个、这么、那么、这样、那样等）；</li><li>会使用疑问代词（如谁、哪、什么等）</li></ul>	说连词	<ul><li>和、跟；</li><li>还、也、又；</li><li>与、或、或者；</li><li>如果、但是</li></ul>

3. 句子表达活动内容

句子表达是语言表达的主要形式，婴幼儿句子表达能力的发展过程如下：1～1.5 岁最初只能用一个单词（1～2 个字）的句子进行表达；1.5～2 岁开始用两个词（3～5 个字）组成的句子来表达；2 岁以后开始用具有完整结构的句子进行表达，并不断增加修饰语，无论是句子含词量还是句子长度都迅速增加；2.5 岁以后开始出现复合句。

句子表达活动的主要内容如下。

（1）说句子

婴幼儿句子掌握的一般顺序是：单词句—双词句—简单句—复合句。在日常生活中，一方面，家长要经常跟婴幼儿进行交流，并注意用完整的句子对婴幼儿的话进行补充；另一方面，可通过早期阅读提供更多规范的句子给婴幼儿模仿，还可以通过打电话等游戏让婴幼儿练习用完整的句子进行表达。

（2）说儿歌

儿歌语言精练、内容生动，有优美的韵律和节奏，易记易懂，适合 1 岁左右婴幼儿学习。说儿歌是锻炼听力、丰富和规范婴幼儿语言的好方法。重复的节拍、生动的语言再配合一些夸张的动作非常容易吸引婴幼儿。婴幼儿最初只能说出儿歌的开头或结尾的几个字。家长或教师可以利用婴幼儿语言发展中的"接尾策略"，先让婴幼儿学说儿歌中押韵的字，再学说完整的句子，可从简单的三字儿歌开始训练。成人在说儿歌时要注意发音准确、清楚，并注意语言的节奏，让婴幼儿感受儿歌的韵律美。

（3）说礼貌用语

礼貌用语是日常生活中常用的语言，不仅可以丰富婴幼儿的词汇，还有助于婴幼儿文明礼貌行为习惯的培养。礼貌用语有很强的情景性，家长要注意从婴幼儿开始学说话起结合生活情景进行礼貌用语的训练，可先从手势语的模仿入手（如"谢谢"），在婴幼儿会模仿发音后，教婴幼儿学说一些常用礼貌用语（如"请""谢谢""再见"），并结合生活情景，提示婴幼儿准确使用各种礼貌用语。家长或教师也可以通过"打电话""做客"等游戏进行练习。

（4）故事复述与表演

复述是婴幼儿学习、重复和模仿文学作品语言、再现文学作品的一种手段，可以促进记忆、思维和连贯性语言的发展。婴幼儿的故事复述能力发展过程为：①看图讲 1～2 句话；②能复述其中部分情节或对话；③能讲出故事的主要情节（如时间、地点、人物、事件的简单经过）；④讲述一个完整的故事。家长在给婴幼儿讲故事时，一定要注意多次重复，并通过提问、讨论、角色扮演、猜结局等方式帮助婴幼儿理解和记忆故事内容，以便婴幼儿准确复述故事内容。

（5）叙述简单事件

叙述简单事件是婴幼儿运用完整的句子进行连贯表达的能力，一般经过以下 4 个阶段：①能看图简单描述画面（如说出物品名称、特征、用途或人物表情、动作等）；②能简单描述一件物体（如描述一件花毛衣）；③能简单表达刚发生过的事（如烘焙）；④能简单叙述发生在 2～3 天前的事（如参观动物园）。家长或教师可以借助实物、图片、情景表演等方式，通过提问的方法进行连贯表达训练。经常让婴幼儿说说身边的事和物，是培养婴幼儿语言表达能力的有效方法。

表 5-4 为婴幼儿句子表达核心能力及代表性行为。

表 5-4　婴幼儿句子表达核心能力及代表性行为

句子表达核心能力	代表性行为（主要观察指标）
说句子	● 单词句：只能使用一个单词（名词或动词）进行表达，并伴有手势或动作； ● 双词句：能用两个词组成的短句进行表达（如"喝水水""妈妈抱"等）； ● 完整句：能用包含主谓宾结构的完整的句子进行表达（如"我要吃饭""把汽车给我"等）； ● 复合句：能用两个或两个以上意思关联的句子进行表达（不一定用关联词"因为""所以"等）
说儿歌	● 能跟着成人念儿歌中押韵的字； ● 能说出儿歌开头和结尾的字； ● 能接背几句儿歌； ● 会说 1～3 首完整的三字儿歌
说礼貌用语	● 会模仿成人说"请""谢谢""对不起"； ● 在提示下会说"请""谢谢""对不起"； ● 能在相应情景下主动使用"请""谢谢""对不起"等； ● 能说礼貌用语 6 种以上
故事复述	● 能看图讲 1～2 句话； ● 多次听一个故事后，能复述其中部分情节或对话； ● 多次听一个故事后，能讲出故事的主要情节（如时间、地点、人物、事件的简单经过等）； ● 边翻书边看画面，并跟随画面内容，讲述一个完整的故事
叙述简单事件	● 能看图简单描述画面（如名称、特征、用途或表情、动作等）； ● 能简单描述一件物体（如物名、用途、颜色、特点等）； ● 能简单地表达刚发生过的事（如刚才在做什么等）； ● 能简单叙述发生在 2～3 天前的事（如时间、地点、人物、经历等）

（三）婴幼儿语言表达指导活动常用方法

1）示范模仿法。模仿是婴幼儿语言学习的重要途径。在活动中，教师要注意创设丰富的语言环境，通过生活化、游戏化的情景设置，利用教师、家长及同伴的语言示范，保持与婴幼儿的交流与沟通，引导其倾听、理解和模仿语言。

2）互动练习法。语言是交往的工具。在活动中，教师要为婴幼儿提供充分的人际互动与交流，如师生互动、亲子互动、同伴交流等，让他们有丰富的语言运用机会。

3）游戏法。在语言表达活动中，常用的语言游戏包括语音表达游戏、词汇表达游戏、句子表达游戏等。例如，游戏"广播电台"：家庭每个成员作为一个广播电台，如奶奶广播电台、爸爸广播电台、宝宝广播电台。一位家长打电话，当拨到宝宝电台时，宝宝电台就播放歌曲、故事、儿歌、新闻等节目，让宝宝练习口齿清楚、态度大方、有表情地讲述故事和朗诵诗歌，提高语言表达能力。

4）表演法。儿歌和故事表演是语言活动中常用的方法。在教师和家长引导下，婴幼儿一边念儿歌一边做动作，或是一边复述故事情节，一边模仿故事角色的语言和行为，既能锻炼婴幼儿的语言表达能力，又能满足他们喜欢模仿、活泼好动的天性。

5）问答法。在语言教学活动中，提问是支持教学的有效工具，是教师（或家长）与婴幼儿之间常用的一种相互交流的方式。常用的提问方式包括开放式、封闭式、选择式和导向式。其中，开放式提问方式能够引导幼儿深入思考，多方面探索。例如，"这个物品可以用来做什么？""你觉得……怎么样？"等。

6）看图说话。对图片或图书画面内容的描述是婴幼儿练习语言表达的有效手段。

在语言活动中，常常会借助图书中的图片来开展对话和交流。图书中图片的选择要注意情节简单、语言重复、音韵感强、色彩明快、画面简洁、人物突出、文字较少。例如，小熊宝宝绘本《你好》、绘本《蹦》《哇》《洞》等都非常适合这个阶段的孩子。

相关链接

0～3 岁婴幼儿各年龄段语言表达能力教育重点内容

参考月龄	语言表达能力培养重点内容
0～8 个月	以语音模仿训练为主，具体内容如下。 ● 单音节模仿练习； ● 连续音节模仿练习； ● 模仿弄舌或咳嗽声； ● 模仿手势（如拍手、再见）
9～12 个月	以动作表达和模仿发音训练为主，具体内容如下。 ● 以点头表示"要"，以摇头或推开表示"不要"； ● 指向某物或做手势表明愿望和需要； ● 模仿发单字音（如拿、走）； ● 模仿动物叫声； ● 用手指表示 1 岁
13～18 个月	单词句及名词、动词训练，具体内容如下。 ● 会叫"爸爸""妈妈"，会称呼家人； ● 会说出常见物品，如食物、玩具、动物名称； ● 会说出五官名称； ● 会使用表示各种动作的词（如拿、吃、打、走等）
19～24 个月	双词句及形容词、代词训练，具体内容如下。 ● 双词句（如主谓句、动宾句等）； ● 主谓宾句（如完整句等）； ● 会说形容词（如颜色词、感觉词等）； ● 会说代词（如我、你、他等）
25～30 个月	完整句及介词、副词和训练，具体内容如下。 ● 说完整句（主谓句—主谓宾句—主谓补句）； ● 说三字儿歌 1～2 首； ● 说名字、性别； ● 说礼貌用语； ● 说介词； ● 说副词
31～36 个月	复合句及量词、连词训练，具体内容如下。 ● 并列复句（如还、也、又等）； ● 因果复句； ● 叙述简单事件； ● 说量词； ● 说连词

三、婴幼儿语言表达指导活动的组织实施

婴幼儿语言表达指导活动的组织实施大致可以分为以下四个步骤。

（一）第一步：教师示范，婴幼儿初步感知（导入活动）

教师首先应介绍游戏活动的内容与玩法，让家长清楚活动的目的。例如，在名词表达活动中，教师可以这样介绍："本次活动重在练习说名词。名词是学前期儿童词量最大的词汇，1 岁后孩子能开口说话，这个阶段以实词为主，名词是孩子要掌握的主要词汇类型之一。"

示范是让婴幼儿、家长直观了解游戏玩法的最好途径。婴幼儿语言学习的特点之一是语言感知先于语言表达，在感知的基础上才能表达，因而在设计组织活动时，首先要帮助婴幼儿感知本次活动的学习内容。例如，在名词表达活动中，教师可出示物品或图片说"这是什么？哦！这是×××"，告知婴幼儿物品的名称。

（二）第二步：师生互动，引导婴幼儿模仿练习（主题活动）

在婴幼儿初步感知后，进入主题活动环节。这是语言表达指导活动的核心部分，主要是围绕婴幼儿语言表达能力的核心经验而设计的分层次游戏活动，教师可与孩子互动游戏，引导孩子模仿练习。例如，在儿歌活动"小鱼游"中，教师通过儿歌表演导入活动后，引导孩子学做"小鱼游"游戏，同时提示家长用夸张的语调和动作来激发孩子游戏的兴趣。在主题活动的每一个环节，教师都要通过讲解、示范、提问、观察、提示等方式对家长进行集体或个别指导。

（三）第三步：巩固强化，家长与孩子一对一练习，教师指导家长（自主活动）

0～3 岁的婴幼儿个体差异大，同一个月龄段的孩子，也可能语言表达能力相差甚远。在自主活动环节，家长引导孩子进行一对一的练习，既可以照顾到孩子的个别差异，又能让家长掌握引导孩子练习表达的方法，有利于家长在家庭中开展亲子游戏。在活动中，教师应注意观察家长和孩子的互动情况，通过讲解、示范、评论等方式进行个别指导。

（四）第四步：总结讲评，布置家庭延伸活动

此环节可从以下几方面总结讲评：①总结此次活动开展的目的；②解释与描述婴幼儿语言的发展特点；③讲评家长行为，促进其改正；④介绍家庭中开展延伸活动的方法，鼓励家长在家庭中开展相应的语言游戏。

例如，"此次活动以练习说名词为主。小可（宝宝的小名）能在家长的提示下称呼家人，但小可缺乏生活中说名词的经验和积累，开口表达有一定困难，家长需要有针对性地对宝宝进行指导，可以给宝宝介绍家里物品的名称，对外面接触到的事物也可以介绍其名称，总之看到什么说什么，帮助宝宝积累认识物品名称的经验。在指导过程中避免强行要求宝宝表达，以免伤害宝宝的自尊和对语言学习的兴趣。"

活动案例

词汇表达活动"小熊上学校"（31～36个月）

	活动名称：小熊上学校	年龄：31～36个月
	场 地：室内教室	人数：16人（成人8人、孩子8人）

	家长学习目标	儿童发展目标
活动目标	1）知道31～36个月龄的宝宝说量词的能力等级。 ① 学说"个、只"等个体量词（等级一）。 ② 学说"一串、一双"等集合量词（等级二）。 ③ 学说"一盆、一筐"等临时量词（等级三）。 ④ 学说"一些、一点"等不定量词（等级四）。 2）观察了解宝宝现有说量词的水平。 3）掌握帮助宝宝理解和表达量词的方法。	1）正确使用"个、只"等个体量词。 2）学说"一串、一双"等集合量词。 3）初步了解临时量词和不定量词的使用。
活动准备	1）Flash动画。 2）每个宝宝一个书包、一个水壶、一顶小黄帽、一双鞋子、一双手套、一串钥匙。 3）盆子、筐、篮子、袋子等容器。 4）午餐餐厅的布置。 5）《我爱我的家》歌曲改编、每个宝宝家里的照片。	
家长指导	1）此游戏教育价值。 量词是表示事物或动作单位的词。量词是实词中掌握较晚的，在生活中使用较广。量词一般有较为规范的搭配关系，具有较强的逻辑性。2.5岁以后的宝宝可以进行说量词的练习。练习说量词有助于培养宝宝初步的逻辑思维能力，丰富宝宝词汇，帮助宝宝更准确地描述事物的数量。本次活动提供了不同难度四个等级的材料让宝宝练习说量词，重点是个体量词的学习。 2）家长提示。 ① 由于量词种类的多样、灵活，我们不要求宝宝对每一个量词都能理解和表达，而是注重平时生活中的积累。只要宝宝能做相应等级量词的区分（如对容器的区分：筐、盆子、篮子、盒子等），就应给予鼓励。 ② 量词往往因为修饰对象不同而有不同的搭配方式，其准确性要求很高。宝宝主要通过模仿成人的语言获得量词，最初用得并不准确。如果宝宝出现量词使用不准确的现象，家长不必急于纠正，但要注意给予正确的示范。 ③ 家长需要认真观察记录宝宝的语言水平，并根据宝宝的语言水平选择相应的活动进行指导。 3）发放观察记录表。	
活动过程	1. 导入活动：儿歌《宝宝上学校》 教师带领家长和宝宝一边念儿歌，一边将书包和水壶背在身上、帽子戴在头上。 提问：小熊出发上幼儿园前，做了些什么事呢？——背上了一个书包，挂上了一个水壶，戴上了一顶帽子。 2. 主题活动 （1）等级一：学说"个、只"等个体量词 游戏：可爱宝宝上学校。 1）播放Flash动画《小熊上学校》。 小熊要上幼儿园了，妈妈为小熊上学做了很多准备，我们一起去看看吧。 动画一：小熊将一个书包背在身上，一个水壶挂在肩上，还戴上了一顶漂亮的小黄帽。 2）教师逐一出示书包、水壶、帽子，引导宝宝认一认、说一说：一个书包、一个水壶、一顶帽子等。 （2）等级二：学说"一串、一双"等集合量词 游戏：书包里的宝贝。 1）给家长和宝宝分发书包、水壶等物品。 2）教师示范从书包里找出一只手套戴在手上，再从书包的另一个袋子里找出一只手套戴在手上，帮助宝宝理解一双手套。 教师指导语：宝宝看我找到了漂亮的一只手套，再找找，还有一只手套，看，一双漂亮的手套戴好了。	

续表

活动过程	3）用同样的方法示范一双鞋子、一串钥匙。教师多提供几把钥匙和线，让宝宝自己穿成一串钥匙。 （3）等级三：学说"一箱、一盒、一篮"等临时量词 游戏：自己的东西自己放。 1）动画二：小熊是个爱整洁的好孩子，它把自己的东西收拾得好好的，放在教师指定的位置。 2）教师示范将自己的物品有序地放进一个箱子，并示范说"一箱×××"。 3）让宝宝选自己喜欢的箱子、盒子、篮子整理自己的物品，在家长的引导下，练习表达一箱、一盒、一篮等量词。 （4）等级四：学说"一些、一点"等不定量词 游戏：开心午餐。 准备丰富的午餐食物，教师扮演厨师，家长带着自己的宝宝拿一个餐盘，选自己喜欢吃的食物，家长要注意引导宝宝说出自己想要吃什么，如"我要一些白菜""我要一点水果"等，教师帮助宝宝取相应的食物。 3. 自主活动 家长选择宝宝感兴趣的游戏或适合宝宝能力的游戏，继续与宝宝进行互动。教师进行观察、指导。 4. 放松活动：我爱我的家 1）请家长带领宝宝原地起立，并引导宝宝跟随教师一起唱《我爱我的家》歌曲。 2）家长带着宝宝，参观墙上家的图片，猜一猜哪些照片是自己的家，说一说家里都有什么物品：一张床、一张桌子（桌子上有一个杯子、一盘菜、一碗饭、一双筷子等）、一张椅子、一台电视机、一台冰箱、一堆书等。 3）向别人介绍自己家的物品。
家庭延伸活动	1）通过日常生活积累量词：比如观察家里每个房间、柜子、抽屉里面都有什么东西，吃饭的时候讲讲餐桌上的物品，在超市购物的时候说说买了些什么，带上宝宝去菜场买菜等。 2）自制量词图书：家长和宝宝一起收集广告纸上的图片或生活中的照片，让宝宝进行量词的练习。 3）绘本阅读《好饿的毛毛虫》：这是一个毛毛虫吃了很多东西最后变成蝴蝶的故事，在帮助宝宝了解故事内容的基础上，注意突出里面的量词。

（教案撰写：四川省直属机关东通顺幼儿园　钟敏　指导：张远丽）

案例评析

　　此次活动在课前进行了精心的准备和设计，把生活中婴幼儿经常接触的物品融入了活动中，使婴幼儿不仅在活动中可以感知物品、学习量词，也容易将量词的练习迁移到日常生活中。本活动设计思路清晰，通过提问引导、儿歌朗诵、看图说话等有趣的形式，激发了婴幼儿学说量词的积极性。在家庭延伸活动中，超市、饭桌、菜市场等量词练习方式简单易行，自制量词图书新颖有趣，便于家长在家庭中开展教宝宝说量词的活动。

实践活动

　　活动一：早教中心亲子语言表达活动观摩。
　　要求：到早教中心观摩一次 1～3 岁婴幼儿的亲子语言活动，并详细记录教学活动过程，围绕教学目标、内容、活动组织形式、活动环节设计、教师指导语及教学方法等问题，对整个活动过程进行分析与评价，同时提出改进措施。
　　活动二：语言表达游戏活动设计。
　　要求：自选年龄段设计一个早教中心的语言表达游戏活动，并进行模拟练习。

拓展练习

练习：收集 5 个不同月龄段的宝宝的语言表达游戏。

要求：通过多种途径收集婴幼儿语言表达游戏，并将每个游戏按以下部分整理：游戏名称、适宜年龄、游戏目的、游戏准备、游戏过程、注意事项、家庭延伸。

推荐阅读

1. 文颐，杨秀蓉，杨春华，2018. 0～3 岁婴儿早期教育亲子指导课程教学设计方案［M］. 北京：科学出版社.

2. 尹坚勤，张元，2008. 0～3 岁婴幼儿教养手册［M］. 南京：南京师范大学出版社.

3. 福州市早教指导中心，福州市蓓蕾幼儿园，2013. 0～3 岁婴幼儿亲子活动指导与设计［M］. 福州：福建人民出版社.

单元六
婴幼儿早期阅读
指导活动设计与组织

【学习目标】

1. 了解婴幼儿早期阅读能力的发展阶段及特点。
2. 明确婴幼儿早期阅读指导活动的目标和内容。
3. 掌握婴幼儿早期阅读指导活动的组织实施。

【学习要点】

1. 婴幼儿早期阅读的意义。
2. 婴幼儿早期阅读能力的发展阶段及特点。
3. 婴幼儿早期阅读指导活动设计。
4. 婴幼儿早期阅读指导活动组织实施的步骤。

【单元导读】

阅读是人们通过对书面语言和其他书面符号的辨认、感知与理解，从中获取信息、获得意义的心理活动过程。早期阅读是指 0～6 岁儿童凭借色彩、图像和成人的言语及文字来理解以图为主的低幼儿童读物的所有活动。早期阅读不是传统意义上的读书、写字。对于婴幼儿来说，阅读是一个相当宽泛的概念，只要与阅读活动有关的行为都可以看作是阅读，如听故事、翻书、看书、复述等。

本单元结合婴幼儿早期阅读能力发展的特点，主要介绍婴幼儿早期阅读指导活动目标、内容、方法及组织实施，帮助早教和托育机构教师掌握婴幼儿早期阅读指导活动设计与组织实施要领。

一、婴幼儿早期阅读的意义

每当我们翻开一本书，等于开启了一扇通往世界的窗。阅读是一个人必须具备的一种能力。早期阅读是儿童认知的一种重要形式，是儿童认识世界、探究世界的一种重要手段，也是儿童语言发展的重要途径。同时，阅读活动在父母的密切参与下，更能增进父母与孩子之间的情感，培养积极稳定的情绪。美国心理学家陶森博士在他的著作《怎样做父母》一书中谈及图书时指出："爱书和爱读书的基础，是在生命的头五年中奠定的。"可见，从小培养婴幼儿良好的阅读习惯将会使婴幼儿受用终身。

（一）使婴幼儿获得感官上的享受和情感上的满足

感官上的享受是指视觉、听觉、触觉等方面的满足。情感上的满足是指听故事和看图书等活动能加强亲子之间的情感沟通和交流。日本图画书之父松居直认为，图画书对幼儿没有任何"用途"，不是拿来学习东西的，而是用来感受快乐的。英国文学家达顿说："儿童读物是为了让儿童获得内心的快乐而推出的印刷品。"在讲故事、看图书图片等活动中，婴幼儿能听到家长充满感情地朗读或温柔讲述的声音，看到色彩鲜明而富于想象的图画，还可以触摸到不同材质的图书，更重要的是在亲子共读过程中，婴幼儿不仅获得视觉、听觉、触觉等方面的满足，还能享受到与父母在感情上的交流，享受到与父母在一起时亲切和睦的愉快气氛，从而建立起亲密的亲子关系。

（二）增强婴幼儿对事物和生活的认识，促进认知发展

书籍是人类智慧的结晶，是人类文化的载体。婴幼儿可以借助各种图书阅读活动来了解世界，增强对事物和生活的认识，扩展见闻。人脑信息的80%是通过视觉获得的，视觉刺激能有效地促进大脑神经网络的发展。心理学研究证明，图文并茂的图书能给婴幼儿以积极的视觉刺激，促进婴幼儿大脑的发育和成熟，并促进思维和想象力的发展。0～3岁是培养婴幼儿阅读兴趣和阅读习惯的关键时期。给孩子一本书，就是给他开一扇窗，让他看得更多、更远。早慧孩子的共同特点之一就是喜欢阅读。

（三）发展婴幼儿的语言技能

儿童文学作品的语言形象、生动，而且包含情境语、反复语等极容易被儿童理解、记忆并掌握的语言。儿童文学的语言系统非常符合儿童语言学习的规律，能够十分有效地激发儿童的语言潜能。芝加哥大学心理学教授赫顿洛克在《语言输入与语言发展》一文中指出：12～26个月前的婴幼儿的词汇量与其阅读量呈显著正相关。在早期阅读活动中，婴幼儿看着图书、图片听故事，不仅能获得丰富的词汇、增强阅读理解能力，还能发展听、讲、读的能力。周兢教授指出："早期阅读是儿童接触书面语言的形式和运用的机会，是儿童发展语言能力的机会，是儿童掌握词汇构成和文字表征的机会，同时也是儿童发展读写的倾向态度的机会。"[①]

二、婴幼儿早期阅读能力的发展阶段及特点

（一）0～3岁婴幼儿早期阅读能力的发展阶段

苏日比研究儿童阅读图书行为时发现，2～6岁幼儿阅读图书的能力发展可分为以下5个阶段[②]。

1）注意图画，但未形成故事。幼儿指着图画，述说所画的物品名称，将每一页当

---

① 周兢，2005. 记早期阅读教育的几个基本理论问题：兼谈当前国际早期阅读教育的走向 [J]. 学前教育研究（1）：20-23.

② 张明红，2006. 学前儿童语言教育 [M]. 上海：华东师范大学出版社.

作是独立的，常跳着翻页，不能按顺序翻书，因而不能联结成一个故事。

2）注意图画并形成口语故事。幼儿边翻书边看图画，并跟随画面内容，用讲述故事的语音语调说话，然后串联成一个完整的故事。

3）注意图画，阅读和讲故事。幼儿看着图画念读，有时以讲述的语音语调念读，有时以朗诵的语音语调念读。

4）注意图画，并开始形成书面的故事内容。幼儿看着图画念读，念读的字句和语调好像是在读书。

5）注意文字。这个阶段会依次出现四种情况：先是只关注文字而忽略故事；接着是部分阅读，重点关注自己认识的字；继而以不平衡的策略读书，在读书时过度省略不认识的字，或者凭猜测取代某个不认识的字；最后过渡到独立阅读文字书。

在苏日比的研究基础上，台湾学者杨怡婷对汉语儿童图画书阅读行为发展进行了研究，她将汉语儿童图书阅读行为发展分为以下三个阶段。

1）看图画，未形成故事。幼儿从跳动翻页、说出物品名称到手指图画、述说画面中人物行动，逐步发展到用口语说图画内容的能力，但还不能形成完整的故事。

2）看图画，形成故事。在这个阶段，幼儿能够从图画中看出故事的连贯性，开始用口语说出与书中部分情节内容相似的故事。

3）试着看文字。幼儿这时开始注意书上的文字，他们从部分地阅读到采用不平衡策略阅读，再进一步到独立地阅读，最后学习独立且完整地阅读。[①]

相关链接

0～3岁婴幼儿早期阅读能力的发展水平

年龄	阅读能力发展水平	年龄	阅读能力发展水平
0～1个月	● 喜欢注视人脸	13～18个月	● 在照片中辨认出家庭主要成员； ● 开始知道书的概念； ● 喜欢模仿翻书页
2～3个月	● 常喜欢咬书或拉扯图书； ● 有时会安静地看图书	19～24个月	● 喜欢重复听一首歌、读一本书等； ● 能分辨一本书的封面及基本结构； ● 开始辨认书中角色的名字； ● 会主动看图讲简单的话
4～6个月	● 开始注意看图书； ● 常抓起书试着放进嘴里	25～30个月	● 听完故事能说出讲的是什么人、什么事
7～9个月	● 会试着翻书； ● 喜欢以前听过的故事	31～36个月	● 在成人引导下，理解故事主要情节； ● 喜欢自己看图画书
10～12个月	● 喜欢凝视图画		

（资料来源：上海市教育委员会，2008．《上海市0～3岁婴幼儿教养方案》．）

---

① 幼儿的识字、阅读行为表现为五个层次：只关注文字而忽略故事情节；部分地读，重点阅读自己认识的字；采用不平衡策略阅读，略过不认识的字，推测故事情节；独立地读，遇到不认识的字请成人帮助解决，以便顺利理解；独立且完全阅读。

（二）0～3 岁婴幼儿阅读能力发展特点

不同于成人阅读，0～3 岁的婴幼儿阅读以玩、看、听为主。0～3 岁婴幼儿早期阅读的主要特点如下。

1）阅读内容广泛性。成人阅读的材料主要是文字，而早期阅读具有广泛的内容，除文字外，色彩、图像、符号、成人的语言都是婴幼儿的阅读材料，都是他们文字阅读的基础。

2）阅读途径多元化。成人阅读主要依靠视觉，而对于婴幼儿来说，早期阅读活动不是单纯的视觉辨别活动，还包括听觉、触觉等多元的参与途径。多种感觉通道的参与，丰富了他们的阅读经验。

3）阅读过程分享性。与成人阅读以个人独自阅读为主不同，早期阅读具有分享的特点。在早期阅读活动中，婴幼儿需要获得成人、同伴的帮助，分享阅读带给彼此的愉快情绪体验。

在 0～3 岁，不同年龄段的婴幼儿阅读能力的发展特点主要表现在以下几方面。

1. 有意识地注意图书

婴儿从出生起就已具备一定的视觉能力，并且一生下来就有注意力。研究发现，新生儿比较喜欢注视人脸和黑白图片，尤其喜欢简单明了、深浅颜色对比鲜明、活动的、轮廓清晰的图形，如国际象棋棋盘、靶心图、同心圆等，而不喜欢像报纸那样过于细密的图像。6 月龄左右的婴儿开始注意看图书，常抓起书试图放进嘴里，喜欢咬书或拉扯图书。

2. 胡乱翻书

7～8 月龄的婴儿开始注视书中的图画，会试着翻书，喜欢以前听过的故事。婴儿在接触图书的初期，在拿到书后往往胡乱翻书，前后颠来倒去，而且是五指抓翻。翻书不仅是手运用物体技能的一种表现，同时还需要视觉和动作的配合，体现了婴幼儿的手眼动作协调能力。所以，婴儿的胡乱翻书并不胡乱，它一方面使婴儿逐渐熟悉图书，另一方面促进了婴儿小肌肉动作和手眼协调能力的发展。

3. 撕书

大部分婴幼儿在 1 岁左右会出现撕书、撕纸片等行为，有的家长会认为这是孩子不爱护图书的表现。其实，就像婴幼儿在牙牙学语的过程中会出现玩弄语音的现象一样，他们只是把撕书当作一种游戏，一种能释放他们的能量、给他们带来快乐的游戏。家长可为孩子提供不会撕坏的布书或塑料书，满足孩子探索事物的愿望。

4. 倒着拿书

1 岁多的幼儿会煞有介事地拿着书翻，可是细心的家长发现，孩子自己看书时，经常会倒着拿书，刚刚帮他反过来，一会儿他又倒回去了，还看得津津有味。有的研究认为，幼儿倒着拿书是因为他们的视觉接受模式和成人不同；有的研究则认为，即使是幼儿，他们的视觉接受模式也和成人相同。但无论怎样，如果孩子倒着拿书看，家长也不必惊奇，也不用急于纠正，只要他能看得下去，又何必打扰他这种美好的享受呢？总有一天他会自己正回来的。

5．看书时要求成人朗读或陪伴

这是婴幼儿依恋的一种行为表现。家长与孩子共同阅读不仅能增强家长与孩子之间的感情，促进亲子关系，而且高质量的亲子阅读还会提高孩子的阅读能力，促进孩子的认知发展。

6．喜欢看固定的一本或几本图书，喜欢反复听同一个故事

1 岁左右的婴幼儿往往喜欢看固定的一本或几本图书（或书中的某一页），喜欢反复听同一个故事。其实，在每一次看书的过程中，婴幼儿注意的焦点都会发生变化，如第一遍看书时，他们可能只是边听成人讲边看书中的图画，而且只是注意画面上最吸引他眼球的一部分，但随着阅读次数的增加，对画面、讲述内容的理解程度的加深，认识范围的扩大，他们会有许多新的发现，并可能会不断地提出新问题。婴幼儿每一次重复看书的过程，都是对图书内容的理解和消化、巩固和加深的过程，直至最后能把整个故事完整地背下来，甚至在以后还会以出其不意的方式在合适的场合灵活地发挥出来。

教育故事

百听不厌的《小汽车》

红星幼儿园有个托班，这个班的孩子平均年龄只有两岁多。在平日的活动中，他们十分喜欢听故事，因此老师在录音机里一直放着一盘孩子喜欢听的故事磁带。过了一段时间，老师想孩子对这盘磁带里的故事已经很熟悉了，于是就尝试换一盘新的磁带，没想到孩子刚听了一个开头，便哭丧着脸对老师说要听"开汽车"的故事（前一盘磁带第一个故事的名称）。老师没有马上换磁带，而是告诉孩子，这盘新磁带有很多好听的故事。这时，只见有的孩子不吭声了，有的孩子噘起了小嘴。虽然录音机里还播放着这盘新磁带的故事，可孩子们的表情却是木然的，有的甚至自顾自地玩起来。当老师换上原来的磁带，熟悉的故事《小汽车》从录音机里又一次响起时，教室里马上恢复了安静。孩子们个个听得有滋有味，满足、喜悦之情溢于言表。这盘磁带陪着孩子们走过整整一个学期。虽然里面的故事孩子们早就听得耳熟能详，但他们还是乐此不疲，丝毫没有厌倦的感觉。

（资料来源：黄娟娟，2005．0～3岁幼儿阅读发展与培养［M］．上海：上海科学技术出版社．）

7．关注小细节

有家长发现自己正在绘声绘色地讲述"小白兔蹦蹦跳跳地跑过来"时，孩子却指着画面边缘一处很不起眼的地方说"小鸟在飞"。能够注意并发现细节是儿童阅读图书时一个有趣的特点。这个特点不仅不会影响他们对整个故事的理解，还会帮助他们从更多

的渠道加深对故事的理解，扩大认知的范围。因此，家长不必着急让孩子的思路随着故事的情节发展，不妨停下来，和孩子一起欣赏、讨论这些看似无用的小鸟、小草、小花们，说不定自己也会有新的发现。

8. 把故事与自己的生活经验相联系

图画书中的情节、情景、画面和语言都会引起婴幼儿对生活中相似事件的回忆或联想。同样，有时婴幼儿在做某事时，也会自然想起自己看过的书中相似的情节。就在这反反复复的由书到生活、由生活到书的过程中，婴幼儿对故事内容的理解加深了，也逐渐能把书中的故事与现实生活分开了。

教育故事

生 病 了

有一期巧虎宝宝版书里有巧虎生病的故事，书上配了卡纸的温度计、药瓶、毛巾，讲故事的同时配合卡纸，可以让孩子知道生病发烧要做哪些事。

我指着画面上躺在床上流鼻涕的巧虎，告诉果果"巧虎生病了，好难受，我们要……"话还没说完，果果就跑开了，我正纳闷："这孩子平时挺爱看书的，这会儿怎么注意力不集中呢？"就见果果扯了一张纸巾过来给巧虎擦鼻涕，我恍然大悟。

过了十多天，奶奶拿着温度计想给感冒的果果量体温。

果果："温度计给你（我）。"

奶奶："给你干吗？你会摔坏的。"

果果指着自己腋窝："放这儿。"

故事的教育效果真是立竿见影。

9. 学会从前向后正确地翻书

七八个月的婴儿会试着翻书，到 2 岁左右幼儿能学着成人的样子从前往后一页一页地翻书，并且开始了解图书的大体结构：每本书有封面，封面上有故事的题目，故事的内容在里面，而且是一页一页地排列起来、连续展开的。不过，3 岁左右的幼儿还不会完全独立地正确翻书，父母必须通过亲子共读提供指导。

10. 能简单地复述故事

随着婴幼儿语言理解和表达能力的发展，1 岁以后，幼儿逐渐能给图画中的个别物品命名，并能模仿书中人物的表情或动作；2 岁以后幼儿开始辨认书中角色的名字，在多次听一个故事后，能复述其中部分情节或对话，甚至会用 1～2 句简单的话描述画面内容；3 岁以后能力强的儿童还会边翻书边看画面，并跟随画面内容讲述一个完整的故事。

11. 认识书中常见的几个汉字

在婴儿满月以后就可以用"点读"的方法进行早期阅读了。在阅读时，家长用手指点着画面或文字，指到哪儿就读到哪儿，以使婴儿的注意力集中指向阅读的内容或文字，初步了解语音、文字和画面的对应关系。1岁半以上的幼儿随着图形识别能力的提高，可以开始学习认字。但需要注意的是，婴幼儿识字是以整体为单位的，如"成都晚报"这四个字放在一起时，婴幼儿能认出来，但如果每个字都拆开来，婴幼儿一般就不认识了，甚至换一个字体也认不出来了。

三、婴幼儿早期阅读指导活动设计

（一）婴幼儿早期阅读指导活动的目标

培养婴幼儿对阅读的兴趣是早期阅读教育最重要的目标。我国学者李麦浪研究指出，"0～3岁婴幼儿图书阅读发展的总目标是对图书、图画感兴趣，喜欢听成人念儿歌、讲故事；逐步学习翻看图书的技能，并能注意或随意地翻看图书；喜欢跟着成人念图书中的儿歌和故事，用已学会的简单语句说出自己所看到的各种图书、画册的内容，在成人的指导下，回答简单的问题。"[①]据此，我们将0～3岁婴幼儿早期阅读指导活动目标概括如下。

1. 培养早期阅读的兴趣和习惯

激发婴幼儿对图书、符号、标志和文字的初步兴趣，逐步形成自觉的阅读态度和良好的阅读习惯，这是早期阅读教育的主要目标。首先要引导婴幼儿热爱书籍、养成自觉阅读图书的习惯，体验阅读的快乐；其次，要引导婴幼儿关注各种书面语言信息（包括以印刷材料呈现的各种色彩、图像、符号及文字等），使其对文字、符号产生好奇和探索的欲望，激发婴幼儿对各种符号的敏感性，引发自主阅读的积极性，养成阅读图书的良好习惯。

2. 初步掌握阅读方法和技能

让婴幼儿能在成人指导下翻阅图书，初步掌握正确的阅读方法和技能，使婴幼儿顺利阅读并从中体验阅读的快乐，这是早期阅读教育的基本目标。婴幼儿应掌握的阅读方法和技能具体包括：正确拿书的方法，分辨一本书的封面及基本结构，会用拇指和食指一页一页地翻书，能从前往后按顺序看书等。

3. 培养初步的阅读理解能力

培养初步的阅读理解能力，包括：喜欢看图书、听故事、念儿歌；能听懂短小的儿歌或故事；会给图画命名；会看画面，能根据画面说出图中有什么、发生了什么事等（进行简单的看图讲述）；初步理解图书上的文字是和画面对应的，是用来表达画面意义的。这是早期阅读的技能目标，教师应培养婴幼儿对书面阅读信息的观察模拟、预期猜测、自我调适及连贯表述等技能和能力。

（二）婴幼儿早期阅读指导活动的内容

0～6岁儿童早期阅读活动的开展主要是为儿童提供三个方面的经验：前阅读经验、

① 李麦浪，2005. 0岁，阅读的起跑线：学前儿童图书阅读与指导 [M]. 北京：新世纪出版社.

前识字经验和前书写经验。根据 0~3 岁婴幼儿阅读能力发展特点和教育要求，在早教中心开展的早期阅读指导活动应该主要为婴幼儿提供前阅读经验，具体包括听故事、看图书、念儿歌、讲故事、学识字等核心经验（表 6-1）。当然，这种分类方法仅仅是为了方便理解而进行的相对划分，在早期阅读指导活动中，这些核心经验的获得往往是整合在一次阅读活动中的。

表 6-1　婴幼儿早期阅读核心经验及代表性行为

早期阅读 核心经验	参考月龄	代表性行为
听故事	13~36 个月	● 有意听故事，但不懂内容（13~15 个月）。 ● 爱听故事，能安静地听 5 分钟故事；理解简单的情节（如人物、事件）（19~21 个月）。 ● 能分清故事中的好人、坏人，说出书中人物的职业和称呼；书中内容与现实生活的联系；关注书中人物表情；关注小细节（22~24 个月）。 ● 理解故事主要情节（34~36 个月）
看图书	6~36 个月	● 开始注意看图书，喜欢凝视图画，常抓起书试图放进嘴里，试着翻书（6~9 个月）。 ● 用五指乱翻书页、撕书（10~12 个月）。 ● 用单手或双手翻书页、用食指指点画面（13~15 个月）。 ● 用拇指和食指翻书，一次两三页（15~24 个月）。 ● 会用拇指和食指一页一页地翻；独立、有顺序地从头到尾看完一本书（24~36 个月）
念儿歌	19~36 个月	● 能说出儿歌的开头或结尾的几个字。 ● 能说两句以上儿歌。 ● 会说三字儿歌。 ● 会说 4~5 首儿歌
讲故事	13~36 个月	● 给图画中的物品命名，模仿书中人物表情或动作（12~24 个月）。 ● 多次听一个故事后，能复述其中的部分情节或对话（24~36 个月）。 ● 看图讲 1~2 句话（30~36 个月）。 ● 边翻书边看画面，并跟随画面内容，讲述一个完整的故事（30~36 个月）
学识字	18~36 个月	● 有兴趣地捧着书看。 ● 注意环境中的文字。 ● 能辨认自己的名字。 ● 认识书中常见的汉字

1. 听故事活动

听故事活动是指成人讲故事给婴幼儿听。成人经常给婴幼儿朗读或讲解各种童话故事，不仅可以建立起亲密的亲子关系，还可以帮助婴幼儿感受文学语言的优美，培养婴幼儿喜欢书、喜欢故事和阅读图书的兴趣，并逐步培养其理解文学作品的内容和情感的能力，以及培养其阅读习惯。

在讲故事活动中，教师需要对家长进行指导的主要内容有：①帮助家长了解 0~3 岁婴幼儿故事理解能力发展过程；②不同年龄段的婴幼儿阅读材料的选择；③不同年龄段的婴幼儿讲故事的方法。

2. 看图书活动

看图书活动是指婴幼儿在成人帮助下学习翻阅图书的技能，掌握正确的阅读方法，逐渐学会自主阅读。看图书活动的具体指导内容包括：正确拿书的方法，分辨一本书的封面及基本结构，会用拇指和食指一页一页翻书，能从前往后按顺序看书等。

李麦浪在研究中发现[①]，婴幼儿在阅读图书时，手部动作的发展特点随年龄的不同而有所差异：6～8个月的婴儿只将图书当成玩具，常抓起书试图放进嘴里，会试着翻书，偶尔能翻开其中一页。9～12个月的婴儿能主动拿起图书，但常用五指乱翻书页，并喜欢撕书。12个月时，能从玩具中将图书找出来，能用单手或者双手翻书页，用食指指点翻开的画面。15个月开始，部分幼儿能用拇指和食指翻书，一次两三页。2岁以后，他们会用拇指和食指一页一页翻书，但对纸张较薄的图书经常会用五指抓页或一下子翻好几页等。2～3岁的幼儿在看图书时多从图书封底后面往前翻页，多数幼儿是双手拿起读物，用两手同时捻书页打开图书，或左手拿着书右手翻书页。

3. 念儿歌活动

儿歌简短明快，浅显易懂，读起来朗朗上口，深受婴幼儿的喜爱。儿歌对增长婴幼儿的知识、扩大婴幼儿的眼界，丰富婴幼儿的语言，特别是对语音和语感的训练有着非常重要的作用。

婴幼儿念儿歌能力的发展过程：1岁以前的婴儿主要是听成人念简短的儿歌，感知儿歌的音韵；1岁以后，随着幼儿口头语言能力的发展，逐渐能跟随成人念简短的儿歌，最初是说出儿歌的开头或结尾的几个字，然后是说一句、两句以上儿歌；2岁之后，会说完整的一首三字儿歌，2岁半的幼儿会说4～5首儿歌。

在婴幼儿念儿歌的活动中，教师主要帮助家长了解婴幼儿念儿歌能力的发展过程、教婴幼儿念儿歌的方法及如何利用儿歌促进婴幼儿全面发展。

想一想：

0～3岁婴幼儿儿歌教学的方法有哪些？请跟同学讨论并分享你的看法。

4. 讲故事活动

讲故事活动是指婴幼儿在不断重复倾听的基础上，对熟悉的故事内容的复述或讲述。由于婴幼儿语言理解和表达能力有限，婴幼儿的故事复述或讲述主要是看图讲述（一幅图或只有四五页的小图书）。

婴幼儿的故事复述能力发展过程：1岁的婴幼儿能给图画中的物品命名，即认图片；1岁半以后的幼儿能模仿书中人物的表情或动作；2岁以后的幼儿能复述故事的部分情节或对话，看图讲1～2句话；2岁半以后的幼儿能在成人帮助下，一边翻书一边看画面

---

① 李麦浪，2005. 0岁，阅读的起跑线：学前儿童图书阅读与指导 [M]. 北京：新世纪出版社.

讲述一个完整的故事。

在婴幼儿故事复述或讲述活动中，教师主要帮助家长了解婴幼儿的故事复述能力发展过程，掌握用提问、动作表演、看图说话等方式引导婴幼儿观察画面进行故事复述。

5. 学识字活动

儿童早期识字行为的发展是阅读能力发展的一部分，与幼儿口头语言发展密切相联系。3 岁前，婴幼儿处于识字行为的萌发阶段，主要表现为：有兴趣地捧着书看，注意环境中的字，会给书中的图画命名，能够改编书中熟悉的故事内容，能够辨认自己的名字，开始辨认某些字，喜爱重复的儿歌和童谣。

1 岁半以上的幼儿随着图形识别能力的提高，可以开始学习认字。与小学生集中、大量、快速识字不同的是，学前儿童处于识字的准备阶段，主要是通过日常生活、游戏和早期阅读进行早期识字兴趣的培养，让他们对生活中常见的简单标记和文字符号产生感性的认识。

相关链接

0～3 岁婴幼儿各年龄段早期阅读能力培养重点内容

参考月龄	阅读能力培养重点
0～1 岁	听成人念儿歌、讲故事，具体内容如下。 ● 愿意听成人念儿歌、讲故事。 ● 试着翻书。 ● 愿意在成人引导下看图书、图片
1～2 岁	以认图片、念儿歌和翻书技能训练为主，具体内容如下。 ● 学习指认图片（给图片命名）。 ● 学念儿歌（说出儿歌的开头或结尾的几个字，说两句以上儿歌，模仿成人进行儿歌表演）。 ● 分辨书的封面及基本结构。 ● 说出故事简单的情节（如人物、事件）。 ● 用拇指和食指一页一页地翻书
2～3 岁	故事理解、故事复述训练，具体内容如下。 ● 分清故事中的好人、坏人。 ● 理解故事主要情节。 ● 学习自己看图画书。 ● 看图讲述。 ● 复述故事部分情节或对话。 ● 说儿歌 4～5 首。 ● 认识书中常见汉字

（三）婴幼儿早期阅读指导活动常用方法

朗读法、点读法、讲读法、讨论法、角色扮演法、猜结局等亲子阅读方法也是早期阅读指导活动中常用的方法，这里不再赘述（见单元二）。其实，可以从婴儿一出生就对其进行早期阅读教育，只不过不同年龄的婴幼儿其理解和表达能力不同，早期阅读的具体内容和方式方法也应该有所不同。①下面就不同年龄段婴幼儿阅读指导活动的具体内容与方法进行介绍。

1. 0～6个月婴儿的阅读内容与方法

研究表明，婴儿在满月以后就可以开展阅读教育，并且出现早期阅读的兴趣和行为。0～6个月婴儿的视觉能力在发展过程中，对颜色鲜艳、对比强烈的图画感兴趣，此时，黑白图书、玩具、图片是很好的选择（如棋盘图、靶心图等）。

• 选择图片、图形、脸谱等，要求背景简化，色彩对比强烈，主要的认知物要突出、明朗。

• 图书页面最好是大16开的，家长边指导婴儿观看画面边用语言讲解，采用"点读法"，使婴儿的注意力集中指向阅读的内容。

• 每次阅读时间为1～3分钟。

• 阅读内容不必频繁更换，应视婴儿兴趣而定。

2. 7～12个月婴儿的阅读内容与方法

婴儿手指小肌肉开始发展，开始学爬，开始有社会性需求。此时，婴儿可能会爬着去拿书，也开始有翻书的动作产生，喜欢父母重复念同一本书给他听，并且会以笑或指书的动作为响应。在内容上，以婴儿熟悉的、常见的生活用品及各种物品为主，如奶瓶、碗、衣服、水果、蔬菜、玩具、动物、家人照片、图片等。

• 学翻书：挑选撕不坏的小开本纸板书，或者有质感的小布书等，让婴儿学习翻书的动作。

• 环境也是好书：带婴儿去超市或花园里玩时，看到什么都讲解给他听。这样做不仅可以让婴儿培养语感，而且能够培养其对周围环境的兴趣。

• 说童谣：带有韵律的儿歌对婴儿来说是一种比较有趣的语言启蒙方式，边说边用手做简单的动作可以吸引婴儿的注意力。

• 重复：重复是婴儿学习语言的重要方式，一遍又一遍地说可以加深他们的记忆。

• 认图片：7个月以后的婴儿颜色视觉逐渐接近成人，可选择颜色明快、轮廓清楚、线条干净的彩色图片。抱着婴儿看大的挂图，成人指着图片说出名称，让婴儿用小手去拍拍图片中的物体；也可以和婴儿一起看照片，让婴儿找一找"妈妈在哪里"。

3. 1～2岁幼儿的阅读内容与方法

这个年龄段的幼儿手腕力度小、小肌肉发育差、手指动作的协调不好，他们想自己翻书，却常常将书撕破，因此，纸板图书、照片、塑料图书是不错的选择，这类书既轻便又不易损坏。幼儿在1岁半到2岁左右开始进入关注细小事物的敏感期，某些异型翻翻书中有隐藏物，尤其是有细小隐藏物的翻翻书，往往需要幼儿用手指抠小洞洞，将隐藏部分找出来，这类图书可以满足幼儿的探索欲望。

在内容上，由于这个年龄段的幼儿生活经验增加，对周围的事物愈加好奇，探索欲

---

① 黄娟娟，2005. 0～3岁幼儿阅读发展与培养［M］. 上海：上海科学技术出版社.

望强烈，基于这个特点，书籍内容可主要涉及两类：一类是幼儿熟悉的人物及周围环境中的东西，如花草树木、动物、家具、电器及各种生活用品；二是短小的故事，简单的童谣、儿歌等文学作品。这个年龄段的幼儿对有象声词的图书表现出特别的偏爱和期待，如《天线宝宝烤面包》中按压烤箱之后面包飞到桌面上，发出"啪"的声音；儿歌《骑马》中的"得儿，驾"，每次成人念到这些地方，幼儿都会开心大笑。

虽然 1 岁的幼儿可能还不会说话，但他们已经有很强的理解力，可以听明白成人的意思。随着他们词汇量的增多和理解能力的发展，当一本书听了很多次以后，他们可以在父母念书念到一半时，说出接下来的词汇。这时可以采取的阅读方法如下。

- 逐渐减少儿语：到了 12 个月，幼儿已经准备好接受来自成人世界的语言和句子形式，不要总对幼儿说一些叠词，应该让他们听到通常的说法，并且用完整的句子。
- 多读：故事应该成为幼儿生活的一部分，家长可以利用各种时机让幼儿读故事。如一种防水的故事书（洗澡书），可以先在洗澡前读给幼儿听，然后让他边洗边看。
- 猜结局：读故事时，先别急着告诉幼儿结果，可以让他猜一猜下面要发生的事情，等他说了，再把下面的故事情节读给他听，这样就可以教给他如何去思考自己听到的内容、问问题、预测结局并寻找答案。
- 别局限在故事里：可以结合生活情境或生活中的各种阅读材料进行阅读，如家长做菜时的菜谱、各种购物袋和包装纸、报纸杂志上的新闻图片、影集里的照片、马路上的广告牌、公园里的小花、墙上的宣传画等，都是阅读内容。也可以从旧画报、广告纸上剪下图片，做成 4～5 页的自制图书。

4. 2～3 岁幼儿的阅读教育内容与方法

在材质上，可更多地选择故事性质的纸板图书，如婴儿画报、撕不烂的书、立体纸板图书。此外，还可以选择可反复使用的贴纸书、立体图书，这会让阅读变得像游戏。

在内容上，短小、情节与对话简单、主题鲜明、以小动物为主角的图书往往会受到幼儿的青睐。随着幼儿生活经验的增加，内容应更为丰富，如提高语言能力、培养优秀品质、培养良好习惯、开阔视野、培养生活情趣与情绪情感等方面。另外，有韵律的儿歌、童谣、唐诗、故事等也会让幼儿感觉好玩。

此时的幼儿开始认真探索书中的内容，特别会注意书中的小细节，并且喜欢为书里的东西命名，也喜欢问问题和回答问题。幼儿对具有简单情节、有更多细节和动作的书更喜欢。同时，随着幼儿词汇量的增加，对句子的理解能力也大大增强，稍微复杂一点的句子也会说了，这时可以采取的阅读方法如下。

- 读他喜欢的书：熟悉的书可以增强幼儿的自信心，让他感到自己什么都知道，像个小专家。可以边读边让幼儿填空，这样会让他非常自豪。
- 考虑主题：幼儿喜欢哪方面的内容，就为他挑选同类的书，这样可以增强幼儿的阅读兴趣。
- 联系现实：把书中内容和现实生活联系起来。比如，幼儿在湖边看见小蝌蚪游来游去，可以问他："它们是小蝌蚪吗？它们是不是正在找妈妈？"这样做可以引起幼儿对阅读内容的回忆，增加他的词汇量和理解力。

- 充当主人公：阅读时可以把幼儿或家人编进故事当中，并用故事的内容来教育他什么是正直和诚实等品质。

- 听故事回答问题：讲完故事后，让幼儿回答与故事相关的问题，帮助幼儿理解故事内容。例如："故事里有谁呀？""故事里×××做什么事情啦？""故事里×××去哪里了？"

- 看图说 1～2 句话：让幼儿用 1～2 句话描述一幅画面简单的图片，如画面上有什么东西，或画面上的人物在干什么。也可以让幼儿模仿画面上人物的表情或动作。

早期阅读基本方法

四、婴幼儿早期阅读指导活动的组织实施

（一）第一步：成人讲述，婴幼儿感知作品

教师通过示范讲述，让婴幼儿初步感知和理解作品。针对不同年龄段，不同的阅读内容，可以有多种讲述方式，常用的有浏览、朗读、命名讲解、角色表演、播放视频等。

浏览：在看一本书前，教师引导婴幼儿看看书的封面，浏览一下整本书，让婴幼儿想想这本书是关于什么内容的，再开始讲解。

朗读：成人将图画书中的文字大声地读给孩子听，主要锻炼婴幼儿的倾听和感受能力。0～3 岁婴幼儿的图画书，故事性弱，情节简单，文字很少甚至没有文字。在这种情况下，教师要朗读的故事必须经过很好的语言准备，否则没办法让婴幼儿感受到故事的内容与情感。

命名讲解：让婴幼儿辨认每一页上的物体、动物、人等，和婴幼儿谈论一些细节，如物体的颜色、人的衣服等，或用生动的语言从头到尾讲述故事。

角色表演：教师根据作品内容，通过扮演角色，用动作、表情、语言等形式（如手偶、木偶表演）再现作品。

播放视频：播放与作品内容相关的视频短片，视频长度尽量控制在 5 分钟以内。如《好饿的毛毛虫》就是毛毛虫吃东西、变蝴蝶的视频短片。

具体采用哪种讲述方式，可根据作品进行选择。例如，图书《蹦》作为 3 岁前婴幼儿阅读的经典作品，非常适合快要学跳的婴幼儿，教师在讲述时常常采用命名讲解与角色表演相结合的方式。书中有多种动物，它们有一个共同动作"蹦"，故事非常简单，但对处于语言学习中的婴幼儿来说，没有什么比自己的预期被证实更兴奋的事了，所以每次讲到一个动物，婴幼儿都会兴奋地说"蹦"，并模仿教师做"蹦"的动作。

（二）第二步：提问引导婴幼儿复述，初步理解故事内容

听完故事，问一些关于人物、情节的问题，如"故事里有谁？它们在做什么？"或"这是谁？发生了什么事？它怎么了？"。可以观察婴幼儿理解了多少内容，能否说出故事的人物、事件等信息，有利于婴幼儿语言理解和表达能力的发展。

提问可以突出阅读材料的重点、难点，帮助婴幼儿更好地理解阅读材料的内容。如果婴幼儿当场不能复述也没有关系，随着婴幼儿的成长及早期阅读经验的增加，他们会慢慢学会与成人互动。教师提问的主要类型有感知性问题、记忆性问题、知觉理解性问题、解释性问题、综合应用性问题等。

相关链接

早期阅读活动中教师提问的方式

1）针对记忆的提问。这类问题的答案是确定的，如故事叫什么名字？故事里都有谁？谁说了什么？等等。

2）针对细节的提问。这种类型的提问，需复述细节，这往往能激发学前儿童的情绪。因为细节描述既可以讲，也可以做出表情或动作。例如，在《猴子学样》中，小猴子为什么要把老爷爷的草帽拿走？它们是怎样拿走老爷爷的草帽的？再请学前儿童表演猴子学老爷爷的动作。通过讲和演，突出猴子的淘气和老爷爷的机智。这些细节可以让学前儿童感受到人物的形象和性格，在此基础上自然能理解某些词的意义并准确地表达。

3）针对情感识别与匹配的提问。让学前儿童对文学作品中某一角色的情感与学前儿童自己生活中的情感体验及作品中其他人物的情感进行识别和相应的匹配。例如，什么时候谁会这么高兴或难过？你在什么时候也会这么高兴或难过？

4）针对作品主题或情节的提问。例如，你喜欢故事里的谁？喜欢他什么？为什么？在3岁前只要求用生活经验或自我中心的回答。

5）针对作品中文学语言的提问。文学语言的学习是文学作品阅读活动的重要目标之一。教师应将作品中学前儿童需要感知和学习的词汇提出来，以引起学前儿童对文学语言的敏感性和初步的兴趣。例如，"蹦蹦跳跳""安安静静""乌云密布""汗流浃背"这些词好听吗？为什么好听呢？这些词是什么意思？

（资料来源：张明红，2006. 学前儿童语言教育 [M]. 上海：华东师范大学出版社.）

（三）第三步：亲子互动，巩固理解故事内容

父母及其他家庭成员在婴幼儿的阅读过程中占极其重要的位置。在亲子互动环节中，家长与孩子坐在一起阅读，既是一种温馨的享受，也是一个学习的机会。家长用表情、神态、声音、动作向孩子传递信息，让阅读变得好玩，并告诉孩子书中讲述了什么故事。当然，家长也可以学着用表演部分情节、提问的方式引导孩子理解与表达。例如，阅读《猜猜我有多爱你》时，家长可以和孩子一起扮演大兔子和小兔子，张开手臂、举起手臂、跳高等，引导孩子说"我爱你有这么多"。

（四）第四步：开展相关活动，迁移作品经验

经过教师讲述（初步感知作品）、提问交流（初步理解故事内容）、亲子互动（巩固

理解故事内容）几个环节后，可结合故事主题开展相关活动（如手工制作、绘画、表演、亲子游戏等），回顾故事内容或情节，以增进婴幼儿对故事内容的理解。例如，阅读《好饿的毛毛虫》时，可以提供彩色卡纸图片、双面胶、夹子，让家长和孩子一起完成毛毛虫的手工制作，或一起跳舞蹈"蝴蝶真美丽"，或组织"毛毛虫爬行比赛"的亲子游戏等。

（五）第五步：总结讲评，布置家庭延伸活动

教师总结此次活动开展的效果，并就家长和婴幼儿在活动中的总体情况进行点评；也可以组织一个简短的家长沙龙，家长之间进行经验分享；介绍家庭中开展亲子阅读活动或进行家庭阅读环境创设的方法。

例如，"今天宝宝们都很喜欢《好饿的毛毛虫》的故事，能够指认图片中的常见事物，知道故事的大概情节，个别宝宝能够在成人的提示下进行部分情节的复述。请家长在日常活动中，引导宝宝认识故事中的人物、物品，通过给孩子讲故事、看与故事内容相关的视频等形式，帮助宝宝理解并记忆故事情节。家长在给孩子讲故事时应融入感情，适当夸张，吸引孩子的注意，同时可采用完整阅读故事、指图讲述故事、模仿故事人物和孩子游戏等多种方式讲述故事。在孩子熟悉故事后可向孩子提简单的问题，帮助孩子理解故事。"

又如，"在家里可以做的事情有：①在固定的时间环节和宝宝进行亲子阅读，如在入睡前、晚饭后等；②角色扮演游戏，家长和孩子扮演故事里的角色；③讲解生活中遇到的标志、标签，如食物标签、超市的宣传单、公共厕所、垃圾桶的标志、交通标志等"。

活动案例

故事"好饿的毛毛虫"（25～30个月）

活动名称：好饿的毛毛虫		年龄：25～30个月
场地：室内教室		人数：16人（家长8人、孩子8人）

	家长学习目标	宝宝发展目标
活动目标	1）知道25～30个月幼儿故事理解能力水平： ① 安静听5分钟故事。 ② 听故事后，能理解简单的情节。 ③ 多次听一个故事后能复述其中的部分情节。 2）掌握开展亲子阅读的方法。 3）观察宝宝理解故事的能力，了解宝宝理解故事的水平。	1）能安静地听故事。 2）能初步理解故事情节。 3）能进行部分故事情节的复述。
活动准备	1）毛毛虫手偶、托盘。 2）苹果、梨、李子、草莓、橘子、树叶、棒棒糖、蛋糕等大卡片若干，中间剪一道弧形口子（能将手臂穿过）。 3）幻灯片，大图书一本，每个宝宝一本绘本《好饿的毛毛虫》，视频《毛毛虫变蝴蝶》（2分半钟）。 4）音乐《蝴蝶真美丽》、《和兰花在一起》、《菊次郎的夏天》、《hello歌》、《毛毛虫变蝴蝶》（剪切版），温馨的亲子阅读环境。	

家长指导	1. 此游戏教育价值 绘本阅读是培养孩子语言理解与表达能力的重要手段，能提高孩子对有逻辑关系的语段的理解能力。绘本阅读作为早期阅读的一种，能培养孩子的阅读兴趣和良好的阅读习惯，并有助于孩子注意力的培养，为今后的学校学习奠定基础。 2. 家长提示 家长在给 3 岁前的孩子选择绘本时，应注意选择故事简短、人物情节简单、画面生动、图片表现力强的图画书，如《我爸爸》《我妈妈》这类图画书，勿选择篇幅较长的格林童话、安徒生童话等，这些更适合 4 岁以上的儿童。
活动过程	按代表性行为一、二、三的难度层层递进，家长可以帮助孩子选择自己最适合的游戏，进行故事理解的训练： 一、热身活动：蝴蝶真美丽 活动目标：在模仿蝴蝶飞的动作过程中舒展身体，愉悦情绪。 活动准备：巧虎音乐《蝴蝶真美丽》。 活动过程：老师带领孩子和家长一起跟着音乐做蝴蝶飞、踏步、拍手的动作。 二、点名活动：毛毛虫找朋友 活动目标：熟悉同伴和自己的名字，敢于在众人面前展示自己。 活动准备：毛毛虫手偶一个。 活动过程： 1）老师：毛毛虫找朋友，听听它要找谁做它的好朋友。被请到的孩子过来给毛毛虫做自我介绍。家长鼓励孩子自己走到老师身边做自我介绍。 2）老师唱：…… 3）被唱到名字的孩子在老师身边坐下后，老师引导孩子说自己的名字，并说"大家好"。 三、主题活动 1. 神奇的宝箱（导入） 家长提示：这个环节主要是引导孩子认识故事中即将出现的角色和物品，既有助于孩子更好地理解故事，又可以帮助孩子积累名词。在家庭中给孩子讲故事前也可以这样做铺垫。 1）变变变。老师：这儿有一个神奇的箱子，它里面有好多东西，我们一起来摇摇看吧。 2）老师逐一引导孩子认识盒子里变出来的物品，再请家长引导孩子认识盒子里变出来的物品（毛毛虫、苹果、梨、李子、草莓、橘子、树叶、棒棒糖、蛋糕等）。 等级一：能安静地听故事——初步感知作品 2. 快乐阅读 1）第一遍，老师利用幻灯片或大书，完整朗诵故事《好饿的毛毛虫》。 2）第二遍，老师用毛毛虫手偶和图卡表演讲述故事。老师在讲述毛毛虫吃了某食物时，用手偶和食物图卡做吃食物状，并夸张地发出"啊呜啊呜"声，把吃掉的食物大图卡套到手臂上。 3）每页故事均引导孩子学毛毛虫吃东西的样子。 4）老师提问：宝宝们，毛毛虫吃了什么东西？ 等级二：能理解简单的故事情节——初步理解故事内容 3. 亲子爬行游戏：毛毛虫吃水果 1）亲子爬行游戏比赛。 老师先示范动作，并指定起点、终点，在终点处放水果大卡片若干。家长于起点处坐在地上，两腿并拢微曲前伸，孩子面对家长，坐在家长的腿上，双手扶住家长。 伴随音乐，老师喊"开始"，家长与孩子前往终点模仿毛毛虫吃水果的样子，将吃掉的水果套在手臂上，然后回来。可重复两次。 2）孩子自己学毛毛虫爬向水果，将水果放在腿上运回家（起点）。 3）游戏结束后，老师提问："宝宝们，毛毛虫吃了什么东西？怎么吃的？" 等级三：进行部分情节的复述——巩固理解故事内容

活动过程	4．亲子剧场：毛毛虫变蝴蝶 1）播放视频。老师跟随视频进行简单提示："这是卵，毛毛虫出来了，它一伸一缩地爬去找吃的，它吃饱了，爬到树上做了个茧，睡了一觉，变成了美丽的蝴蝶。" 2）第二遍播放视频，成人引导孩子讲述。 建议提问： ① 这是什么？ ② 毛毛虫在做什么？（爬）学一学 ③ 毛毛虫在吃什么？ ④ 毛毛虫变成什么了？ 家长提示：在孩子听完故事后进行简单的问答练习，可以帮助孩子理解和记忆故事内容，锻炼孩子的思维和语言表达能力。家长在引导提问时应简洁，问题不宜太难，应在故事讲述中直接告知情节。 5．精细动作游戏：毛毛虫站起来（拇指、食指对捏能力）——开展相关活动，迁移经验 1）老师示范用 6 张彩色图片卡纸排列粘贴成毛毛虫。 2）引导孩子自己排列粘贴毛毛虫。 3）老师示范拇指、食指对捏塑料夹，夹在毛毛虫身上，夹 3～4 个夹子，并将毛毛虫竖立放在地上。 4）家长引导孩子操作练习拇指、食指对捏塑料夹。 6．放松活动：毛毛虫变蝴蝶 播放儿歌，老师和孩子跟随音乐学习毛毛虫爬和蝴蝶飞。
家庭延伸活动	在家里可以做的事情如下。 1）在固定的时间和孩子进行亲子阅读，如入睡前、晚饭后等。 2）角色扮演游戏，家长和孩子扮演故事里的角色。 3）和孩子一起听有声故事，复述故事里的精彩情节或对话。

（教案撰写：张远丽）

实践活动

活动一：早期阅读教育活动观摩与评析。

要求：到早教中心或绘本馆进行早期阅读现场教学观摩（或观看早期阅读教学视频），观察并详细记录教学活动过程，对整个活动过程进行分析与评价，同时提出改进措施。

活动二：早期阅读指导活动的设计与组织。

要求：自选活动主题，分别为早教中心 0～1 岁、1～2 岁、2～3 岁婴幼儿设计早期阅读指导活动方案，并选择其中一个方案到早教中心试教，试教结束后进行教学反思。

拓展练习

练习一：创意图书制作大赛。

要求：利用不同材质，自选主题制作图书，然后在全班举行一次创意图书制作展示评比活动。

练习二：方案策划。

要求：策划家庭阅读环境布置方案，为家长整理一份针对 3 岁前不同年龄段婴幼儿的购书清单。

推荐阅读

1．黄娟娟，2005．0～3 岁幼儿阅读发展与培养［M］．上海：上海科学技术出版社．

2．汤蕾，岳爱，关宏宇，2022．0～3 岁婴幼儿早期阅读的理论与实践［M］．上海：华东师范大学出版社．

3．吉姆·崔利斯，2009．朗读手册［M］．沙永玲，等译．海口：南海出版公司．

4．松居直，2013．幸福的种子［M］．南昌：21 世纪出版社．

案例篇

单元七
0~1岁婴儿语言指导活动

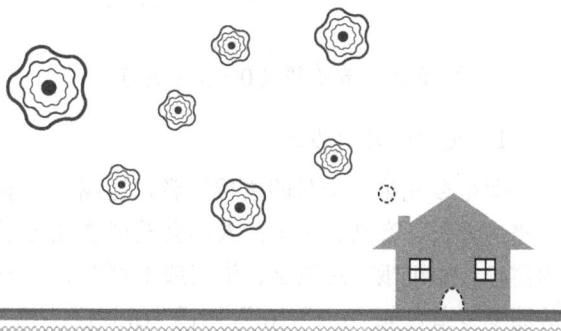

【学习目标】

1. 了解0~1岁婴儿语言发展阶段及特点。
2. 掌握0~1岁婴儿语言指导活动的目标及内容。
3. 尝试运用活动案例进行模拟教学活动组织。

【学习要点】

1. 0~1岁婴儿语言发展特点。
2. 0~1岁婴儿语言指导活动的目标及内容。
3. 0~1岁婴儿语言指导活动案例。

【单元导读】

　　0~1岁处于语音敏感期，是婴儿语音感知能力、发音能力和语言理解能力初步发展的时期。在大量听音、发音练习的基础上，他们逐渐从咿呀学语过渡到模仿发音，在1岁左右开口说话。当然，在婴儿正式开口说话前，他们可以通过不同哭声、面部表情、动作、手势，甚至"嗯嗯啊啊"的语音来表达他们的需求，与家长进行交流。

　　本单元结合0~1岁婴儿语言发展特点，介绍0~1岁婴儿语言指导活动的目标及内容，并分别列举了早教机构、托育机构和家庭中的语言活动案例，为教师和家长开展0~1岁婴儿语言指导活动提供参考。

一、0~1岁婴儿语言发展阶段及特点

　　在婴儿学会使用语言之前，他们会通过哭、咕咕声、咿呀声、身体姿势来表达自己的需要和情感，这些往往被称为前言语。婴儿识别、理解语言及使用有意义手势的能力会不断提高，通常婴儿在1岁左右开始说第一批词汇。所以，0~1岁是婴儿言语发生的准备阶段，又称为前言语阶段（prelinguistic 或 prespeech stage）或语音核心期。婴儿在这个时期，感知声音、感知辨别语音、正式说话前的发音练习、前言语表达等能力的发展为后续真正开口说话打下了基础。

　　前言语阶段具体可以分为简单音节、连续音节和学话萌芽三个阶段，每个阶段都有各自的特点。

（一）简单音节阶段（0～3个月）

1. 发音以哭叫为主

哭是婴儿第一个月的主要发音，这属于反射性发音。在这个月，婴儿学会了调节哭叫声的音长、音高、音量，人们会发现婴儿会用不同声调、类型、强度的哭声表示不同的需求，如饥饿、想睡觉、生气或不舒服。一个月后，婴儿偶尔会在清醒的时候发出一些简单音节，如"ou""ei""m""ahhh""o"等音。

2. 对语音敏感，具有一定的辨音水平

人类的语言不是从会说话的那天开始的，感知声音为婴幼儿提供了学习语言的前提条件。个体从什么时候开始感知声音呢？美国国家地理频道播出的《子宫日记》用 4D 动态立体扫描科技呈现了子宫内的世界，在第 13 周时，胎儿的耳朵首次听见了母亲身体因肠道蠕动等产生的汩汩声与隆隆声。凯斯莱夫斯基（Kisillevsky）等对 60 名胎儿听母亲和陌生人朗读过程中的心跳频率研究证明，婴儿在出生前就能够准确地区分出母亲的声音和其他人的声音[①]。以上研究都说明胎儿已具有听力。

新生儿对人类语音，尤其是母亲的声音有敏锐的感受能力。德卡斯珀和菲弗（De Casper and Fifer）对新生儿听母亲和陌生人录音时吸吮频率反应实验表明，婴儿能够辨别母亲的声音，而且和陌生人的声音对比，他们更偏爱母亲的声音。加拿大珍妮特·韦尔克（Janet Werker）博士用实验证明了胎儿在子宫里就开始学习语言的特征，而且证明新生儿出生后偏好母亲的声音胜过他们不熟悉的声音。可见，新生儿已具有一定的辨音能力。

3. 与成人面对面"交谈"时，产生交际倾向[②]

婴儿的前言语交际其实在出生后不久就开始了。两个月左右时，在舒适的情况下，婴儿会对成人的逗弄和语言刺激报以微笑，用声音或者身体动作来应答，好像在和成人"交谈"一样。如果成人给予婴儿足够的刺激，一些婴儿还会在这时发出笑声。

4. 能发出一些简单的音节，多为单音节

两个月时，婴儿在睡醒或吃饱穿暖后躺着时，会发出愉快的自言自语的声音。此时，婴儿基本韵母发音较早，声母还很少，主要是"h"音，有时是"m"音。这些音多为嘴巴张开，气流从口腔经过，不用经过阻碍就可以发出的声音。需要注意的是，即使是有听觉障碍的婴儿，也能以正常的方式咿呀发声，只是在一岁左右突然停止了，可能是因为他们缺乏听到自己声音的鼓励和强化。

在婴儿两个月后，注意模仿开始有进展，尝试模仿注意现象时有发生，许多音听起来似乎就是注意对象先前所发出的。有时还出现了与成人咿呀对话的现象，可长达数分

① 赛尔日·西科迪，等，2008. 100 个心理小实验：帮你更好地了解宝宝 [M]. 王文新，陈明媛，李美平，译. 上海：上海社会科学院出版.

② 张明红，2013. 0～3 岁儿童语言发展与教育 [M]. 上海：华东师范大学出版社.

钟。伴随着模仿和"对话"，母语对婴儿的影响也就开始了。

两三个月后的婴儿的音节发音已与情景发生关系。曼纽克发现，当婴儿焦急或不舒服时常发出"i"和"e"等音，而在愉快状态下则较多发出"a""o""u"等音。可见，这些音节已具有信号作用，比起上一阶段的哭叫声进一步分化。这些音节信号还远远不是词的信号，但无疑是将来词的信号出现的前奏。

5. 能够把声音与脸结合在一起

有一个很有趣的实验，实验人员让10~16周的婴儿观看女性说话的录像带，有时候女性说话的声音跟她嘴巴的动作完全同步，有时候声音出现的时间大约比嘴巴的动作晚了400毫秒（将近半秒），嘴巴动作与声音不同步时婴儿转头不看录像带的频率是同步时的两倍，这是一项令人相当惊讶的发现。成人因为已经看惯人说话的口型，同时自己也有能力作出动作发出说话的声音，所以当他们看到声音与嘴巴动作不同步时会觉得不舒服，一点也不足为奇。然而，谁能想到10周的婴儿也会有相同的反应。连说话都不会的婴儿怎么会知道嘴巴的动作与声音不同步呢？虽然我们不知道婴儿为什么具有这种能力，但无疑这种能力为婴儿语言的学习带来了极大的便利。

（二）连续音节阶段（4~8个月）

1. 经常发连续音节，出现近似词的发音

这一阶段婴儿的发音出现了更多的元音和辅音，并能把元音和辅音结合连续发出，如"à-dù""en-ei""a-m"等。

6个月后，出现了较多的重叠性双音节和多音节，如"dù-dù""ma-ma-ma""hai-hai""en-ei-ei-jia"等。

6个月后，开始发出和词极为相似的声音，如"dà-dà""ma-ma""ge-ge"等。婴儿独自玩的时候或对成人的逗弄作出反应的时候，他们操练着这些更接近说话的声音，这是婴儿从愉快舒适的单音发声向表示具体意义的词语发声的转换过渡。

2. 能辨别一些语调、语气和音色的变化

这一阶段的婴儿除了能区分母亲和其他人的声音外，还能区别男声和女声的声音、熟悉和陌生的声音、愤怒和友好的声音等。当父母用愉快的语气和婴儿说话时，语调会出现升扬的变化，这一阶段的婴儿能用微笑和"噢噢"声作出反应。当父母用悲伤的语气和表情和婴儿说话时，语调变得低、慢、弱，婴儿会悲伤甚至哭泣。对熟悉的声音，婴儿会出现更多的微笑；对陌生的声音，婴儿会表现出好奇，睁大眼睛仔细倾听；对愤怒的声音，婴儿更多会出现愣住、紧张害怕、躲入母亲怀抱或大哭等反应。

3. 懂得简单的词、手势和命令，理解能力具有情境性

由于成人不断给予婴儿语言刺激，这一阶段的婴儿能辨别家人的称呼，并会指认一些日常物品。这一阶段，婴儿的理解能力具有极强的情境性。婴儿不一定懂得成人说话的真正含义，通常是根据成人说出这些词语时的不同语调和手势来判断。

4. 出现"小儿语"，会用语音吸引成人的注意

这一阶段，婴儿的咿呀学语开始变化，变成一种形式相当复杂而又独特，令人难以听懂的"小儿语"，这些"小儿语"听起来似乎含有提出问题、发出命令和表达愿望等不同意思，但具体是什么并不清楚。当把同龄婴儿放在一起时，则会发现他们用"小儿语"交谈甚欢，这是婴儿语言真正产生之前的最后准备性练习。随着年龄的增长，他们会缩小"小儿语"的范围，并开始关注他们所熟悉的家庭中更容易听到的语言，而其他的声音则会逐渐消失。

5. 与成人交往中出现学习交际"规则"的雏形

这一阶段的婴儿常常能吸引看护者与他们进行对话，婴儿已会在发出语言后等待成人的回应。在这个不断建立的类似交谈的互动活动中，婴儿和成人之间的相互影响得以持续下去，具体有以下表现。

1）对成人的话语逗弄给予语音应答，仿佛开始进行说话交谈。

2）在用语音与成人"对话"时，婴儿出现与成人轮流"说"的倾向，即成人说一句，婴儿发几个音，成人再说一句，婴儿再发几个音。这种语言交往的对话规则雏形，表明婴儿开始敏锐地感觉到人们语言交往的基本要求。

3）当成人和婴儿之间的一段"对话"结束后，婴儿会用发一个或几个音来主动引起另一段"对话"，从而使这种交流延续下去。

4）婴儿在 4～10 个月期间，逐渐学会使用不同语调来表达自己的态度，这种表达往往伴以一定的动作和表情。

（三）学话萌芽阶段（9～12 个月）

1. 不同音节的连续发音增加，能模仿和重复成人的发音

这一阶段的婴儿开始发出不同的连续音节，并且明显比上一阶段增多。上一阶段婴儿发音多是重复同一音节，这一阶段婴儿重复连续音节加长。

音调也开始明显多样化。音调除了一声之外，出现了更多的二声、三声、四声，之前那种单调的声音已变得抑扬顿挫了，形成了语调，听起来更接近成人的正式发音。如"jià-dà""ai-yé-yé""à-lù-fù""è-e-è-è""ba-béi"等。

在婴儿期，模仿是人类语言发展的关键因素。9～10 个月期间，婴儿会有意模仿听到的声音，但并不理解。一旦学了某些声音，婴儿便会以某种方式把这些声音串联起来，听起来像语言。对声音的模仿会逐渐变成对音节的模仿，表现为学成人说话。当婴儿熟悉了词汇和短语的声音，便开始赋予它们意义。

模仿语言须具备感知声音之间细微差异的能力，婴儿在出生时甚至出生前便拥有了这种能力，但值得注意的是，在婴儿 10～12 个月的时候，婴儿逐渐对不经常听到的声音失去敏感性。

2. 开始真正理解成人的语言

有调查显示[①]，家长认为孩子能理解的词，8 个月时平均为 36 个，10 个月时平均为 67 个。怎样判断婴儿是否理解成人的话语呢？一般可采用"话语反应判定法"，即在自然语境中观察婴儿是否对语言刺激作出恰当反应，如果能作出恰当反应则可判定婴儿对该话语已经理解。例如，问"妈妈在哪里"，婴儿能把目光或头转向妈妈或用手指向妈妈，这就是合适的反应。

李宇明（2004）研究发现，8~9 个月时，可对"跟妈妈再见""给姐姐吃"等祈使句和"门在哪儿？""要苹果？"等疑问句作出理解反应。10 个月后理解反应快速发展。到 1 岁时发生理解反应的祈使句有：

- 拍不倒翁睡觉。
- 赶快答应。
- 不要/别动。
- 来，吹吹就好了。
- 让爸爸拿给你。
- 把皮球捡起来。
- 把帽子给小熊戴。
- 用毛巾擦嘴。
- 亲亲爸爸，爸爸抱你去看小狗。
- 吃一口，去看大狮子。

发生理解反应的疑问句有：

- 吃不吃？
- 干什么？
- 把马放在哪儿？
- 电灯在哪儿？
- 还有一个叔叔呢？
- 你几岁了？
- 喝牛奶吗？
- 狮子是怎么叫的？
- 什么地方想吃？
- 是渴了吧？
- 还喝吗？
- 不吃了？

3. 语言交际功能开始扩展，手势交流增多

10 个月之后，婴儿的前言语交际具有了语言交际功能。虽然婴儿还不会用说话的方

---

① 袁萍，祝泽舟，2011. 0~3 岁婴幼儿语言发展与教育 [M]. 上海：复旦大学出版社.

式清楚地表达自己的意见，但他们能通过语音、动作、表情的结合进行交流。主要表现在两个方面：①能执行成人简单的指令，并建立相应的动作联系，如成人说"跟妈妈再见"，婴儿就会挥动小手；②一定的语音能和实体相联系，但缺少概括性，如说"灯"，婴儿会用手指卧室的灯，其他的灯则不用手去指。

这一阶段的婴儿会逐渐使用语音、语调、动作、表情相结合来达到各种交际目的。这种情境性的表达意见产生了陈述、否定、疑问、感叹、祈使等各种句式意义。例如，这一阶段的婴儿会用手指着一个物体，同时发出声音表示自己想要它。在 9～12 个月期间，婴儿通常会掌握一些常规的社交手势：摆手示意"再见"，点头表示"是的"，摇头表示"不是"。在 13 个月的时候，婴儿能更多地使用精细的象征性手势：举起一个空杯子放在嘴边表示自己想喝水，或者举起自己的胳膊表示想被人抱。有的婴儿会使用面部动作和表情：吹风表示"热"，用力闻表示"花儿"或"香"，皱眉和撇嘴一起表示"臭"。

手势的交流在 9～12 个月的时候开始，此时婴儿触摸或拿着物体，并且确认成人注意到了或正看着它，或者婴儿通过指向或做手势"引导"成人作出什么。此时如果成人为该物体命名或描述婴儿拿着的物体或做的手势，就能促进婴儿语言的发展。在 2 岁之初，单词和短语的表达与运用手势相结合使幼儿的交流更准确。随着词汇的增加和叙述能力的增强，到 2 岁末幼儿的手势逐渐减少。[①]

与 1 岁以内小宝宝沟通的技巧

4. 开口说话

一般在 1 岁左右，婴儿说出第一个有意义的词，这时说出了能够被理解、有目的使用的词，而不是随意发出的语音，这是儿童语言发生的标志，也有人将此称为婴儿语言发展的里程碑。一般在 1 岁时，婴儿可以说出 20 多个词汇，多为名词和动词。

二、0～1 岁婴儿语言指导活动目标及内容

（一）0～1 岁婴儿语言指导活动目标

1）能听懂一些名词、动词等简单的词汇。

2）能模仿简单的发音。

3）会用简单的声音、表情、动作、语言表达自己的需求。

4）愿意听成人朗读简单的故事或儿歌。

（二）0～1 岁婴儿语言指导活动内容

这一阶段婴儿的语言发展重点是进行听音和发音练习，在丰富的语音感知基础上，逐渐培养婴儿语言理解和表达能力。0～1 岁婴儿语言指导活动内容见表 7-1。

---

① 琳达·杜威尔-沃森，等，2011. 婴儿和学步儿的课程与教学［M］. 苏贵民，陈晓霞，译. 5 版. 北京：人民教育出版社.

表 7-1　0~1 岁婴儿语言指导活动内容

语言能力	0~8 个月	9~12 个月
语言理解	以感知声音和感知语音训练为主，具体内容如下： ● 声源方位辨别； ● 语气语调辨别； ● 不同人语音辨别； ● 叫名字回头	以名词、动词理解训练为主，具体内容如下： ● 辨别家人的称呼； ● 指认日常物品； ● 指认五官； ● 执行简单的动作指令（如欢迎、再见）； ● 听懂禁令（否定句）
语言表达	以语音模仿训练为主，具体内容如下： ● 单音节模仿练习； ● 连续音节模仿练习； ● 模仿弄舌或咳嗽声； ● 模仿手势（如拍手、再见）	动作表达和模仿发音训练，具体内容如下： ● 点头表示"要"，摇头或推开表示"不要"； ● 指向某物或做手势表明愿望和需要； ● 模仿发单字音（如拿、走）； ● 模仿动物叫声； ● 用手指表示 1 岁
早期阅读	听成人念儿歌、讲故事，具体内容如下： ● 愿意听成人念儿歌、讲故事； ● 试着翻书； ● 愿意在成人引导下看图书、图片	

三、0~1 岁婴儿语言指导活动案例

（一）早教机构语言指导活动案例

早教机构语言指导活动案例如表 7-2~表 7-4 所示。

表 7-2　名词理解活动"开心果做游戏"（7~12 个月）

活动名称：开心果做游戏 场地：亲子教室		年龄：7~12 个月 人数：16 人（8 个家长、8 个宝宝）
	家长学习目标	儿童发展目标
活动目标	1）知道 7~12 个月龄段宝宝的名词理解能力。 ① 代表性行为一：知道家人的称呼。 ② 代表性行为二：认识身体器官名称。 ③ 代表性行为三：会指认日常物品。 2）学会教宝宝理解名词的方法。 3）知道本次活动的家庭延伸内容及注意事项。	1）知道家人的称呼，能从图片中指认自己的家人。 2）听到五官名称后，能指出洋娃娃的五官。 3）会指认日常物品 5~20 个。
活动准备	1）自带家庭成员的近期生活照片若干张（如单人照、全家福、家人与朋友合照各一张）。 2）音乐《小手拍拍》。 3）自制互动课件《五官配对》，仿真娃娃若干个，单一的五官图片各一张，镜子，自制教具 KT 板脸谱（每张脸谱图的其中一处五官部位被挖空，如一张脸谱眼睛有孔，一张脸谱鼻子有孔，一张脸谱嘴巴有孔）。 4）装有发声玩具等物品的袋子若干个（内装发声玩具、鞋子、袜子、毛绒玩具、勺子、碗、奶瓶、球等）。	

家长指导	1. 游戏价值 本次活动的目的是名词理解。婴幼儿语言发展是先理解、后表达。名词理解是最早表现出来的语言理解能力，7～12 个月的宝宝逐渐懂得词的含义，这是宝宝正式学习语言的信号，为后面词语、句子的理解和表达打下基础。7～12 个月宝宝的名词理解能力表现为 3 个等级：知道家人的称呼、认识身体器官名称、会指认日常物品。此时期，成人多说婴幼儿身边人、物的名称，婴幼儿多感知、多指认，就能逐渐理解名词的含义。 2. 家长提示 1）请家长在活动中注意观察宝宝的表现，可根据宝宝的兴趣和能力选择适合的游戏。 2）在游戏中，尽量放手让宝宝自己尝试完成任务，家长不要包办代替。 3）及时对宝宝的行为进行鼓励（如亲吻、拥抱等）。 3. 发放儿童行为观察记录表 提示家长观察内容要点。
活动过程	热身、点名环节（略）。 1. 导入活动 念儿歌《手指一家》。 1）教师伸出手，示范边念儿歌边做动作。 2）请家长握住宝宝的手，模仿老师边念儿歌，边做手指动作。 2. 主题游戏 （1）代表性行为一：知道家人的称呼 游戏：猜猜这是谁。 1）家长拿出爸爸妈妈的单人照，问："哪个是妈妈？哪个是爸爸？"让宝宝指认。 2）家长拿出全家福照片，让宝宝逐一指认。 3）家长拿出家人与朋友的合照，让宝宝指认家人。 提示：在宝宝指认家人照片后，可以教宝宝说出家人称呼。 （2）代表性行为二：认识身体器官名称 游戏 1：洞洞里面有什么。 1）教师出示一套有 4 张不同脸的 KT 板图，每张图上的脸都缺一处五官，缺的部分挖空。"刚才你们都看了爸爸妈妈的照片，现在就看看，这张图的洞洞里面有什么呢？" 2）教师将嘴巴有孔的脸谱放在自己的脸上，露出嘴巴说："嘴——巴——"接着，双唇相碰发出"吧——吧——"的声音，然后逐一将脸贴近其他脸谱，展示眼（眨眼）、鼻（发鼻音）、耳（用手拉一拉），边表演边解说五官的名称。 3）亲子互动。家长领取一套 4 张不同脸谱的 KT 板图，和宝宝重复刚才的游戏。 游戏 2：儿歌《笑哈哈》。 1）教师示范边念儿歌边做动作：捏鼻子，拉耳朵，摸头发，指眼睛，笑哈哈。 2）家长和教师一起念儿歌，一边念一边在宝宝脸上做动作，让宝宝感受五官的名称和部位。 游戏 3：找五官。 1）教师出示仿真娃娃，引导宝宝指认娃娃的五官。 2）教师将不同的单一的五官图片贴在教室的周围，请家长引导宝宝自主游戏，自由选择不同的教材来指认五官，老师进行插入指导。 提示：游戏时，可以引导宝宝看看、摸摸、认认，要用愉快的情绪感染宝宝一起玩儿，先熟悉五官的单一部分，然后说出五官的名称，看看宝宝能否在家长的脸上指认出来。 （3）代表性行为三：会指认日常物品 游戏：神秘的袋子。 1）教师出示一个装有发声玩具等物的袋子，掐一掐袋子的底部，再捏一捏，使里面的玩具发出声音，引起宝宝的兴趣："这个神秘的袋子里面有声音，是什么东西呢？请宝宝们打开看看。" 2）教师发给每个宝宝一个袋子，家长引导宝宝打开袋子，家长说名称，让宝宝拿出对应的物品。 提示：如果家长说出物品名称后，宝宝没有反应或拿错物品，家长可以再说一次物品名称，拿出对应的物品，或指着这个物品再次重复名称，帮助宝宝再次熟悉物品名称。接着，家长将物品放入神秘袋子中，再说该物品名称，直到宝宝能正确拿出物品。注意观察宝宝能正确取出几个物品。

续表

活动过程	3. 自主游戏 教师将游戏材料统一出示，请家长根据宝宝的发展情况，选择合适的游戏跟宝宝进行互动。 4. 放松活动 游戏：指认五官。 1）教师示范一边念儿歌《指认五官》，一边做动作。 2）家长念儿歌，引导宝宝指认自己的五官。
家庭延伸	1）在日常生活中，请家长多与宝宝交流，看到什么说什么，一定要用规范的语言，丰富宝宝的词汇。 2）在宝宝熟悉家人称呼后，可以告知家人姓名（爸爸叫什么、妈妈叫什么等）。 3）在给宝宝洗脸、洗澡的时候，让宝宝逐渐熟悉身体部位及器官名称。 4）儿歌《小手拍拍》：家长唱儿歌，引导宝宝指认自己的五官。

表 7-3 语言表达活动"甜嘴巴"（9~12 个月）

活动名称：甜嘴巴 场地：亲子教室		年龄：9~12 个月 人数：16 人（8 个家长、8 个宝宝）
	家长学习目标	儿童发展目标
活动目标	1）知道 9~12 个月龄段宝宝的语音表达能力。 ① 模仿发连续音节（如 ba-ba、ma-ma）。 ② 模仿弄舌或咳嗽声。 ③ 模仿发单字音（如拿、走）。 2）学习教授宝宝练习语音表达的方法。 3）知道本次活动的家庭延伸内容及注意事项。	1）模仿发 ba-ba、ma-ma 音。 2）模仿动物叫声。 3）模仿汽车声。
活动准备	1）餐巾纸、有靠背的椅子。 2）音乐《甜嘴巴》《在农场里》。	
家长指导	1. 游戏价值 本次活动的目的是帮助宝宝练习语音表达。1 岁以前是语言准备期，在宝宝说出第一个有意义的词以前，宝宝的语言发展经历了以下几个阶段：简单音节阶段（0~3 个月），连续音节阶段（4~8 个月），学话萌芽阶段（9~12 个月）。宝宝在 4 个月时就会"咿呀学语"，特别喜欢看人的脸，注意成人的口型，然后进行模仿。在半岁以后，宝宝逐渐出现近似于词的发音（如 da-da、ma-ma），并有了音调的变化，很像对成人句子的模仿。模仿是宝宝学习语言的重要途径，因此，应为宝宝提供丰富的语言模仿机会。多与宝宝对话、逗引宝宝发音、玩口唇游戏、听唱儿童歌曲、念儿童诗歌，能给宝宝不同方式的语音刺激，激发宝宝的发音兴趣，尽早让宝宝开口。 2. 家长提示 1）请家长在活动中注意观察宝宝的表现，可根据宝宝的兴趣和能力选择合适的游戏。 2）在游戏中，尽量放手让宝宝自己尝试完成任务，家长不要包办代替。 3）宝宝的语言能力和模仿能力有很大差异，家长不要攀比。 4）在游戏中对宝宝及时进行鼓励，如亲一亲、抱一抱、刮刮鼻子，激发宝宝的游戏兴趣。 3. 发放儿童行为观察记录表 提示家长观察内容要点。	
活动过程	1. 导入活动 游戏：打哇哇。 妈妈和宝宝面对面坐下，妈妈先用手在自己嘴巴上轻轻拍打，发出"哇哇"的声音，然后拿着宝宝的小手在宝宝的嘴上拍打，引导宝宝发出"哇哇"声。当宝宝发出"哇哇"声时，妈妈拿出薄纸放在宝宝嘴前，通过观察纸张的振动，让宝宝感知声音。 2. 主题游戏 （1）等级一：模仿发 "ba-ba" "ma-ma" 音 游戏：甜嘴巴。 1）教师播放儿歌《甜嘴巴》。 2）亲子互动。家长与宝宝面对面坐着，跟随音乐《甜嘴巴》一起念儿歌，注意语速要慢，发音要准，嘴形要夸张，便于宝宝模仿发音，可反复念 3~4 遍。	

活动过程	（2）等级二：模仿动物叫声 游戏：在农场里。 1）播放儿歌《在农厂里》，教师示范动作表演。 2）教师引导家长用动作表演儿歌。 3）亲子互动：教师播放儿歌，家长带领宝宝一边唱儿歌，一边表演动作，并引导宝宝模仿动物叫声。 提示：宝宝熟悉以后，可以变换歌词里的动物和叫声，如"狗儿在农场里汪汪叫，羊儿在农场里咩咩叫"，让宝宝模仿更多动物的叫声。 （3）等级三：模仿发单字音 游戏："开汽车"。 1）教师示范念儿歌《小汽车》。 2）家长和宝宝面对面，让宝宝骑坐在自己腿上表演游戏。家长一边念儿歌，一边带领宝宝一起做动作、玩游戏。 3）让宝宝背向家长坐在家长腿上，在宝宝面前放一张椅子。宝宝和成人一起双手扶着椅背，说："我们的汽车要开了，叭叭——呜——""汽车开到外婆家去，叭叭——呜——""到家了，休息休息。"注意让宝宝学说"叭叭——呜——"。 3. 自主游戏 家长根据游戏过程中观察到的宝宝发音情况，对未能达到的代表性行为进行反复练习。 4. 放松活动 游戏："吹雪"。 1）家长引导宝宝把餐巾纸撕碎（教宝宝用拇指和食指捏着撕），使其变成"雪花"。 2）家长把撕好的"雪花"放在自己的手心里，用嘴轻轻地吹，让宝宝看清家长的口型，并让宝宝模仿着吹。 3）家长可边吹边念"小雪花，白花花，妈妈吹一吹，宝宝吹一吹，雪花飘呀飘"。家长可将"雪花"吹到宝宝身上，宝宝会很高兴。
家庭活动 延伸	家长要多陪宝宝说话、做游戏，多利用游戏和玩具逗引宝宝发音，说话时要注意眼神的交流和面对面的交流，让宝宝看清成人的口型。 1）可通过一些小游戏训练宝宝的口腔肌肉，为发音做准备。例如，可在一盆水里放一个乒乓球，让宝宝吹球；或让宝宝吹泡泡；让宝宝学习弹舌或咳嗽；也可以做出夸张的表情逗引宝宝哈哈大笑，如龇牙咧嘴、吐舌头、嘟嘴巴、学老虎叫等。 2）家中也可以准备一些能发出动物叫声的电动玩具，引导宝宝感受小动物的叫声，并模仿小动物的叫声。 3）开展一些听音、发音游戏，念一些有象声词、叠音词的儿歌，尤其是有韵律的文字，诱发孩子发音，同时让孩子形成有意倾听的习惯。

表 7-4　早期阅读活动"你好吗？"（7～12 个月）

活动名称：你好吗？ 场地：亲子教室		年龄：7～12 个月 人数：16 人（8 个家长、8 个宝宝）
	家长学习目标	儿童发展目标
活动目标	1）知道 7～12 个月龄段宝宝的阅读能力。 ● 代表性行为一：愿意听故事。 ● 代表性行为二：模仿故事人物的简单动作。 ● 代表性行为三：尝试翻书。 2）学习亲子阅读的方法。	1）能安静地听故事。 2）能模仿故事人物的简单动作。 3）学习翻书动作。 4）感受礼貌用语。
活动准备	1）图画书《你好吗？》，书中动物手偶若干、道具房子。 2）音乐《你好谢谢再见》《找朋友》。	
家长指导	1. 游戏价值 本次活动的目的是培养宝宝的阅读能力。1 岁以前主要是培养宝宝对书的情感，从而让宝宝产生阅读兴趣。7～12 个月的宝宝开始有翻书的动作，喜欢父母重复念同一书给他听，4～5 页的又大又厚的布书比较适合。内容上以宝宝熟悉的、常见的生活用品及各种物品为主，如日常用品、水果、蔬菜、玩具、动物、家人图片、照片等。	

续表

家长指导	2. 家长提示 1）请家长在活动中注意观察宝宝的表现，可根据宝宝的兴趣和能力选择适合的游戏。 2）在游戏中，尽量放手让宝宝自己尝试完成任务，家长不要包办代替。 3）及时对宝宝的行为进行鼓励（亲吻、拥抱等）。 3. 发放儿童行为观察记录表 提示家长观察内容要点。
活动过程	热身、点名环节（略）。 1. 导入活动 音乐游戏：《你好谢谢再见》。 1）教师播放音乐《你好谢谢再见》，两位教师面对面坐下，随着音乐做示范动作。 2）亲子互动：家长和宝宝面对面坐下，家长引导宝宝随音乐模仿老师做动作。 3）家庭互动：请家长随音乐带着宝宝去和其他宝宝玩音乐游戏《你好谢谢再见》。 2. 主题游戏 代表性行为一：能安静地听故事 游戏：教师讲述故事《你好吗》。 1）教师逐页讲故事，家长引导宝宝安静地听故事，帮助宝宝用动作表示"你好""欢迎"。 2）教师出示道具房子，提问："谁住在这座大房子里面呢？"家长引导宝宝做"敲门"动作，教师依次出示手偶说："你好！"鼓励宝宝学说"你好"。 代表性行为二：模仿故事人物的简单动作 游戏：亲子阅读。 家长和宝宝一起看故事书，教师引导家长和宝宝一起用手偶表演故事。 提示：鼓励宝宝表演敲门、握手表示"你好"、吃蛋糕等动作，学说"你好"。 代表性行为三：学习翻书动作 游戏：动物捉迷藏。 家长引导宝宝自己翻书，要求宝宝翻书找一找小鸟、小猫、小狗和怪兽宝宝在哪里。 3. 自主游戏 根据宝宝的兴趣和能力选择适合的游戏进行亲子互动。 4. 放松活动 音乐游戏：《找朋友》。 教师播放音乐，请家长带着宝宝去和其他宝宝玩找朋友游戏。
家庭延伸	1）回家后可继续跟宝宝讲故事《你好吗》，感受礼貌用语，并学习用鞠躬、挥手等动作，跟别人致谢、打招呼，学说"你好"。 2）经常跟宝宝念儿歌、讲故事，培养宝宝睡前阅读的习惯。

（二）托育机构语言指导活动案例

托育机构语言指导活动案例如表 7-5～表 7-7 所示。

表 7-5 语言理解活动"袋中取物"（9~12 个月）

活动名称：袋中取物 场地：乳儿班活动室		年龄：9~12 个月 人数：8 人
活动目标		1）熟悉生活中几种常见玩具的名称。 2）尝试模仿玩具发出的声音。 3）发展宝宝的触觉。
活动准备		1）口袋 1 个，小玩具 5~8 个（如小汽车、小摇铃、一捏会叫的玩具、触觉球、布娃娃等）。 2）地垫 6 张，工作毯 1 张，玩具托盘 1 个。
活动过程		1. 导入活动：小手拍拍 教师和宝宝面对面围坐在地垫上，教师念儿歌做动作，宝宝跟随儿歌内容模仿做动作。 2. 游戏：袋中取物 （1）教师介绍活动材料和玩法

活动过程	1）教师用规范的动作取工作毯和玩具托盘。 2）教师出示口袋："宝宝看，一个大口袋，里面有什么呀？小手摸摸看。"教师将手伸入口袋中，摸出一件玩具，清晰地说出玩具名称："汽车、汽车。" 3）教师逐一摸出玩具并说出名称，依次排列在工作毯前方。最后说："小汽车回家了，小球回家了，娃娃回家了……"然后逐个将玩具放回口袋。 （2）幼儿游戏 教师依次将口袋放在宝宝面前："宝宝看，一个大口袋，里面有什么呀？小手摸摸看。"让宝宝摸一摸、看一看、玩一玩、说一说（每个宝宝只能摸出一个玩具）。 提示：教师注意观察指导，告诉宝宝玩具名称、玩法、特点等，并引导宝宝模仿发音。 3．收拾整理 教师依次将口袋放在宝宝面前："宝宝，汽车要回家了。请送汽车回家，跟汽车再见！"引导宝宝将玩具放进口袋，挥手再见。
活动延伸	将口袋和玩具放在游戏区，让宝宝继续玩耍。

表 7-6 语言理解活动"我的五官"（10～12 个月）

活动名称：我的五官 场地：乳儿班活动室	年龄：10～12 个月 人数：8 人
活动目标	1）能听懂身体部位名称。 2）能正确指认身体部位。 3）喜欢和教师玩简单的指令游戏。
活动准备	1．经验准备 1）能够发出"ba""ma"等音，能够模仿成人的发音。 2）能够执行简单的指令。 2．环境准备 1）舒适、宽敞、安静的室内环境。 2）软硬适中的地垫。 3）五官贴玩具（脸部轮廓、五官卡片）。
活动过程	1．导入活动（1～2 分钟） 教师和宝宝面对面坐在地垫上。教师用声音吸引宝宝的注意，热情亲切地打招呼、问好："宝宝们，你们好！"双手遮住脸蛋做捉迷藏的游戏，引起宝宝的兴趣。 2．主题活动（5～10 分钟） 1）教师指着自己的五官——介绍，一边指一边说，发音标准，语速偏慢。 教师："眼睛、眼睛，这是我的眼睛，大又圆；宝宝可以摸一摸老师的眼睛。" 教师："鼻子、鼻子，这是我的鼻子，小又挺；宝宝可以摸一摸老师的鼻子。" 教师："嘴巴、嘴巴，这是我的嘴巴，小又圆；宝宝可以摸一摸自己的嘴巴。" 在活动过程中，引导宝宝仔细观察教师的口型和表情，认真倾听，观察宝宝是否愿意张口尝试模仿教师的发音。 2）再次重复五官的名称和发音，鼓励宝宝用手摸一摸自己的五官。 教师："眼睛，我的眼睛在这里，宝宝可以摸一摸你的眼睛。" 教师："鼻子，我的鼻子在这里，宝宝可以摸一摸你的鼻子。" 教师："嘴巴，我的嘴巴在这里，宝宝可以摸一摸你的嘴巴。" 3）出示五官贴玩具，鼓励宝宝听指令指出对应的五官。 教师："瞧，这里有一个小宝宝的脸蛋，宝宝，眼睛，眼睛在哪里？请你指一指。" 依次请宝宝指出鼻子、嘴巴。 4）若宝宝展现出对活动的兴趣，可重复进行；若宝宝的注意力已转移，则可结束活动。 3．放松活动（2～3 分钟） 教师清唱收玩具的音乐："玩具、玩具要回家，宝宝把玩具送回家。"一边唱一边引导宝宝收玩具。在活动过程中鼓励宝宝，与宝宝进行积极的情感互动，如拥抱、握手，在轻松愉快的气氛中自然地结束活动。
活动延伸	家庭生活中的延伸： 1）家长引导宝宝认识自己的五官、他人的五官。 2）鼓励宝宝指出相应的五官位置。

（教案撰写：成都金苹果呷呀学苑　邓婷）

表7-7　阅读理解活动"多吃点儿"（10～12个月）

活动名称：多吃点儿 场地：乳儿班活动室	年龄：10～12个月 人数：5～8人

活动目标	1）理解生活中常见蔬菜的发音，将发音与语义联系起来，并尝试发音。 2）能有意识倾听故事1～2分钟。 3）通过与日常食物相关图书的阅读，感受阅读的趣味性。
活动准备	1）物质准备：图书《多吃点儿》PPT、儿歌《萝卜青菜》、青菜、红萝卜的图片或实物。 2）环境准备：明亮、安静的室内环境。
活动过程	1. 导入活动（2～3分钟） 通过简短、有趣的小游戏，引入活动主题，激发宝宝参与活动的兴趣。 2. 主题活动（10分钟左右） （1）读封面 教师："封面上这个小朋友叫小宝，他在哪里？做什么？哦，小宝在桌子前吃饭。看看都有些什么食物呢？有菠菜、胡萝卜、牛奶……好吃的真多呀！" 教师："原来是吃饭时间到了，小宝要吃东西了，吃什么呢？" 教师："你们想知道吗？" （2）看正文，听故事 教师："多吃点儿，吃菠菜，长得高，比小猪还要高，多高啊？这么高……" 注意：描述画面中的信息，补充语言描述人物动作，帮助宝宝更好地理解。例如，比小猪站在凳子上还要高。 （3）再次听故事，模仿人物动作 第二次讲故事时，教师引导宝宝模仿小宝吃东西的动作和声音。例如，讲到吃菠菜时，就模仿用勺子舀菜吃，并发出吃东西的声音"咩咩咩"；讲到喝牛奶时，就模仿手端杯子喝奶的动作，并发出喝的声音"咕嘟咕嘟"。 在对应情节，教师模仿小猪站、小马跑、袋鼠跳等动作，帮助宝宝建立语音与语义的联系。 （4）儿歌《吃青菜》 教师大声朗诵儿歌《萝卜青菜》。 第二次朗诵，配合手上的动作，如吃、捧脸、微笑等动作。在念"红萝卜、绿青菜"时，可指着对应的图片或实物。 第三次朗诵，引导宝宝发音，或用手指认不同蔬菜。 3. 放松活动（2～3分钟） 播放音乐《最爱的蔬菜》，带领宝宝摆动身体或拍手，在欢快的律动气氛中结束活动。
活动延伸	生活活动： 1）在过渡环节巩固念《萝卜青菜》，或学念儿歌《吃豆豆》。 2）在就餐环节认识蔬菜，说说蔬菜的名字、颜色、做法等。

（教案撰写：张远丽）

（三）家庭中的语言游戏活动案例[①]

家庭中的语言游戏活动案例如表7-8～表7-10所示。

表7-8　语音理解活动"小手在哪里"（4～6个月）

家庭亲子游戏：小手在哪里	月龄：4～6个月
游戏目标	1）让宝宝认识自己的小手。 2）能听懂妈妈的话，能用动作表示。
游戏准备	室内、室外均可，光线宜柔和。

[①] 程笑君，2003. 婴幼儿教养活动指导（0～1岁）[M]. 杭州：浙江教育出版社.

续表

玩法说明	宝宝坐在妈妈的腿上，与妈妈面对面。妈妈轻轻拉着宝宝的小手，说："小手在哪里？在这里。"然后可以摸摸或亲亲宝宝的小手，逗宝宝开心。如此反复几次以后，妈妈可以问宝宝："小手在哪里？伸出来让妈妈看看（亲亲）。"当宝宝做出正确反应时，妈妈可以用拥抱或者把宝宝高高举起等形式表示鼓励。
指导要点	1）成人与宝宝近距离地面对面，这样既有利于动作的交流，又有利于目光与表情的交流。 2）游戏宜在宝宝情绪轻松愉悦时进行，游戏时间以 5 分钟左右为宜。 3）成人的语言要亲切柔和，语速稍慢。
观察与评价	观察宝宝是否理解成人的语言，是否能做出反应。如果宝宝表现得非常快乐，并能舞动小手，就是一种积极的反应。

表 7-9　语音表达活动"ɑ、o 歌"（7～12 个月）

家庭亲子游戏：ɑ、o 歌	月龄：7～12 个月
游戏目标	1）学习模仿发音。 2）感受和爸爸妈妈玩游戏的乐趣。
游戏准备	室内、室外均可，如大床上、地毯上、草地上，但环境不宜太嘈杂。
玩法说明	1）妈妈和宝宝面对面，妈妈用愉快的口气与表情发出"啊——啊""呜——呜""喔——喔"等重复音节，逗引宝宝注视成人的口型，并模仿发音。 2）妈妈念儿歌《ɑ、o 歌》。
指导要点	1）成人在每发一个重复音节后要停顿一会儿，给宝宝模仿的机会。 2）注意观察宝宝的反应，在宝宝发音后及时重复宝宝的发音，以巩固宝宝的发音。 3）可以根据宝宝的发音情况，逐步过渡到发双音节，如"吧嗒吧嗒""噼噼啪啪"等。
观察与评价	如果宝宝发音不够清晰，但在成人发音后能够做出反应，也是很好的表现。

表 7-10　早期阅读活动"宝宝书"（10～12 个月）

家庭亲子游戏：宝宝书	月龄：10～12 个月
游戏目标	1）学习翻书的动作，培养阅读兴趣。 2）促进宝宝手指精细动作的发展，培养宝宝手眼协调能力。
游戏准备	广告纸或杂志、剪刀、胶棒或透明胶、白纸、夹子。
玩法说明	1. 自制宝宝书 妈妈把广告纸或杂志上的玩具、食品、水果、动物等图片剪下来，放在宝宝面前和宝宝一起欣赏，请宝宝挑出自己喜爱的几张图片，妈妈用胶棒或透明胶把宝宝选出来的图片粘贴在单独的白纸上，用夹子固定，成为宝宝的一本小画书。 提示：妈妈可以把涂抹了胶水的图片交给宝宝粘贴。妈妈尽量用动作或语言进行指导。即使宝宝粘贴错了也没关系，鼓励宝宝自己粘贴。 2. 学翻书 经常跟宝宝一起翻看自制的小画书，让宝宝指一指、认一认、说一说图片上的物品名称，让宝宝自己翻阅，宝宝翻到哪一页，就将哪一页的内容讲给宝宝听；也可以在宝宝熟悉图书内容后，让宝宝自己翻书找出某个动物或玩具。
指导要点	1）如果宝宝喜欢翻看自制的图书，妈妈可以提供更多材料跟宝宝一起做一些分类画册，如汽车画书、水果画书、动物画书等，让宝宝参与动手制作的同时，学会分类及辨别，积累词汇。

续表

指导要点	2）妈妈也可以选择宝宝和家人的照片，按照一定顺序或主题进行整理，制作照片书，并讲给宝宝听，让宝宝和妈妈一起回忆自己的过去。 3）宝宝刚开始只能打开或合上书，渐渐地会依次翻几页书。成人不要急于教宝宝一页一页地翻书，重要的是要让宝宝对翻书有兴趣。
观察与评价	1）这个阶段的宝宝无论是一只手翻书还是两只手一起翻书都无关紧要，重要的是观察宝宝翻书的动作是否协调。 2）观察宝宝能否注视画面，是否喜欢听成人讲述画面的内容。 3）观察宝宝能否根据简单的指令把书翻到相应的页面。

实践活动

活动一：活动方案设计。

要求：针对语言理解、语言表达、早期阅读内容，分3组设计0～1岁婴儿语言教育方案，并分组进行交流讨论，提出修改建议。

活动二：模拟教学。

要求：各组按照修改后的活动方案进行模拟教学，并对活动组织的优缺点进行讨论、点评。

拓展练习

练习：收集适合0～1岁婴儿的语言活动素材。

要求：收集适合0～1岁婴儿的语言游戏及儿歌、音乐等素材，建立0～1岁婴儿语言活动资源库。

推荐阅读

1. 李雪，张家琼，2020. 0～3岁婴幼儿早期教育与活动方案 [M].重庆：西南师范大学出版社.

2. 秦旭芳，2021. 0～3岁亲子教育活动指导与设计 [M].北京：中国人民大学出版社.

单元八
1～2 岁幼儿语言
指导活动

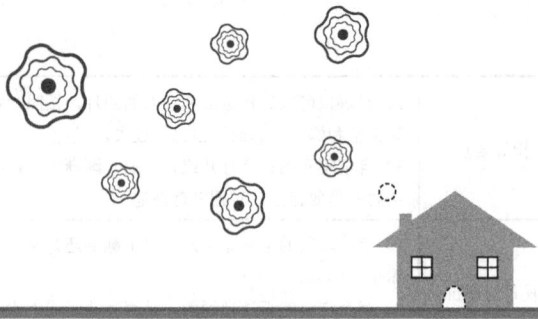

【学习目标】

1. 了解 1～2 岁幼儿语言发展阶段及特点。
2. 掌握 1～2 岁幼儿语言指导活动的目标及内容。
3. 尝试运用活动案例进行模拟教学活动组织。

【学习要点】

1. 1～2 岁幼儿语言发展特点。
2. 1～2 岁幼儿语言指导活动目标及内容。
3. 1～2 岁幼儿语言指导活动案例。

【单元导读】

经过 1 岁之前的语言准备期后，幼儿的语言理解和表达能力获得飞速发展。这个阶段是幼儿掌握词汇的关键期，幼儿掌握最多的是名词和动词；在语言表达方面，虽然很多发音还不够准确，但他们会使用词语或短句表达自己的需求。

本单元结合 1～2 岁幼儿语言发展特点，介绍了 1～2 岁幼儿语言指导活动目标及内容，并分别列举了早教机构、托育机构和家庭中的语言活动案例，为教师和家长开展 1～2 岁幼儿语言指导活动提供参考。

一、1～2 岁幼儿语言发展阶段及特点

经历了近一年的言语准备，幼儿大约从 1 岁开始进入学习口语的全盛时期——言语发生阶段，又称为正式学说话阶段。这个阶段词汇量增加迅速，但语句的表达多不完整，属于不完整句时期，主要表现为单词句和双词句。因此，心理学上将此阶段大致分为单词句和双词句两个阶段，每个阶段各有其特点。

（一）单词句阶段（13～18 个月）

这个阶段的幼儿能说出来的词少，能理解的词多，同时词汇的理解也不深入，因此被称为消极词汇阶段。

1. 出现第一批词语

婴幼儿在 1 岁左右说出第一个常用词，这个词往往是他们熟悉的物品名称或人物称

谓，或者常用的"要、不要"等词，发音相对容易。第一批词语已具有明显的表达性和祈使性功能，如幼儿在拒绝某一物品时说"不"，已具备了明确的表达功能（表 8-1）。陈帼眉在《学前心理学》中指出，正确使用词是掌握词的较准确的指标，应包括：①持续使用某个词而不是偶然一次说出；②自发使用而不是学舌；③使用的是通用词而不是自造词；④使用的词带有概括意义。

表 8-1　第一批词语及其使用场合

词语	使用场合	资料来源
小汽车	透过卧室窗户看见大街上奔驰的小汽车时	Bloom（1973）
再见	放下电话听筒时	Bates，et al.（1979）
爸爸	听见门铃响时	同上
看	婴儿以手指示，并转向听者以寻求目光交流	同上
鸭子	把玩具鸭子沿着浴缸边敲击时	Barreft（1986）
走	把母亲拉向门口或与母亲站在门口时	
不	拒绝某一物品时	Barrett，et al.（1986）

资料来源：庞丽娟，李辉，2003．婴儿心理学［M］．杭州：浙江教育出版社．

2. 语言理解能力增强

这一阶段的幼儿能理解的语言大量增加，但会说出的词语较少，语言理解能力明显强于语言表达能力。伯内迪克特（Benedict）研究指出，婴儿能说出 10 个词时，已经理解 50 个词汇了[①]。6 个月左右开始，婴儿就对成人的某些词作出反应，但最初并不是真正理解词，而是对语调的反应。只有把词作为物体的概括性符号来反应时，才可以说是理解了相应的词。

这一阶段的幼儿对词汇的理解有以下 4 个特点。

（1）名词、动词相对较多

国外许多研究材料都说明，名词在学前儿童词汇中比例最大。纳尔逊（Nelson）的研究指出，儿童最初的 50 个词中，名词占 51%[②]。与国际相关研究比较，汉语儿童早期并未如国外研究那样显示出明显的名词优势，在汉语儿童的日常交流中，掌握动词的比例与名词相当[③]。

（2）由近及远

幼儿最先理解的是他们经常接触到的物体名称（如"灯"）、对家人的称呼（如"爸爸""妈妈"）、玩具和衣物的名称（如"球""帽子"等）、一些常用动词、成人经常教孩子的一些动作，或者让孩子常做的事情（如"坐、起来、捡、拿、走"等）。孩子较少接触到的、成人教得少的词后掌握。

---

① 陈帼眉，2003．学前心理学［M］．北京：人民教育出版社．

② 同①．

③ 祈文慧．2011．三岁幼儿语言的语义研究［M］．北京：世界图书出版公司．

（3）固定化

这一阶段的幼儿对词的理解，往往和某种固定的物体相联系，甚至把物体同某种背景固定起来。例如，"爸爸"就是指自己的爸爸，"灯"则指自己家的灯。

美国作家海伦·凯勒在《假如给我三天光明》一书中，记录了一段故事：沙利文老师买了一个新的洋娃娃给海伦·凯勒，并告诉海伦这是"doll（洋娃娃）"，海伦非常生气，将新洋娃娃摔坏，原因是她当时理解的"doll"就是她自己原来的旧洋娃娃，无法接受这个新洋娃娃。虽然她当时不是婴儿，但因初学语言，也出现了词语理解固定化的现象。

（4）词义笼统

这一阶段的幼儿对词的理解非常不确切，一个词常代表多种事物，而不是确切地代表某种事物。例如，一个14个月大的幼儿看到电视屏幕上出现一个灰白头发的男人时，兴奋地跳起来，并大声喊道"爷爷"，这意味着该幼儿过分延伸或过分推广了一个词的含义，因为爷爷有灰白的头发，所以他认为灰白头发的男人都应该被称为"爷爷"。随着幼儿词汇量的增加，以及成人对幼儿所说话的恰当反馈，过分延伸的现象会逐渐减少。例如，此时成人可以说："孩子，不对，那个人看起来有点像爷爷，但那不是你的爷爷。"

一个婴儿在出生后442天时，学会用"阿姨"来称呼一位姓徐的年轻女教师，过18天后能用"阿姨"称呼其他的成年女性，接着把一位老太太也称作"阿姨"。由此可见，婴儿从"阿姨"的原型（姓徐的女教师）提取的语义特征是（成年＋女性），因此，他可以用"阿姨"来称呼一切成年的女性。

3. 以词代句，语言的情境性强

在语言表达方面，幼儿常常用一个词表达一句话的含义，所以称为单词句阶段。例如，当孩子说"妈妈"时，可能指"妈妈抱我""妈妈我要吃饼干""妈妈帮我捡球""妈妈我饿了"等当中的一种含义。

这一阶段的幼儿所用的词，往往含义不够明确，发音也不一定清晰，并不能完全表达幼儿的想法，所以常常辅以动作和表情。单词句多数情况下不仅和该词所指的对象本身相关，也和情境相关。成人除了要关注幼儿的语言、手势、表情以外，还得根据说话的情境来推断幼儿单词句的意义。因而，往往只有与幼儿亲近的人才能听得懂其语言。

4. 出现短暂沉默期

在这一年龄段，幼儿会在某段时间出现短暂的沉默，不再像过去一样咿呀咿呀说个不停，有时连之前会说的单词也不说了，甚至只用手势和行动示意，如要什么东西时，用手指指，不开口说话。语言学家雅克布森（Jakobson）、格里高利（Grégoire）都曾关注过这种现象——发音紧缩。在前言语阶段能发出的一些音，其中包括母语中有的和母语中没有的，到了真正进入语言阶段时，幼儿却不发了，有些甚至反复教他发，他也发不出来了，而且从此以后，幼儿的发音基本上是属于母语范畴的，对于早期一些母语中没有的音，他一般不再发了，甚至也听辨不出来了。

这种发音紧缩现象，是从非语言的音素发音向语言的音位发音的过渡中所出现的语言现象，也是"语音母语化"开始的一种表现。

语言学家克拉申（Krashen）认为，这种沉默期是幼儿经历了一年"听"的过程后，建立语言能力的一个非常必要的时期，很可能是幼儿在接触和理解语言时的吸收和消化过程。也有学者认为，幼儿大脑中的动作中枢和语言中枢的发展不对称，这个时期幼儿的粗大动作发展相当迅速，如走、跑、跳等，幼儿的语言中枢的成熟变得缓慢和被抑制，从而导致沉默期现象的出现。沉默期对语言发展非常必要，经过这段时间，幼儿通过"听"积累记忆大量的语言材料，为后续语言发展打下基础。

5. 会给常见物体命名，但常出现用词不准现象

这一阶段的幼儿能给常常见到的物体命名，通常有以下4个典型特征。

（1）以声代物

以声代物是这一时期幼儿说话的明显特征。例如，"汪汪"指"狗狗"，"喵喵"指猫，"滴滴叭叭"指车，"嗯嗯"指拉大便等。

（2）词义泛化

词义泛化又称为词义扩充，表现为儿童词语的指称外延超出目标语言的范围，即一词有多个含义，且超过了词本身所指的含义。例如，一个1岁半的幼儿开始用"踢"来指自己踢一个静止的物体。后来，他在图片上看到一只猫爪附近有一个球，他也叫"踢"；看到翅膀扇动的飞蛾也叫"踢"；看到自行车的轮子撞着一个球，或是自己抛丢某物，都叫"踢"。当时，这个幼儿可能对"踢"的理解有3个语义特征：挥动肢体，突然撞击某物，某物被推动。

（3）词义窄化

词义窄化是指儿童词语的指称只是目标语言中的一个子集，即词义缩小。例如，"车车"仅指自己的婴儿车，"妈妈、爸爸"只是自己的妈妈、爸爸。幼儿此时的词语具有专指性特点。

（4）词义特化

词义特化是指儿童的词语指称对象完全不同于目标语言。例如，一个幼儿在马路上看到人们挥舞小红旗欢迎外宾，听到"欢迎！欢迎！"的欢呼声，后来把商店门口悬挂的红旗叫作"欢迎"。一个17个月大的幼儿尿湿了裤子，妈妈大声喊道"糟糕"，从那以后，孩子要想尿尿，就喊"糟糕，糟糕"。

6. 发音不准，重叠音较多

这一阶段的幼儿词汇增长速度快，但其发音不是很清楚，主要表现在以下几方面。

（1）发音不全

幼儿的发音器官不成熟，他们对词的发音不清晰、不标准，这是一种自然的生理现象。在词的发音中，幼儿的发音不全主要表现为漏音或省略音，如把"táng（糖）"说成"ta"，把"guai（乖）"说成"wai"。

（2）替代

幼儿常会将"gege（哥哥）"说成"dede"，将"gugu（姑姑）"说成"dudu"，

将"shì（是）"说成"xì"。

（3）重叠音多

这种现象在幼儿语言发展过程中普遍存在。2岁时是叠音词使用的高峰期，数量多，以名词叠音最多，延续时间长，如婴儿说"吃饭饭""喝水水""穿鞋鞋""狗狗"等。

案例讨论

一位家长留言说：我家宝宝现在刚1岁半，他有的字发音不是很标准，如把"花"读成"发"，把"鱼"读成"无"，让他纠正了，还是改不了。宝宝是不是大舌头呀？我该怎么办？

宝宝发音不准
怎么办？

这个宝宝是不是大舌头？有什么建议可以给这位家长？

（二）双词句阶段（19~24个月）

1. 能理解的词汇增多

幼儿能理解的词越来越多，种类扩大，能理解的名词、动词不断增加，对形容词的理解能力不断增强，如对"轻轻走，快快跑""大、小、长、短"等词汇的理解相对稳定。对词汇含义的理解主要在于日常词义的理解，尚不能理解科技词义和文学词义。[①]

对词汇理解的增多，也让幼儿的语言理解能力更进一步，逐步摆脱具体情境的制约，准确地把词语与物体和动作联系起来。例如，"把玩具娃娃放到沙发上"，幼儿能将毛绒的、布的、充气的娃娃都放到沙发上，而不再是仅将布娃娃放到沙发上。

2. 以双词句为主

到19个月左右，幼儿已能说出50多个词，这时他们开始把两个词放在一起以表达一个比较明确的意思，此时的具体表现为会说3~5个字的简单句，最多不超过5~6个字的句子。这表示幼儿语言发展开始了词的联合、句子生成和"语法化"进程，如"爸爸车""看狗狗""上街街""阿姨手机"等。

由于这些两个词的组合能够表达更为完整的意思，而且基本上符合简单的语法规则，所以被称为"双词句"；同时，这些双词句听起来像发电报时所采用的省略句，因此也被称为"电报句"。

3. 喜欢开口说话，词汇量大增

10~15个月，幼儿平均每个月掌握1~3个新词。大约从20个月起，幼儿掌握的双词句成倍地增长，以每个月可以说出25个新词的速度增加。如21个月时是50个，22

---

① 日常词义是指在典型的日常语言环境中人们所使用的词的意义。人们对词的理解和使用不是在概念水平上的，解释方式不是逻辑定义性的。如问：什么是苹果？答：苹果是水果。

科技词义是指在典型的科技语言环境中使用的词义。多为概念性、严格逻辑定义性的，内涵和外延明确，如科技术语"纳米"。

文学词义是指在典型文学语言环境中使用的词义。有不同于日常使用的特殊指称，如"柳枝"，原指"柳树的枝条"，但在文学语言中可指"送别""柔弱""婀娜多姿""美女的细腰"等，带有意象。

个月100个左右，23个月250~300个，到24个月时能说出300个左右的词，并能了解近1000个词。这种掌握新词的速度是以后各阶段不会再有的，因此被称为"词语爆炸"期。这一阶段的幼儿掌握的主要是表达具体物品名称、动作、特征的词汇，如名词、动词、形容词、代词。此时，幼儿开始学习使用人称代词，但还不能分得很清楚。例如，有一天下班以后，门铃响后奶奶自言自语："谁回来了？"妞妞指着自己的爸爸对她的奶奶说："你爸爸回来了！"

4. 喜欢提问，开始学会使用疑问句和否定句，开始出现"语言反抗"行为

在这一阶段的后期，幼儿开始不断地向成人提问，如"这是什么？""××可以吃吗？""×××呢？"等问题。疑问句的使用及成人的反馈能够帮助幼儿获取更多事物的信息，不仅有利于认知的发展，还能促进语言交流能力的发展。

幼儿不仅能使用疑问句，还开始使用否定句，表现出语言反抗。由于自我意识的发展，2岁左右的幼儿开始进入人生"第一反抗期"。在心理上和行为上开始出现独立的倾向，不再完全遵照成人的想法做，表现在语言上具有自主性和反抗性，总是把"不"挂在嘴边以示拒绝。此时爸爸妈妈要注意：一是充分理解孩子的心理特点，尽量满足其合理需求，不要经常对宝宝说"不"；二是在跟宝宝交流时，应少用问句，多用选择句（如"滔滔，你要喝橙汁还是葡萄汁？"）；三是注意正面强化，在孩子每次说出"好"的时候，给他微笑、赞美和拥抱以示鼓励。

二、1~2岁幼儿语言指导活动目标及内容

（一）1~2岁幼儿语言指导活动目标

1）能准确地理解日常生活中的常用词汇（如名词、动词、形容词等）。
2）能执行简单的语言指令。
3）会用词语或短句表达自己的需求。
4）喜欢听故事、念儿歌、看图书。

（二）1~2岁幼儿语言指导活动内容

1~2岁是幼儿名词和动词积累的重要阶段，主要是关于日常物品（如食物、动物、玩具等）、家人称呼、身体器官及身体动作方面的词汇，尤其是他们在生活中经常接触到的物品名称。1~2岁幼儿语言指导活动内容见表8-2。

表8-2 1~2岁幼儿语言指导活动内容

语言能力	13~18个月	19~24个月
语言理解	进行名词、动词理解训练，具体内容如下。 ● 指认身体部位。 ● 懂得常见物名称和用途。 ● 认图片。 ● 执行动作指令（如走、给、拿、打等）	以形容词、代词、疑问句训练为主，具体内容如下。 ● 颜色词、感觉词。 ● 方位词（如里外、上下、前后等）。 ● 代词（如我、你、他/她等）。 ● 疑问句理解（如"是什么、干什么、在哪里、怎么办等"）

语言能力	13～18个月	19～24个月
语言表达	单词句及名词、动词训练，具体内容如下。 ● 会叫爸爸、妈妈，会称呼家人。 ● 能说出常见物如食物、玩具、动物名称。 ● 能说出五官名称。 ● 会使用表示各种动作的词（如拿、吃、打、走等）	双词句及形容词、代词训练，具体内容如下。 ● 双词句（如主谓句、动宾句等）。 ● 主谓宾句（如完整句等）。 ● 说形容词（如颜色词、感觉词等）。 ● 说代词（如我、你、他/她等）
早期阅读	以认图片、念儿歌和翻书技能训练为主，具体内容如下。 ● 学习指认图片（如给图片命名等）。 ● 学念儿歌（如说出儿歌的开头或结尾的几个字，说两句以上儿歌）。 ● 分辨书的封面及基本结构。 ● 说出故事简单的情节（如人物、事件等）。 ● 用拇指和食指一页一页翻书	

三、1～2岁幼儿语言指导活动案例

（一）早教机构语言指导活动案例

早教机构语言指导活动案例如表8-3～表8-5所示。

表8-3　语言理解活动"聪明的巧虎"（19～24个月）

活动名称：聪明的巧虎	年龄：19～24个月
场地：室内教室	人数：16人（成人8人、孩子8人）

	家长学习目标	儿童发展目标
活动目标	1）知道19～24个月龄段的宝宝理解简单问句的能力。 ① 代表性行为一：能回答"这是什么"。 ② 代表性行为二：能回答"×××在做什么？"。 ③ 代表性行为三：能回答"×××在哪里？"。 2）学会教宝宝理解简单问句的方法。 3）了解家庭延伸活动的方法。	1）理解简单问句。 2）能回答简单问句。
活动准备	1）每人一套巧虎衣服、帽子、杯子、镜子。 2）巧虎动画片段（如扫地、跳舞、画画等）。 3）餐厅、医院、超市图片。 4）布置厨房区角、医院区角、超市区角。	
家长指导	1. 游戏价值 本次活动的目的是理解简单问句。简单问句的理解是语言理解的重点，是儿童学习语言的重要环节，有助于幼儿理解和运用语言，培养和增强幼儿交往的愿望。19～24个月龄段的宝宝理解简单问句的能力表现为：等级一，能回答"这是什么？"；等级二，能回答"×××在做什么？"；等级三，能回答"×××在哪里？"。平时可多在日常生活场景中进行简单问答对话，促进幼儿理解简单问句。 2. 家长提示 1）请家长在活动中注意观察宝宝的表现，可根据宝宝的兴趣和能力选择适合的游戏。 2）在游戏中，尽量放手让宝宝自己尝试完成任务，家长不要包办代替。 3）及时对宝宝的行为进行鼓励（如亲吻、拥抱等）。 3. 发放儿童行为观察记录表 提示家长观察内容要点。	
活动过程	热身、点名环节（略）。 1. 导入活动：小手变变变 伸出手指做"小手变变变"游戏。	

续表

活动过程	2. 主题游戏 （1）代表性行为一：能回答"这是什么？" 游戏：我变小巧虎。 1）教师扮演巧虎，引导宝宝认识巧虎，鼓励宝宝和巧虎打招呼。 2）教师："今天我们一起玩巧虎变变变，请宝宝和我一起念咒语。""咕噜咕噜，变变变。"教师从衣服口袋里变出帽子、杯子、镜子等。 3）询问宝宝"这是什么？"，引导宝宝回答，如"帽子，这是帽子"。 4）家长带着宝宝装扮成巧虎，让宝宝自己摸一摸衣服口袋里的物品，问宝宝："这是什么？"引导宝宝用"这是×××"回答。 提示：宝宝用名词或短句"这是×××"回答均可。 （2）代表性行为二：能回答"×××在做什么？" 游戏1：聪明的巧虎。 1）教师播放巧虎动画片段的3个场景：扫地、跳舞、画画。 2）提问："巧虎在做什么？" 游戏2：我来做，你来猜。 1）教师："我来做动作，请宝宝们猜我在做什么？" 2）教师做看书、洗脸、跳舞等动作，请宝宝猜。 提示：宝宝用动词或短句"×××在做×××"回答均可。 （3）代表性行为三：能回答"×××在哪里" 游戏：巧虎捉迷藏。 1）教师逐次出示巧虎分别在医院、超市、餐厅等地方的场景图，并讲述图中的人物、地点、事件。 2）随机指一张场景图，请宝宝回答：巧虎在哪里？ 3）两位教师示范玩捉迷藏：A教师手蒙眼睛从1数到10，B教师将巧虎玩偶藏起来，A教师数完后问："巧虎在哪里？"B教师回答："巧虎在×××。"A教师找出巧虎。 4）请家长将巧虎藏起来，宝宝睁开眼睛后寻找巧虎，宝宝找到后，家长问："巧虎在哪里？"引导宝宝回答。 提示："在哪里"比较难回答，因为幼儿对场所名称的掌握受认知水平影响，家长可根据宝宝的语言水平进行相应的活动指导。 自主游戏、总结环节（略）。
家庭延伸活动	家长可根据宝宝语言发展水平适宜地引导宝宝理解"这是什么？""×××在干什么？""×××在哪里？""怎么办？"等问题。 1）在生活中开展"我的宝贝"收集活动，定期进行分享宝贝的活动，说一说这个宝贝是什么，可以用来做什么。 2）宝宝成长册：制作宝宝成长册，与宝宝记录到过的地方，说说"×××在干什么""×××在哪里"。 3）跟宝宝玩"娃娃家"游戏，学习照顾娃娃，可以预设一些情景，如娃娃饿了、尿湿了、头发乱了、生病了等，问问宝宝应该怎么办，让宝宝回答。

（教案撰写：郭虹　指导教师：张远丽）

表8-4　儿歌"小老鼠上灯台"（19~24个月）

活动名称：小老鼠上灯台 场地：亲子教室		年龄：19~24个月 人数：16人（8个家长、8个宝宝）
	家长学习目标	儿童发展目标
活动目标	1）知道19~24个月龄段宝宝说儿歌的能力。 ① 代表性行为一：说出儿歌开头和结尾的字。 ② 代表性行为二：能接背几句儿歌。 ③ 代表性行为三：能说完整的三字儿歌。 2）学习带领宝宝念儿歌的方法。 3）具有观察宝宝念儿歌水平的意识。	1）学说儿歌开头或结尾的字。 2）接背几句儿歌。 3）学习儿歌表演。

活动准备	1）小老鼠手偶 1 个，猫和老鼠头饰各 8 个。 2）音乐《小老鼠上灯台》，音乐《猫捉老鼠》。 3）教师、家长和宝宝围坐在地上。
家长指导	1．游戏价值 本次活动的目的是学说儿歌。19～24 个月龄段的宝宝说儿歌的能力表现为：等级一，能跟着成人念儿歌中押韵的字或说出开头和结尾的字；等级二，能接背几句儿歌；等级三，能说完整的三字儿歌。儿歌语言精练、简短明快，优美的韵律、重复的节拍、生动的语言再配合一些夸张的动作非常容易吸引婴幼儿。儿歌能帮助婴幼儿增长知识，扩大眼界，丰富语言，特别是对语音和语感的训练有非常重要的作用。 2．家长提示 1）宝宝最初只能说出儿歌的开头或结尾的几个字。可以利用宝宝语言发展中的"接尾策略"，先让宝宝学说儿歌中押韵的字，再学说完整的句子。可从简单的三字儿歌开始训练，采用朗读法、游戏法、歌唱法、表演法等方法进行练习。 2）成人在念儿歌时要注意发音准确、清楚，并注意语言的节奏，让宝宝感受儿歌的韵律美。 3）请家长在活动中注意观察宝宝的表现，可根据宝宝的兴趣和能力选择合适的游戏。 3．发放儿童行为观察记录表 提示家长观察内容要点。
活动过程	热身、点名环节（略）。 1．导入活动：故事《猫和老鼠》 1）教师出示小老鼠手偶："吱吱吱，谁来了？原来是小老鼠来了。小老鼠来干什么呢？" 2）教师用手偶讲述《猫和老鼠》的故事。 3）提问："故事里有谁？""小猫怎么叫？""小老鼠怎么走路？" 提示：请几个宝宝讲一讲，学一学小猫边捋胡须边喵喵叫，学一学老鼠双手缩在胸前的动作。 附故事： 天黑了，宝宝都睡觉了。这时候，洞里的小老鼠，肚子可饿坏了，它要出来找东西吃。它东看看、西瞧瞧，什么也找不到。忽然，"喵—喵—喵"，猫来了，小老鼠吓得赶紧跑回了洞里。 过了很久很久，洞里的小老鼠听到外面没有了声音，又开始出来了。它东看看、西瞧瞧，还是什么也找不到。忽然，"喵—喵—喵"猫来了，小老鼠吓得赶紧跑回了洞里。 2．主题游戏：儿歌"小老鼠上灯台" （1）游戏 1：拍手念儿歌（等级一：说出儿歌开头或结尾的字） 教师示范拍手念儿歌。 1）教师："今天，老师跟大家念一首猫和老鼠的儿歌，名字叫《小老鼠上灯台》。" 2）教师引导家长和宝宝一起拍手念儿歌 2～3 遍。 提示：家长尽量用夸张的口型但不出声的方式，引导宝宝说出儿歌开头或结尾的字。 （2）游戏 2：动作表演儿歌（等级二：能接背几句儿歌） 教师示范用动作表演儿歌。 1）教师："下面，我们一起来用动作表演儿歌。" 2）教师引导家长和宝宝一起一边念儿歌一边做手指游戏（可重复几次）。 提示： 1）家长可以先拉着宝宝的手帮助宝宝做动作，等宝宝熟悉以后，逐步过渡到让宝宝自己一边念儿歌一边做动作。 2）家长说儿歌前半段，引导宝宝接念后半段（家长只做口型不发声）。 （3）游戏 3：跟随音乐表演儿歌（等级三：学说三字儿歌） 1）教师示范跟随音乐进行表演。 2）教师播放音乐，家长和宝宝站成一个圆圈，跟随音乐一边走动一边进行表演。 提示：家长和宝宝可以分工合作，先由宝宝唱儿歌，家长表演动作（可以做口型但不发声）；等宝宝熟悉以后，再由家长唱儿歌，宝宝表演动作。 3．自主游戏 家长根据宝宝的情况自选玩法，注意用夸张的口型引导宝宝接念儿歌，如果宝宝接不上，家长再说出来。 4．放松活动 音乐游戏：猫捉老鼠。 1）教师发放头饰，家长当猫，宝宝当老鼠。

续表

活动过程	2）家长和宝宝随音乐一个跟一个走成圆圈进行游戏，可自由模仿猫和老鼠的动作，当唱到最后一句时，家长用力抱住宝宝，表示抓住了"小老鼠"，还可以在宝宝脸上亲一亲，做出"吃"小老鼠的动作。 附歌词： 1 1 1 2 | 3 1 | 2 2 2 3 | 4 2 | 3 3 3 4 | 5 3 | 5 4 3 2 | 一只 小小 老 鼠，出来 偷吃 东西。一只 小猫 看见，一下 抓 住 1 1 ‖ 一 只 。 总结环节（略）
家庭延伸	在家里多给宝宝欣赏不同的儿歌，最好是动作性强的三字儿歌，可以用朗读法、拍手念儿歌、膝上念儿歌、歌唱法、表演法（念儿歌做动作）等不同方法进行练习。对宝宝较熟悉的儿歌，家长可以逐步引导宝宝说出儿歌里的词，然后说一句儿歌，最后说出完整的儿歌。下面给家长推荐几首儿歌。 1）儿歌《炒豆豆》。 玩法：家长和宝宝面对面，手牵手念儿歌，并有节奏地向左、向右协调摆手。念到最后一句"噼里啪啦翻跟头"时，两人举起一侧的手臂来共同钻过，翻转身体180°，最后还原姿势。 2）儿歌《小白兔》。 玩法：一边念儿歌一边做动作。 3）儿歌《不倒翁》。 玩法：家长两脚心相对，两腿围成圈，宝宝背对家长坐在家长两腿中间，家长两手穿过宝宝腋下握住其脚腕。一边念儿歌，一边轻轻左右摇晃，当念完儿歌时，往右倒转翻滚动一圈，再坐正。 4）儿歌《摇啊摇》。 玩法：让宝宝与成人面对面坐在成人的脚背或大腿上，同时手拉手，一边念儿歌一边像摇船一样前后摇动。

表 8-5　故事"蹦蹦跳"（19~1 月）

活动名称：蹦蹦跳 场地：亲子教室		适宜年龄：19~24 个月 适宜人数：8~10 个家庭
活动目标	家长学习目标 1）了解19~24个月宝宝阅读能力发展的特点。 2）学习用手偶表演讲故事。 3）学习为宝宝选择适宜的阅读内容和材料。	儿童发展目标 1）培养安静听故事的习惯和阅读兴趣。 2）知道故事的简单情节。 3）练习说短句"蹦蹦跳"。
活动准备	动物手偶若干，自制故事大书《蹦蹦跳》，编织袋8个，音乐《袋鼠》	
家长指导	1. 游戏价值 对于19~24个月的幼儿，其阅读能力培养的重点是：培养阅读兴趣和习惯，理解简单的故事情节，学习用拇指和食指一页一页翻书。19~24个月的幼儿对成人语言的理解大有进步，喜欢听成人讲话和讲故事，对图画也开始发生兴趣。家长要充分利用讲故事、看图书来刺激幼儿认知和语言的发展。听故事、看图书活动还能培养幼儿的专注力。 2. 家长提示 1）为宝宝选择的故事要短小，画面图形要大，背景简单，语言重复。 2）在阅读中家长要大胆表演，用自己的情绪感染幼儿。 3）家长注意学习老师讲故事的方法，语言要规范，语速不要太快，尽量配合动作，以激发幼儿听故事的兴趣，促进其语言理解能力的发展。	
活动过程	1. 导入活动：猜猜我是谁 1）教师：小朋友，今天老师给大家请来了几个动物朋友，它们都是谁呢？ 2）教师将手放在身后，然后做神秘状，一个一个出示手偶（小青蛙、小白兔、小鸭子、小乌龟、小花猫……），请宝宝猜一猜（可以用手偶亲一亲猜对的小朋友）。	

续表

| 活动过程 | 2．主题游戏
游戏1：教师完整讲述故事《蹦蹦跳》（等级一：培养安静听故事的习惯）。
1）教师出示大书《蹦蹦跳》，引发宝宝兴趣。
教师："小朋友，老师带来一本大书，我们一起来看看书里讲了什么故事。"
2）教师用动物手偶讲述并表演故事《蹦蹦跳》。
提示：当教师说到"蹦蹦跳"时，家长扶着宝宝腋下做"蹦蹦跳"的动作。
游戏2：亲子阅读（等级二：知道故事简单情节）。
（1）家长讲述故事
宝宝背靠在家长怀里坐下，家长用动物手偶给宝宝讲故事，边讲边做动作，教师进行观察指导。
提示：
1）看书的时候一定要从封面看到封底，包括扉页。
2）可以让宝宝帮着翻书，用拇指和食指一页一页地翻过去。
3）等宝宝熟悉故事内容后，可以家长讲前半句（如"小青蛙会……"），让孩子接后半句（"蹦蹦跳"），尝试复述故事中的词汇或短句。
（2）家长提问，宝宝回答
家长问："故事里都有谁？谁会蹦蹦跳？谁不会蹦蹦跳？"让宝宝回答。
游戏3：故事表演（等级三：练习说短句 "蹦蹦跳"）。
教师用大书讲故事，家长引导宝宝跟随故事内容一边说"×××会蹦蹦跳"，一边做动作（如蹦蹦跳、嘎嘎叫、团团转等）。鼓励宝宝学说短句"蹦蹦跳""嘎嘎叫""团团转"。
3．自主活动
家长带领宝宝一边复述故事，一边表演蹦蹦跳、嘎嘎叫、团团转的动作。
4．放松活动
亲子游戏：袋鼠妈妈蹦蹦跳。
1）教师播放背景音乐《袋鼠》。
2）教师示范游戏玩法。
每个家庭一只口袋，将宝宝装进口袋，妈妈伸手从宝宝腋下将宝宝紧紧抱住往前跳，跳到终点后，妈妈将宝宝抱起来转个圈，再亲一亲。
3）将8个家庭分成2个组进行比赛。
提示：游戏中家长要注意安全，跳跃速度不要太快。 |
| 家庭延伸 | 1）回家后，继续用手偶讲这个故事，边讲故事边做蹦蹦跳的动作，让宝宝学说"×××会蹦蹦跳，×××也会蹦蹦跳"。
2）等宝宝熟悉这个故事后，可以让宝宝给家长讲故事，练习一页一页翻书和故事复述。
3）可根据宝宝兴趣自制动物图书（4～5页），给宝宝讲更多动物故事，培养宝宝的阅读兴趣。 |

（二）托育机构语言指导活动案例

托育机构语言指导活动案例如表8-6～表8-8所示。

表8-6　语言理解活动"小手爬"（13～18个月）

活动名称：小手爬 场地：室内教室		年龄：13～18个月 人数：5人
活动目标	1）练习听指令做动作。 2）能正确指认身体部位。 3）体验游戏和交往的快乐。	
活动准备	1）音乐《小手爬》。 2）音乐《找一个朋友碰一碰》。	
活动过程	1．导入活动：儿歌《小小手》 教师和幼儿面对面围坐在一起，带领幼儿一边念儿歌一边做"招手""拍手""握手""摆手"的动作。 2．主题活动：音乐游戏"小手爬" （1）教师示范 播放音乐，左右手伸出食指和中指放在自己脚面上，随着歌词内容，两只手交替从脚"爬"到头顶上，再从头顶"爬"到脚上。	

续表

活动过程	（2）幼儿游戏 1）教师用动作引导幼儿尝试随音乐用手在身上"爬"（可重复几次）。 2）幼儿学习歌曲，并像教师一样一拍一拍地边唱歌曲、边做动作（可重复几次）。 3）幼儿两两结伴，边唱边轮流用手指在同伴身上"爬一爬"（可重复几次）。 提示：幼儿动作要轻，以同伴感觉舒服为宜。 （3）歌词创编 1）讨论：还可以爬到哪些地方？引导幼儿创编歌词，如耳朵上、肩膀上、肚子上、脖子上、小脸上、屁股上、膝盖上…… 2）教师唱歌，用新的身体部位替换歌词，幼儿跟随变换的歌词内容做动作。 提示： 1）教师演唱时速度稍慢，唱到身体部位前可稍作停顿，让幼儿有一定的反应时间。 2）对动作出错的幼儿可简单惩罚一下（如刮刮鼻子、拍拍手心等）。 3. 结束活动：音乐游戏"找一个朋友碰一碰" 1）播放音乐，教师和幼儿手拉手围成一圈，跟随音乐节奏慢慢围着圆圈一边唱歌一边拍手，听到"小手碰小手"指令后，幼儿赶快找一个好朋友的小手碰自己的小手。 2）教师可以发出不同指令，如"小脸碰小脸""小脚碰小脚""屁股碰屁股"……
活动延伸	回家后跟爸爸妈妈继续玩音乐游戏"找一个朋友碰一碰"，自由创编不同的身体部位进行表演。

表8-7 语言表达活动"声音模仿秀"（19～24个月）

活动名称：声音模仿秀	年龄：19～24个月
场地：室内教室	人数：5人

活动目标	1）模仿各种象声词。 2）学念儿歌做动作。 3）体验语音游戏的乐趣。
活动准备	1）小动物头饰5个。 2）时钟、剪刀、锤子的图片。
活动过程	1. 导入活动：猜声音 1）教师和幼儿面对面围坐成一圈，教师模仿各种小动物的叫声（如小羊咩咩叫、老牛哞哞叫、老虎嗷嗷叫），让幼儿学一学、猜一猜是什么声音。 2）教师依次出示小动物头饰："小朋友，你们知道这是什么动物吗？它是怎么叫的？"让幼儿说一说是什么动物，学一学它是怎么叫的。 3）教师："今天老师给大家带来一首儿歌，叫《小动物唱歌》。" 2. 主题活动 游戏1：小动物唱歌。 1）教师示范念儿歌做动作。 2）教师带领幼儿学念儿歌做动作（鼓励幼儿模仿动物叫声）。 3）儿歌接龙：教师念儿歌前半段"小鸡唱歌"，幼儿接后半段"叽叽叽"。 4）分角色表演儿歌（可重复几次）。 每个幼儿一个动物头饰，教师念儿歌前半段，扮演相应动物的幼儿接念后半段。 游戏2：有趣的声音。 1）教师出示时钟、剪刀、锤子的图片，并一一介绍。例如，说："这是时钟。"时钟说："嘀嗒、嘀嗒、嘀嗒"…… 2）教师示范念儿歌做动作。 3）教师带领幼儿学念儿歌做动作（鼓励幼儿模仿象声词）。 提示：在念到象声词时，教师可以很夸张地只做口型和动作而不发声，引导幼儿说象声词。 3. 结束活动：小小猪 教师和幼儿面对面围坐在地上，教师引导幼儿一起念儿歌做动作，让幼儿学"噜噜噜"的发音。 提示：教师一边嘴里发出"噜噜噜"的声音，一边示范用手轻轻拍打嘴唇，拍打速度或快或慢，增强发音的趣味性。
活动延伸	回家以后把儿歌念给爸爸妈妈听，跟爸爸妈妈一起表演。

表 8-8　阅读理解活动"从头动到脚"（13～18 个月）

活动名称：从头动到脚	年龄：13～18 个月
场地：托小班活动室	人数：10 人

活动目标	1）通过看、听、指等活动，理解故事《从头动到脚》。 2）能在教师的引导下说出身体某些器官的名字（如头、肩膀、膝盖、脚等）。 3）喜欢听故事、指认身体部位互动游戏。
活动准备	经验准备：幼儿对图中动物有一定了解。 环境准备：舒适、宽敞、安静的室内环境。 物质准备：绘本 PPT、每个幼儿一本绘本。
活动过程	1. 儿歌导入，激发兴趣（2～3 分钟） 教师："宝贝们，你们好啊！跟随老师一起玩个音乐游戏吧！" 播放儿歌《头发肩膀膝盖脚》，带领幼儿跟随儿歌做律动。 2. 主题活动（10 分钟左右） （1）读封面 教师："今天老师带来一本好看的书，封面上有一只大猩猩，它的一只手指着头，另一只手指着脚。这本书的名字叫《从头动到脚》。扉页上的这个小朋友，他一只手指着头，另一只手指着脚。哦，他和大猩猩的动作一样哦，你会这样做？" 教师模仿封面上大猩猩的动作。 （2）读正文，学动作 1）教师引导幼儿阅读，鼓励幼儿识别图中的动物，并模仿说动物名字，如企鹅、长颈鹿等。 2）教师引导幼儿了解每个动物的动作，并模仿。 3）重复句式"我会×××，你会吗？"例如，"我会转头。你会吗？""我会弯脖子。你会吗？"等。引导已经会说话的幼儿说头、脖子等身体部位名称。 （3）游戏：泡泡糖 教师："刚才书上的动物们用身体部位玩了好多游戏，现在我们玩指认身体部位的新游戏。" 所有的幼儿围成一个圆圈，教师边拍手边说："泡泡糖，泡泡糖。"助教带领幼儿问："粘哪里？"教师说："粘肩膀（或身体的其他部位）。"教师和助教随机选择两个幼儿互碰肩膀（或身体的其他部位）。 3. 放松活动（2～3 分钟） 再次播放儿歌《头发肩膀膝盖脚》，在欢快的律动气氛中结束活动。
活动延伸	家庭亲子游戏："头发亲亲"。 扶着宝宝坐在家长的大腿上，让宝宝面对着家长。家长轻轻碰触宝宝的身体部位，同时念儿歌："头发亲亲（轻触下头发），肩膀点点（轻轻点点肩膀），膝盖转转（轻轻用手指滑下膝盖），小脚痒痒（轻轻用手指滑下宝宝小脚，轻轻地挠痒痒）。" 反复做几次。

（教案撰写：张远丽）

（三）家庭中的语言游戏活动案例①

家庭中的语言游戏活动案例如表 8-9～表 8-11 所示。

表 8-9　手指游戏"你好"（12～18 个月）

家庭亲子游戏：你好	月龄：12～18 个月

游戏目标	1）学说礼貌用语"你好"。 2）能比较清晰地发音。
游戏准备	水彩笔或者眉笔、口红。
玩法说明	1. 手指宝宝 1）妈妈问："你的小手呢？"等宝宝伸出小手，妈妈说："小手有这么多手指宝宝，我们给手指宝宝画上脸好吗？"妈妈帮宝宝的大拇指和小拇指画上眼睛和嘴巴，边画边说："大拇指宝宝有大眼睛、大嘴巴，小拇指宝宝有小眼睛、小嘴巴。"同时，妈妈给自己的手指也画上脸。

① 程笑君，2003. 婴幼儿教养活动指导（1～2 岁）[M]. 杭州：浙江教育出版社.

续表

玩法说明	2）妈妈伸出大拇指边"点头"边说："大拇指宝宝说'你好'，你的大拇指宝宝在哪里？"让宝宝伸出大拇指说"你好"。如此用大拇指、小拇指交替做游戏，引导宝宝说"你好"。 2. 手指游戏《五指歌》 妈妈一边念儿歌，一边跟宝宝做手指游戏，引导宝宝说"你好"。
指导要点	1）游戏时，妈妈可以编一个简单的故事来引导宝宝主动问好。 2）当宝宝熟悉这个游戏以后，可以跟家人进行表演。
观察与评价	在游戏中，观察宝宝能否与成人一起愉快地游戏。如果宝宝能积极地说"你好"，即使宝宝口齿不是很清楚，也是很好的表现。

表 8-10 早期阅读活动"认一认，读一读"（12～18 个月）

家庭亲子游戏：认一认，读一读		月龄：12～18 个月
游戏目标	1）指认简单图片和文字，初步感受文字。 2）训练发简单的音。	
游戏准备	购买大幅识字挂图，或把剪下的旧图书、画报中适宜的图画张贴在家中的门、墙等处。挂图可高可低，位置适宜成人抱着宝宝认读或宝宝学步时自己沿墙站立指指认认。	
玩法说明	1. 认认读读 成人抱着宝宝或让宝宝自己站立在挂图前，成人用手指图上的各种形象告诉宝宝名称，如娃娃、汽车、皮球等，让宝宝跟着念。 2. 找一找，指一指 成人问宝宝："娃娃在哪里？"让宝宝指出相应画面。 3. 认一认，说一说 成人指着挂图上的画面问宝宝："这是什么？"引导宝宝说出物品名称。	
指导要点	1）成人在教宝宝认图片时发音要准确。 2）图片中的物品形象要尽量标准、单纯、大而鲜明。 3）先从宝宝喜爱和熟悉的物品开始认，逐步增加新的认读内容。	
观察与评价	1）观察宝宝对词汇的理解能力。理解力强的宝宝可以指认多种生活、游戏等物品。 2）观察宝宝是否乐意跟着成人认读，鼓励宝宝模仿、重复成人的话。如果宝宝认真地听了、看了、指了，但不会说，也不用着急，有的宝宝开口迟一点儿也没有关系。	

表 8-11 语言理解活动"小蚂蚁搬宝贝"（19～24 个月）

家庭亲子游戏：小蚂蚁搬宝贝		月龄：19～24 个月
游戏目标	1）巩固宝宝对熟悉玩具物品的认识。 2）听懂简单的语言指令。	
游戏准备	室内、室外均可，储物箱一个，宝宝熟悉的玩具 3～5 个。	
玩法说明	1. 听指令 妈妈扮演蚂蚁王，让宝宝根据妈妈的指令，把各种玩具散放在四周（如床上、沙发上、地上、餐桌下面、柜子里面等），看宝宝是否把玩具放到指定地点。 2. 送玩具回家 妈妈发指令，让宝宝分别送不同玩具"回家"（放进储物箱）。例如，妈妈说："小蚂蚁，快把小鸭送回家！"引导宝宝爬过去将玩具小鸭放在背上，再爬回来，并复述刚才的指令，如："小鸭送回家啦！"	
指导要点	1）刚开始游戏时，玩具不必太多，2～3 个即可。宝宝熟练以后，可以逐步增加玩具数量。 2）游戏熟练以后，指令可以多样化，如"带小鸭去摇篮里睡觉""给小熊喂饭"等，提高宝宝的语言理解能力。 3）注意根据宝宝的能力把握指令的难度，如"去把餐桌下面的小熊送回家""去把沙发后面的小兔送回家"，这个指令需要宝宝辨别方位。成人可以不断增加语言中的要素，训练宝宝对语言的理解能力。	
观察与评价	观察宝宝对名词、动词的理解能力，能否根据指令拿玩具或做动作。	

实践活动

活动一：观摩研讨。

要求：到早教中心观摩 1～2 岁幼儿语言活动组织，并参与研讨，整理研讨记录在班上交流。

活动二：模拟教学。

要求：设计一个 1～2 岁幼儿早教机构语言集体指导活动方案，并准备材料进行模拟教学。

拓展练习

练习：儿歌收集。

要求：全班分 3 组各收集适合 1～2 岁幼儿学习的儿歌 10 首。

推荐阅读

1．陈明霞，2017．0～3 岁亲子活动系列：婴幼儿亲子活动课程（13～18 个月）[M]．上海：复旦大学出版社．

2．陈明霞，2017．0～3 岁亲子活动系列：婴幼儿亲子活动课程（19～24 个月）[M]．上海：复旦大学出版社．

单元九
2～3岁幼儿语言指导活动

【学习目标】

1. 了解2～3岁幼儿语言发展阶段及特点。
2. 掌握2～3岁幼儿语言指导活动目标及内容。
3. 尝试运用活动案例进行模拟教学活动组织。

【学习要点】

1. 2～3岁幼儿语言发展特点。
2. 2～3岁幼儿语言指导活动目标及内容。
3. 2～3岁幼儿语言指导活动案例。

【单元导读】

2岁以后，幼儿在掌握了大量词汇的基础上，进入了学习口语的全盛时期，到3岁左右，幼儿基本掌握了口头语言，能运用语言与人进行简单的交流。

本单元结合2～3岁幼儿语言发展特点，介绍2～3岁幼儿语言指导活动目标及内容，并分别列举早教机构、托育机构和家庭中的语言活动案例，为教师和家长开展2～3岁幼儿语言指导活动提供参考。

一、2～3岁幼儿语言发展阶段及特点

2岁以后一直到入学前，是幼儿基本掌握口语阶段，他们在掌握语音、词汇、语法和口语表达方面都有明显进步，他们开始逐步用语言来表达自己的需要和情感，用语言来调节自己的动作和行为，基本上能运用语言与人交往，语言成为儿童社会交往和思维的一种工具。

（一）2岁～2岁半

1. 基本上能理解成人的语言

这一阶段的幼儿因词汇量增加，对语言的理解能力也迅速增加。对词汇的理解数量接近1000个，词的泛化、窄化、特化现象明显减少，对词义的理解也日益接近成人用词的含义，词的概括性进一步增强，如知道"糖"代表一类事物，能说出自己熟悉的糖的名字，如巧克力、橡皮糖、花生糖等，但对某些词汇的理解还具有直接性和表面性。

案例评析

蜡笔不"辣"

案例描述：

我家丢丢（2岁2个月）画画，我告诉他："这种叫蜡笔，这种叫水彩笔。"

他听完，把蜡笔放进小嘴里尝了一口，在我大叫一声"不许吃"之后，他很认真地告诉我说"不辣"。

案例分析：

2～3岁是幼儿词汇量迅速增长的时期，也是幼儿语言理解能力迅速提高的时期，这时幼儿能理解的词汇接近 1000 个，但是对某些词汇在理解上还具有直接性和表面性，只能理解一些词汇的常用义项，而不能理解其全部义项或派生义项。另外，他们对一些同音字分不清，闹出许多笑话如"吃蒸肉，不吃假肉"，分不清"星星"和"猩猩"等。

2. 能够运用多词句和简单句

这一阶段的幼儿已经掌握了一些常用的基本词汇，由双词句逐渐过渡到"多词句"，并且能说出完整的简单句，句子中的含词量也逐渐增加。例如，"我喝完了""阿姨哭了""给我一个橘子""弟弟走""我的球"等。有时会模仿家长的话。例如，在公园，一个2岁多的小男孩跟妈妈说："我喝爽歪歪。"妈妈说："爽歪歪里面有防腐剂，喝多了不好。"小男孩看见其他小朋友在喝，走过去对小朋友说："里面有防腐剂。"过了一会儿又说："要肚子痛哦！"

3. 常使用接尾策略

接尾策略是指在幼儿早期语言中，接别人话末尾的词语作答，1岁半到2岁半常发生，3岁左右消失。例如，一个成人逗一个2岁多的幼儿说："你喜欢吃糖还是喜欢挨打？"孩子回答："挨打。"若提问换成："你喜欢挨打还是喜欢吃糖？"幼儿则回答："吃糖。"刚开始念儿歌时，幼儿也会出现接尾现象。

4. 喜欢使用疑问句

2岁多的幼儿好奇心很强，因此，疑问句使用频率较高。在这一阶段，幼儿的问句特别多，如"什么、吗、吧、呢"等问句反复出现。"这是什么？""你兜里有什么？""吃什么呀？""妈妈呢？"，这些疑问句对幼儿的社会化有非常重要的作用，幼儿通过提问获取各种必需的信息，成人对幼儿问题的回答能使幼儿认识事物、理解规则等。例如，幼儿看图书时，看到巧虎把咪咪的玩具弄倒了，咪咪哭了。幼儿问："咪咪怎么了？"成人回答："巧虎把咪咪的玩具弄倒了，咪咪很伤心，巧虎要向咪咪道歉，说'对不起'。"

相关链接

婴幼儿问句的发展

小宇2岁时开始使用"什么"问句，她对什么都感到好奇。在一周内家长收集到以下7个"什么"问句：

1）（问氢气球）爸爸，什么啊？

2）（指着妈妈的五官问）这是什么呀？

3）（指着自己裤子上的绣花问）爸爸，这腿上是什么呀？

4）（着急地问她不认识的柜子上的拉手）那是什么呀？

5）妈妈，（你）吃什么呀？

6）妈妈，（你）要干什么呀？

7）（别人在她身边玩小汽车）在我底下搞什么呀？

在小宇2岁半以后，她的好奇心更强，常常会有很多问题，问得家长哑口无言。例如，妈妈和她一起观察蚂蚁搬家时，她和妈妈有如下的对话。

小宇："蚂蚁为什么搬家呀？"

妈妈："因为要下雨了。"

小宇："为什么下雨了要搬家？"

妈妈："蚂蚁怕它的家被雨淋。"

小宇："为什么怕雨淋？"

妈妈："蚂蚁太小了会被水淹死。"

小宇："为什么怕淹死？"

妈妈："死了就看不见妈妈了。"

小宇："为什么呢？"

妈妈："……"

（资料来源：袁萍，朱泽舟，2011. 0～3岁婴幼儿语言发展与教育［M］. 上海：复旦大学出版社.）

5. 语音逐渐规范

幼儿由于发音器官逐渐成熟规范，在发音方面逐渐稳定，发唇音基本没有困难，如m、b等，但发舌尖音zh、ch、sh、r和g、k、h、e等音有一定困难。

6. 语言交际意图加强

幼儿喜欢和人沟通，尤其是在和成人沟通中获得积极反馈（如鼓励、表扬）后，幼儿使用语言跟人沟通的意识明显加强。此外，幼儿这时常常自言自语，嘴里叽叽歪歪，很多时候成人听不懂幼儿说的是什么。幼儿有时会把玩具想象成说话对象，跟玩具说话："你口渴没？喝点水吧！真好喝！"这种自言自语是幼儿语言发展过程中的正常现象，随着年龄的增长会逐渐消失（参见单元一）。

（二）2 岁半～3 岁

1. 复句出现

2 岁半到 3 岁幼儿的语言多以简单句为主，复句逐渐增多。总体上看，此阶段复句数量相对较少。2 岁到 2 岁半时，单词句约为 8.1%，简单句约为 61.4%，复合句约为 30.5%；2 岁半到 3 岁时，单词句约为 4.9%，简单句约为 52.8%，复合句约为 42.3%。

2. 词汇类型扩大，对新词感兴趣

此前婴幼儿的词汇以名词、动词为主，随着年龄的增长，婴幼儿的词类扩大，形容词、副词、代词出现，各种词类在婴幼儿语言中的比例发生明显变化，名词、动词比例减少，形容词、副词、代词比例增加，还有少量数词、量词、连词。对新词感兴趣，3 岁的幼儿开始更为频繁地使用人称代词"我、我的"等。

3. 缺少关联词，复句结构松散

复句通常用一些关联词语来连接。一般有并列、转折、假设、条件、因果等关系的关联词。例如，既……又……，虽然……但是……，如果……就……，只有……才……，因为……所以……，等等。幼儿此时的复句多缺乏关联词，结构松散，多表现为 2 个及以上简单句的组合。例如，一个 2 岁 7 个月的孩子嚷着："妈妈抱。"妈妈回答："为什么总要妈妈抱呀？你抱抱我吧！"孩子说："我抱不动妈妈，妈妈太大了，妈妈太重了，我太小了，妈妈抱我。"又如，孩子问妈妈要巧克力，妈妈给了孩子一颗，孩子说："外婆呢？外公呢？"意思是"还有外婆和外公的呢？"，缺少连词""还""和"。

接近 3 岁时，幼儿的语言中会出现关联词，但常使用错误。例如，"妈妈，我不吃了，所以我不饿。"（妈妈，因为我不饿，所以我不吃了。）"我长大了，如果我给你买多多好吃的。"（如果我长大了，我会给你买好多好吃的东西。）此时他们已经懂得要使用关联词表达自己的想法，但由于掌握不熟练，常出现错误，家长要及时给予纠正。

4. 说话不流畅

这一阶段的幼儿常常说话不流畅，有时结结巴巴，他们虽然学到了很多新词，但要把这些新词有条理地组成句子，仍有一定的困难，说话时仿佛有些口吃，原因是他们的思维速度超过了他们的说话速度，想说的东西太多，一下子找不到合适的语言表达，但又急于表达出来，于是变得说话犹豫不决、不流畅、重复说同一个词或句子。

5. 语言功能日趋丰富、准确

语言有两大类功能：交际功能，概括和调节功能。

皮亚杰指出，儿童和儿童的语言交际，较多属于讨论，而儿童对成人的语言交际，主要是向成人提出问题，因为成人在认知、语言等方面的优势地位，妨碍了儿童和成人讨论与合作。

语言对儿童心理发展的重要作用，主要体现在概括和调节功能的发展。这一时期，幼儿语言的自我调节功能开始逐步发展起来。幼儿

宝宝开口晚怎么办？

能以自己的语言调节自己的行为，也会模仿成人语言来调节自己的行为。例如吃饭时，他会说："宝宝坐好，宝宝吃饭。"幼儿此时的思维是通过外部语言表现出来的，心里想什么就说什么，且不具备交流功能，是自己调节自己行为的语言，即我们说的自言自语。成人思考时，通常使用"内部言语"，静静思考，厘清思路，作出决定。幼儿的自言自语是一种从"外部言语"向"内部言语"的过渡，4 岁以后，幼儿会逐渐开始使用"内部言语"思考，并调节自己的行为。

二、2~3 岁幼儿语言指导活动目标及内容

（一）2~3 岁幼儿语言指导活动目标

1）能正确运用词语说出简单的句子。
2）会用语言表达自己的需求和感受。
3）培养阅读的兴趣和能力，学讲故事、学念儿歌。

（二）2~3 岁幼儿语言指导活动内容

经过 2 岁的词语爆炸期之后，幼儿已经掌握了大量的词汇，能够进行简单的交流。除了日常交流以外，家长可以通过看图说话、复述故事、念儿歌童谣、玩语言游戏、扩大社交范围等方式来发展幼儿的口头表达能力。2~3 岁幼儿语言指导活动内容见表 9-1。

表 9-1　2~3 岁幼儿语言指导活动内容

语言能力	25~30 个月	31~36 个月
语言理解	以形容词、介词、副词训练为主，具体内容如下。 ● 描述动Z作和外形的词（如快慢轻重、高矮胖瘦、漂亮等）。 ● 描述情感及情景的词（如高兴、快乐、好坏、容易、危险等）。 ● 介词（如在、把、用、从、到、和等）。 ● 副词（如很、最、非常、刚才、还是、总是等）。 ● 理解选择句	以量词、连词训练为主，具体内容如下。 ● 量词（如个、只等）。 ● 连词（如和、跟、还、也、又、如果、但是等）。 ● 说反义词
语言表达	完整句训练，具体内容如下。 ● 说完整句（如主谓句、主谓宾句、主谓补句等）。 ● 说三字儿歌 1~2 首。 ● 说名字和性别。 ● 说礼貌用语。	复合句及量词、连词训练，具体内容如下。 ● 并列复句（如还、也、又等）。 ● 因果复句。 ● 叙述简单事件。 ● 说量词。 ● 说连词
早期阅读	故事理解、故事复述训练，具体内如下。 ● 分清故事中的好人、坏人。 ● 理解故事主要情节。 ● 学习自己看图画书。 ● 看图讲述。 ● 复述故事部分情节或对话。 ● 说儿歌 4~5 首。 ● 认识书中常见汉字	

三、2~3 岁幼儿语言指导活动案例

（一）早教机构语言指导活动案例

早教机构语言指导活动案例如表 9-2~表 9-4 所示。

表 9-2　词汇表达活动"送苹果"（31~36 个月）

活动名称：送苹果 场地：室内教室		年龄：31~36 个月 人数：16 人（成人 8 人、孩子 8 人）
	家长学习目标	儿童发展目标
活动目标	1）知道此月龄段宝宝的说量词能力。 ① 等级一：说个体量词（如个、只等）。 ② 等级二：说临时量词（如一盘、一筐等）。 ③ 等级三：说集合量词（如一双、一堆、一串等）。 ④ 等级四：说不定量词（如一点、一些等）。 2）观察宝宝说量词能力发展的水平。 3）掌握教宝宝说量词的多种方法。	1）理解并学说量词"个、块、堆、盘、筐"等。 2）理解故事内容，学习简单的词句。 3）体验游戏的快乐。
活动准备	1）每个家庭一套小动物和苹果图片（如一个苹果、一块苹果、一盘苹果、一筐苹果等）。 2）小动物转盘一个（如小羊、小猴、小狗、小鸟、小象等）。 3）苹果 2~3 个，小筐 1 个，碗和盘子各 4 个，沙拉酱、勺子、叉子、牙签等若干。	
家长指导	1. 游戏价值 量词是用来表示人、事物或动作的数量单位的词，在生活中使用较广。量词一般有较为规范的搭配关系，具有较强的逻辑性。练习说量词有助于培养幼儿初步的逻辑思维能力，丰富幼儿词汇，帮助幼儿更好地由说双词句向说简单句过渡。 2. 家长提示 1）量词是实词中掌握较晚的，宝宝 2 岁半以后才开始掌握。宝宝掌握量词是由个体量词（如个、只等）、临时量词（如一盘、一筐等）、集合量词（如一双、一堆等）、不定量词（如一点、一些等）逐步发展的。本次活动的重点是让宝宝理解一个、一块、一堆、一盘、一筐等量词。 2）说量词对准确性的要求很高，家长在引导宝宝时要先注意引导宝宝理解和表达事物的名称后，再匹配相应的量词。如果宝宝出现量词使用不准确的现象，家长不必急于纠正，但要注意给予正确的示范。 3）家长要认真观察记录宝宝的语言水平，并根据宝宝的语言水平进行相应的活动指导。 3. 发放儿童行为观察记录表 提示家长观察内容要点。	
活动过程	热身、点名环节（略）。 1. 导入活动：猜一猜，认一认 1）教师："老师今天请了好多小动物跟小朋友们一起玩游戏。请仔细看老师的动作，猜一猜是什么动物？"教师用手势和动作、声音扮演山羊、小猴、小狗、小鸟、小象，请宝宝和家长猜。 2）出示动物的图片（如一只山羊、一只小猴、一只小狗、一只小鸟、一头小象等），并对猜对的小朋友进行鼓励。 2. 主题活动 （1）游戏 1：教师讲述故事《摘苹果》 1）教师利用动物及苹果图片用生动的语言讲述故事。 2）提问："故事里都有谁？他们在干什么？（摘苹果、吃苹果）山羊公公是怎么给小动物们分苹果的？" （2）游戏 2：亲子活动"图片配对" 1）教师发放动物和水果图片，家长先引导宝宝认一认、说一说。 2）家长把动物和水果图片分开排列成两排，引导宝宝进行配对：小鸟和一块苹果、小狗和一个苹果、小猴和一盘苹果、小象和一筐苹果。 提示：家长可以引导宝宝看着图片说一说，如"小鸟得到一块苹果、小狗得到一个苹果、小猴得到一盘苹果、小象得到一筐苹果"。 （3）游戏 3：转盘游戏"送苹果" 1）教师示范玩转盘游戏。 教师一边转动转盘一边念儿歌："转转盘，转转盘，拨一拨，转一转，小朋友们认真看，小动物们要吃饭"。转盘停止后，请宝宝说出小动物的名称，并挑选相应图片送给小动物，例如，转盘停止后指向小鸟，请小朋友选择"一块苹果"的图片，并对小鸟说："小鸟，你好！送给你一块苹果，请吃吧！"	

续表

活动过程	2）给每个家庭发放转盘和苹果图片，家长带领宝宝玩游戏，教师巡回指导。 提示：家长提醒宝宝根据动物不同的食量选择苹果图片，必须使用相应的量词和礼貌用语，这样小动物才会接受。鼓励宝宝使用完整、连贯的语言。 （4）游戏4：苹果沙拉 1）教师拿出一筐苹果，带领家长和宝宝做水果沙拉。 提示：教师先将一个苹果切块，向宝宝展示"一块苹果、一个苹果、一盘苹果、一筐苹果"，帮助宝宝理解量词。 2）将所有苹果切块，装在不同容器（碗、盘）中，请宝宝自己选择，家长和宝宝边吃沙拉边交流："拿一（块）苹果，挤一（点）沙拉，拌一拌，变成一（盘）水果沙拉。" 3）家庭之间互相交流分享沙拉。 提示：注意量词的使用，如"我吃了一碗沙拉""我用勺子舀了一勺""我用叉子叉了一块""我用牙签穿了一串"等。 3. 自主活动 家长根据宝宝的兴趣和能力选择适合的游戏进行亲子互动。 4. 放松活动 儿歌表演：摘苹果。 教师带领家长和宝宝边唱儿歌边表演。家长可以引导宝宝变换水果名称和量词，如树上有许多（紫葡萄），（一串一串）摘下来。 总结环节（略）。
家庭延伸	量词有比较固定的搭配关系，对准确性的要求很高，量词的准确使用对宝宝来说比较困难。量词在生活中使用较广，可将量词的理解和表达与宝宝的日常生活结合起来。 1）在超市购物的时候说说买了些什么，吃饭的时候讲讲餐桌上的物品：一双筷子、一只碗等；说一说不同房间（如厨房、客厅、卧室、书房等）里有什么。 2）带宝宝逛花市或宠物市场，学说与动植物相关的量词，如一朵花、一枝花、一束花、一盆花、一篮花等。 3）念儿歌说量词：一头牛、两匹马、三条鲤鱼、四只鸭、五本书、六支笔、七棵果树、八朵花、九架飞机、十辆车，小朋友们别记错。

（四川省直属机关东通顺幼儿园：钟敏 指导：杨春华）

表9-3 故事复述"鳄鱼怕怕，牙医怕怕"（31～36个月）

活动名称：鳄鱼怕怕，牙医怕怕		适宜年龄：31～36个月
适宜场地：室内教室		适宜人数：16人（成人8人、孩子8人）

	家长学习目标	儿童发展目标
活动目标	1）知道此月龄段宝宝的故事复述能力。 ① 等级一：给图画中的物品命名。 ② 等级二：看图讲述1~2句话。 ③ 等级三：复述部分情节或对话。 ④ 等级四：边翻书边看画面，并跟随画面内容，讲述一个完整的故事。 2）观察宝宝故事复述的发展水平。 3）掌握教宝宝故事复述的4种方法。	1）看图讲述1~2句话。 2）复述部分情节或对话。 3）尝试讲述一个完整的故事。 4）懂得要爱护自己的牙齿，养成刷牙的习惯。
活动准备	1）自制大图书一本，每个宝宝一本小图书。 2）白大褂、医生玩具；鳄鱼手偶1个、话筒一只、卡纸王冠8个；鳄鱼头饰等。 3）温馨的亲子阅读环境、语言表演区——牙医诊所。 4）音乐《鳄鱼咬咬》。	
家长指导	1. 本游戏的教育价值 复述是幼儿学习、重复和模仿文学作品语言、再现文学作品的一种手段，可以促进其记忆、思维和连贯性语言的发展。31~36个月宝宝故事复述能力：等级一，给图画中的物品命名；等级二，看图讲述1~2句	

家长指导	话；等级三，复述部分情节或对话；等级四，边翻书边看画面，并跟随画面内容，讲述一个完整的故事。本次活动的重点是：等级二（看图讲述1～2句话）、等级三（复述部分情节或对话）。 2. 家长提示 成人在给宝宝讲故事时，一定要注意多次重复，并通过提问、讨论、角色扮演、猜结局等方式帮助宝宝理解和记忆故事内容，以便宝宝准确复述故事内容。 3. 发放儿童行为观察记录表 提示家长观察内容要点。
活动过程	1. 导入活动 手指游戏：五只猴子荡秋千。 1）教师出示鳄鱼手偶，问："这是什么？"（鳄鱼） 2）教师："今天小鳄鱼要跟宝宝一起做游戏。" 3）教师带领家长和宝宝做手指游戏。 2. 主题活动：故事《鳄鱼怕怕，牙医怕怕》 （1）游戏1：封面阅读（等级一：给图画中的物品命名） 1）教师："这儿有一本好看的书，我们来看看书里讲了谁的故事。" 2）出示自制大书，指着封面问："这是谁？""看看他们的表情，他们高兴吗？""宝宝们，学一学他们的表情。" 3）教师指图、字介绍书名："封面上是鳄鱼和牙医，这本书要讲述他们之间发生的故事，书名是《鳄鱼怕怕，牙医怕怕》。" （2）游戏2：宝贝一家亲（等级二：看图讲述1～2句话） 1）请宝宝到书架处自取一本图书《鳄鱼怕怕，牙医怕怕》，营造安静的阅读氛围（可放轻柔的钢琴曲），家长和宝宝一起合作阅读《鳄鱼怕怕，牙医怕怕》。 2）家长讲述故事的同时，可提与画面中人、物、行为相关的问题："这是什么？""鳄鱼在哪儿？它在想什么？" 提示：观察宝宝是否能够记住并说出画面中的人物、常见物品，并描述故事中人物的行为。 （3）游戏3：故事表演"牙医诊所"（等级三：复述其中部分情节或对话） 创设语言表演区——牙医诊所，家长带着宝宝在剧场自选道具进行故事表演。 提示： 1）注意引导宝宝学说重复对话的部分（家长说一句鳄鱼的话，宝宝学说一句牙医的话）。 2）观察宝宝在图片和成人的提示下是否能够复述其中部分情节或对话。 （4）游戏4：故事大王（等级四：边翻书边看画面讲述一个完整的故事） 教师："宝宝，我们准备了一支话筒和王冠，上来给大家讲故事的宝宝可以获得一项王冠。" 教师请大胆的宝宝用话筒在大家面前讲述故事，并发一项王冠以示鼓励。 3. 自主活动 家长根据宝宝的能力自由阅读，观察宝宝的故事复述能力。 4. 放松活动 音乐律动《鳄鱼咬咬咬》。 播放儿歌，教师带领家长和宝宝进行儿歌表演。 提示：教师拿着手偶扮演鳄鱼，追着家长和宝宝跑来跑去。当念到"螃蟹被吃掉"时，家长可以抱住宝宝假装"咬"一口，逗宝宝哈哈大笑。
家庭延伸	在培养宝宝故事复述能力时，注意选择故事简短、人物情节简单、重复、画面生动、动作性强的图画书，如《蹦》《一步一步，走啊走》《小猫钓鱼》《小红帽》《小兔乖乖》《拔萝卜》等。 在家里可以做的事情如下。 1）经常让宝宝进行单幅画面的看图说话练习（如照片、广告图片、玩具包装图片等）。 2）开展角色扮演游戏，模仿角色的表情、动作、对话等。 3）和宝宝一起听有声故事，复述故事里的精彩情节或对话，并让宝宝讲故事给大家听。

（四川省直属机关东通顺幼儿园：钟敏　指导：杨春华）

表 9-4 句子表达活动"糖果宝宝"（25~30 个月）

活动名称：糖果宝宝 适宜场地：室内教室		适宜年龄：25~30 个月 适宜人数：16 人（成人 8 人、孩子 8 人）
	家长学习目标	儿童发展目标
活动目标	1）知道此月龄段宝宝的句子表达能力。 ① 等级一：说单词句。 ② 等级二：说双词句。 ③ 等级三：说完整句。 2）学习教宝宝练习句子表达的方法。 3）观察宝宝的句子表达能力。	1）认识三种糖果，能说出糖果的名称。 2）会念儿歌《糖宝宝》。 3）练习说完整句"我喜欢……"。 4）学习来回一个方向涂色。
活动准备	1）准备布袋一个和三种糖果（大白兔奶糖、棒棒糖、棉花糖）若干。 2）蜡笔、画好糖果轮廓的纸若干、范画。		
家长指导	1. 游戏价值 这是一个以糖果为核心设计的活动，将语言活动与其他领域活动（如认知、动作、绘画等）进行整合，通过摸一摸、看一看、说一说、唱一唱、尝一尝、涂一涂等活动，让宝宝在游戏、操作的基础上，练习用完整句进行表达。2~3 岁宝宝主要是学说完整句。 2. 家长提示 1）请家长在活动中注意观察宝宝的表现，可根据宝宝兴趣和能力选择适合的游戏。 2）在游戏中，尽量放手让宝宝自己尝试完成任务，家长不要包办代替。 3）及时对宝宝的行为进行鼓励（如亲吻、拥抱等）。 3. 发放儿童行为观察记录表 提示家长观察内容要点。		
活动过程	1. 导入活动：摸糖果 1）教师出示布袋："宝宝，你们看，这是什么呀？布袋里面藏着什么呢？谁来摸一摸？" 2）教师逐一请宝宝们说一说摸到的是什么糖果。 2. 主题活动：糖果宝宝 （1）等级一：认识三种糖果，能说出糖果的名称 游戏 1：认识糖果。 1）教师分别出示糖果，引导宝宝认识糖果的主要特征，说出糖果的名称。 2）宝宝自由发言。 提示：鼓励宝宝从软硬、颜色、形状、包装等上面进行比较，能够大胆地表述自己的发现。 （2）等级二：会念儿歌《糖宝宝》 游戏 2：儿歌《糖宝宝》。 1）教师朗诵儿歌："花纸包里，有个宝宝，剥开尝尝，宝宝变小。" 2）家长带领宝宝学习朗诵儿歌。 （3）等级三：练习说完整句"我喜欢……" 游戏 3：糖果尝一尝。 1）请宝宝吃颗奶糖，尝一尝甜不甜，闻一闻香不香，现场感受糖宝宝变小的过程。 2）提问： ①"嘴巴里的糖果有什么变化吗？"（变小了） ②"糖果好吃吗？你最喜欢吃什么糖果呀？"（家长引导宝宝说一说） 游戏 4：涂色"我给糖果穿新衣"。 1）激发宝宝兴趣。 教师："宝宝，刚才的糖果好吃吗？你想不想给糖果宝宝穿上漂亮的新衣服呀？" 2）教师讲解示范。 ① 教师："你们看！（教师出示范画——没有涂色的糖果）你想给这个糖果宝宝穿上什么颜色的衣服？我们可以请蜡笔来帮忙。" ② 教师用来回一个方向涂的方法涂上红颜色，让宝宝知道用同样方法可以再涂上绿色、黄色。 ③ 教师："其他糖果宝宝也想穿漂亮的衣服呢，请宝宝帮助它们，好吗？"		

续表

活动过程	3）宝宝取操作材料并涂色。 提示：家长注意引导宝宝用正确的方法握蜡笔，学习来回一个方向涂色。 4）提醒宝宝收拾操作用具，引导宝宝将操作材料送回原处。 3.自主活动 请宝宝拿着自己涂好颜色的画，跟家长说一说自己最喜欢吃什么糖果，最喜欢什么颜色，给糖果涂什么颜色。 4.放松活动 亲子音乐游戏"棒棒糖"。 1）请家长和宝宝面对面坐好，家长引导宝宝根据节奏做自己喜欢的动作。 2）熟悉节奏后，可以随音乐节奏相互拍手。
家庭延伸	1）利用糖果开展分类、数数、分享活动等。 2）引导宝宝练习说完整句"我喜欢……"，从表达最简单的喜欢一个人、一件东西到喜欢某种行为。

（四川省直属机关东通顺幼儿园：钟敏　指导：杨春华）

（二）托育机构语言指导活动案例

托育机构语言指导活动案例如表 9-5～表 9-7 所示。

表 9-5　托大班语言表达活动"花园种花"

活动名称：花园种花 场地：室内教室	年龄：25～30 个月 人数：7 人
活动目标	1）通过语言描述和肢体动作，理解"小花园、大花园、特别大的花园"的区别，熟悉儿歌内容。 2）能根据儿歌中的句式"在××的花园里面，挖呀挖呀挖，种××的种子，开花××的"对儿歌进行创意仿编。 3）愿意大胆地在集体面前表演儿歌。
活动准备	1）物质准备：PPT、幼儿坐成半圆形、种花的铲子。 2）经验准备：幼儿平时听过《花园种花》这首儿歌，看过花园里的花。
活动过程	1.手指谣导入，导入主题，激发幼儿参与活动的兴趣 1）幼儿共同表演手指谣：两只小鸟。 2）谈话导入主题。 教师："小朋友们，你们见过花吗？知道怎么种花吗？" 教师："今天老师就要带你们去花园里种花，我们一起出发吧。" 2.出示 PPT，引导幼儿在感知理解儿歌的基础上表演儿歌 1）教师示范念一遍儿歌《花园种花》。 教师："老师刚刚去了哪些花园呀？我去小小的花园里干什么啦？" 2）出示 PPT，引导幼儿感知并用动作表现"小小的、大大的、特别大的"。 教师："我种了什么样的种子？最后开了什么样的花？" 教师："小小的花园有多大？大大的花园有多大？" 教师引导幼儿用动作表示。 3）教师和幼儿完整表演儿歌，进一步熟悉巩固儿歌。 教师："那现在老师带着小朋友们一起去种花吧！" 3.出示图片，引导幼儿根据儿歌句式仿编 教师："刚刚我们一起去了小小的花园、大大的花园、特别大的花园去种花了。宝贝们，现在我们一起去任老师的花园里种花吧！"（出示任老师的图片） 教师："啊！任老师的花园里已经开满了花，现在你们还想去谁的花园呢？还想去什么样的花园呢？"（引导幼儿进行仿编）

续表

活动过程	4. 音乐游戏：花园种花 教师讲解游戏规则：请所有的幼儿围成一个圈，音乐响起时，大家递种花的铲子，当音乐停止时，铲子在哪个小朋友就手中，哪个小朋友就要来到圆的中心，大家就一起去谁的花园里种花，同时表演儿歌。 教师："刚刚小朋友们都说了想去××的花园种花，那我们现在就开始行动起来吧！跟着老师一起出发吧！" 5. 活动总结 教师："今天小朋友们实在是太厉害了，等放学回家我们带着爸爸妈妈或者爷爷奶奶一起去种花吧！"
活动延伸	幼儿回到家里和家长一起表演儿歌《花园种花》，增进亲子关系。家长鼓励幼儿继续大胆仿编儿歌，共同感受仿编儿歌带来的乐趣。

（合肥幼儿师范高等专科学校附属实验幼儿园　任童玉）

表 9-6　托大班早期阅读活动"三只蝴蝶"

活动名称：三只蝴蝶	年龄：31~36 个月
场地：室内教室	人数：7 人

活动目标	1）能专心倾听故事《三只蝴蝶》，并根据图片理解故事内容。 2）愿意在教师的引导下模仿故事中的对话，尝试说出"我们三个好朋友，相亲相爱不分手，要来一起来，要走一起走"。 3）感受好朋友之间的相亲相爱、互不分离的美好情感。
活动准备	1）物质准备：绘本《三只蝴蝶》PPT，图片（和幼儿人数相等的红蝴蝶、黄蝴蝶、白蝴蝶，以及红花、黄花、白花、太阳的图片各 1 张）。 2）经验准备：幼儿在生活中接触并观察过蝴蝶，感受过朋友之间的相亲相爱，喜欢听故事。
活动过程	1. 教师出示蝴蝶，激发幼儿的活动兴趣 教师："今天我们班飞来了三只蝴蝶，这三只蝴蝶都是什么颜色的？"（红、黄、白） 教师："老师要给你们讲一个好听的故事，故事的名字就叫《三只蝴蝶》。我们一起来听听这三只蝴蝶发生了什么有趣的事情吧！" 2. 教师出示图书，引导幼儿观察书的封面 1）教师："封面上有几只蝴蝶？" 2）教师："猜猜它们在干什么？" 3. 教师有感情地完整讲述故事，并结合图片帮助幼儿理解故事内容 1）教师播放 PPT，一边提问一边讲故事。（第一部分） 教师："它们是谁啊？在干什么？发生了什么事儿？" （花园里住着三只美丽的蝴蝶。一只是红色的，一只是黄色的，还有一只是白色的。它们每天在花园里游玩嬉戏，开心极了。有一天，三只蝴蝶正在花园里捉迷藏，突然，雷声轰鸣，下起雨来了。） 教师："这么大的雨，该怎么办呀？"鼓励幼儿自由交流并表述自己的想法。 教师："让我们一起来看看三只蝴蝶是怎样避雨的。" 2）教师播放 PPT，继续讲故事并提问。（第二部分） 教师："三只蝴蝶先去找谁避雨了？（红花）红花答应了吗？她是怎样说的？三只蝴蝶是怎样说的？" （红花说："红蝴蝶的颜色像我，请进来。黄蝴蝶，白蝴蝶，别进来！"三只蝴蝶齐声回答："我们三个好朋友呀，相亲相爱不分开，要来一块儿来，要走一块儿走，我们三个好朋友。"） 教师："三只蝴蝶然后去找谁避雨了？（黄花）黄花答应了吗？她是怎么说的？三只蝴蝶是怎样说的？" 4. 教师再次利用 PPT 引导幼儿回答问题并初步学说故事里的短句 1）教师："故事的名字叫什么？故事中都有谁？" 在幼儿回答问题有困难的时候，教师可以用图片进行引导。 2）教师："三只蝴蝶是怎样向三位花姐姐求助的？三位花姐姐是怎样回答的？三只蝴蝶又是怎样回答的呢？"

活动过程	教师有感情地说出三次对话。 3）教师引导幼儿尝试说出："我们三个好朋友，相亲相爱不分手，要来一起来，要走一起走。" 教师总结："这三只蝴蝶太友爱了，谁都不想离开谁，在它们遇到困难的时候太阳公公还帮助了它们，我们小朋友也应该向它们学习。" 5. 结束活动：游戏"我是一只小蝴蝶" 教师给每个幼儿分发蝴蝶挂饰，幼儿扮演相亲相爱的小蝴蝶，教师带领他们到室外飞舞嬉戏。
活动延伸	1）将绘本《三只蝴蝶》投放到阅读区，供幼儿反复阅读。 2）在表演区投放与故事相关的材料和道具，引导幼儿进行故事情境表演。

（合肥幼儿师范高等专科学校附属实验幼儿园　薛会群）

表 9-7　托大班诗歌欣赏活动"滴答！滴答！"

活动名称：滴答！滴答！ 场地：室内教室		年龄：25～36 个月 人数：7 人
活动目标	1）知道诗歌的名称，理解词语"冰冰凉"。 2）在图片的提醒下，尝试记忆诗歌的顺序。 3）感受下雨带来的乐趣。	
活动准备	1）经验准备：教师带领幼儿感受雨滴落在脸上冰冰凉的感觉。 2）教学大书、教学视频、音乐《雨中即景》。 3）图片：荷花、小鱼、小草、娃娃的小脸。	
活动过程	1. 导入活动 教师播放下雨的声音导入，激发幼儿听诗歌的兴趣。 教师："刚才小朋友听到什么声音呀？下雨时我们会有什么好玩的呀？" 2. 主题活动 （1）教师播放视频，带领幼儿一起欣赏诗歌 教师："今天，老师给小朋友们带来一首下雨的诗歌，我们一起来听一听。" 提问："诗歌叫什么名字呀？雨滴都落在哪里了？" （2）教师出示教学大书，边翻看大书边讲解诗歌，并引导幼儿做动作，帮助幼儿理解诗歌内容 提问： 1）小雨落在哪些地方？ 2）荷花怎么样？谁会做一个张嘴巴的动作？ 3）小鱼怎么样？小鱼会怎样摇尾巴？ 4）小草怎么样？小草是怎样长高的？ 5）小朋友的小脸怎么样？冰冰凉是什么感觉？为什么有冰冰凉的感觉？ （3）教师出示图片，引导幼儿尝试记忆诗歌顺序 教师："我们再来一起听一听，小雨先落在哪儿，又落在哪儿，再落在哪儿，最后落在哪儿。" 教师出示图片，和幼儿一起记忆顺序。 （4）教师播放视频，与幼儿一起再欣赏一遍诗歌 教师："我们再来听一听诗歌，大家和老师一起来说一说。" 3. 放松活动 教师播放欢快的音乐《雨中即景》，带领幼儿感受下雨天的乐趣。 教师："下雨天真好玩。现在我们一起来感受一下吧，看看都有什么好玩的事。"	
活动延伸	等到下雨天的时候，教师可以带领幼儿一起和雨做游戏。	

（三）家庭中的语言游戏活动案例①

家庭中的语言游戏活动案例如表9-8～表9-10所示。

表9-8 词汇游戏"动物捉迷藏"（25～30个月）

家庭亲子游戏：动物捉迷藏	月龄：25～30个月
游戏目标	1）理解和运用简单的方位词（如上面、下面、里面等）。 2）学习用语言描述物品的方位。
游戏准备	该游戏适合在有家具的房间进行（准备几个动物玩具）。
玩法说明	1）游戏开始，成人引导宝宝拿出动物玩具："宝宝，我们来和小动物捉迷藏吧！" 2）请宝宝把动物玩具藏起来，由成人去找，找到后用语言表述玩具的方位，如"小兔在桌子下面"等。 3）由成人将动物玩具藏起来，让宝宝去找，找到后尽量引导宝宝用语言表述。
指导要点	1）成人在藏玩具时，应该有意识地先把玩具藏在宝宝较易发现的地方，如桌子上面或下面，然后逐步增加难度（如把玩具藏在柜子里面）。如果宝宝对上面、下面、里面这些方位词掌握得比较好，可以再适当增加几个方位词，如外面、前面、后面等。 2）当宝宝只是用手指点方位时，成人应引导宝宝用语言表述，如"小猫躲在沙发的什么地方？"。
观察与评价	如果宝宝用"沙发上面"这样的语言来表述，说明宝宝的语言发展得非常好；如果宝宝只用"上面"之类的语言表述，也是不错的；如果宝宝只会用手指点，用"这里""那里"的语言表述，这也是正常的，家长要注意引导宝宝学习用方位词表述。

表9-9 句子游戏"传声筒"（31～36个月）

家庭亲子游戏：传声筒	月龄：31～36个月
游戏目标	1）培养良好的倾听习惯和倾听能力。 2）学习复述语言。
游戏准备	安静的室内，四个卫生纸芯，两根细绳。
玩法说明	1）成人和宝宝一起用卫生纸芯和细绳做两个传声筒。 2）打电话：妈妈和宝宝各拿一个纸芯，模仿打电话。 3）传话游戏：使用两个传声筒，宝宝两手各拿两个传声筒的一端，将妈妈的话传给爸爸，如"娃娃和小熊跳舞""小松鼠采蘑菇""小燕子穿花衣"……
指导要点	1）游戏时，成人可以选择一些宝宝感兴趣的话题进行交流。 2）让宝宝传的话尽量简短，一般是2～3个词组成的句子。 3）成人传话的语速稍慢，吐字要清晰，语句由简及难。
观察与评价	1）观察宝宝是否能专心地倾听，并能对成人的语言做出积极的反应。 2）宝宝在传话的过程中往往不能完整地复述句子，这对于这个年龄段的宝宝来说是正常的。

表9-10 词汇游戏"说相反"（31～36个月）

家庭亲子游戏：说相反	月龄：31～36个月
游戏目标	1）学习理解意义相反的词。 2）激发宝宝说话的兴趣。
游戏准备	室内、室外均可，但需较大空间。准备一些具有对比效果的图片（如大小、长短、多少、高矮、前后、里外等）。

---

① 程笑君，2003. 婴幼儿教养活动指导（2～3岁）[M]. 杭州：浙江教育出版社.

续表

玩法说明	1）成人先和宝宝做各种意义相反的动作。如成人说："长高了！"同时踮起脚尖，高举双手。宝宝说："变矮了！"同时蹲下，缩紧身体。 2）找图片游戏。成人从图片中拿出一张，说："我找到大苹果！"引导宝宝找出相反意义的图片，并说："我找到小苹果！"
指导要点	1）学说反义词有一定的难度，成人应在日常生活中帮助宝宝积累相应的词汇。 2）在教宝宝理解反义词时，可以从具体事物入手，逐步让宝宝建立"反义词"的概念。例如，从大苹果—小苹果、大人—小孩，逐步扩展到大一小。 3）适宜 3 岁前宝宝学习的反义词有大小、多少、前后、高矮、冷热、来去、快慢、长短、里外、胖瘦等。
观察与评价	1）观察宝宝的理解能力，是否明白"反义词"的含义。 2）观察宝宝对语言的反应能力，是否能迅速回答成人的问题。

实践活动

活动一：活动观摩。

要求：实地观摩或观看早教中心 2～3 岁幼儿语言指导活动的视频，并对该活动进行分析评价。

活动二：模拟教学。

要求：设计一个 2～3 岁幼儿早教机构语言集体指导活动方案，并准备材料进行模拟教学。

拓展练习

练习一：社区入户指导服务。

要求：观察记录 2 个 2～3 岁幼儿的语言发展水平，为家长提供该幼儿的个别化指导计划，并在班上分享讨论。

练习二：绘本收集。

要求：根据 2～3 岁幼儿语言发展情况，每人收集整理 10 个适合此年龄段幼儿的绘本故事。

推荐阅读

1. 陈明霞，2017. 0～3 岁亲子活动系列：婴幼儿亲子活动课程（25～30 个月）[M]. 上海：复旦大学出版社.

2. 陈明霞，2017. 0～3 岁亲子活动系列：婴幼儿亲子活动课程（31～36 个月）[M]. 上海：复旦大学出版社.

参 考 文 献

鲍秀兰，2019. 0～3岁儿童最佳的人生开端 [M]. 北京：中国发展出版社.

边玉芳，2009. 儿童心理学 [M]. 杭州：浙江教育出版社.

蔡蓓瑛，2005. 恋上布母猴 [M]. 上海：上海科学技术出版社.

陈萍，许政援，1993. 儿童最初词汇的获得及其过程 [J]. 心理学报（2）：198.

程笑君，2003. 婴幼儿教养活动指导（0～1岁）[M]. 杭州：浙江教育出版社.

黄娟娟，2005. 0～3岁幼儿阅读发展与培养 [M]. 上海：上海科学技术出版社.

黄希庭，2015. 心理学导论 [M]. 3版. 北京：人民教育出版社.

姜晓燕，郭咏梅，2012. 学前儿童语言教育 [M]. 北京：高等教育出版社.

孔令达，傅满义，2004. 儿童语言中副词的发展 [J]. 安徽师范大学学报（人文社会科学版）（9）：593.

孔亚楠，孙淑英，刘微，等. 2009. 抚育环境对2～3岁儿童语言发育的影响 [J]. 北京医学，31（8）：471-473.

库恩，等，2007. 心理学导论：思想与行为的认识之路 [M]. 郑钢，等译. 11版. 北京：中国轻工业出版社.

李俐，2012. 零点起步：亲子园活动方案 [M]. 南京：南京师范大学出版社.

李麦浪，2005. 0岁，阅读的起跑线：学前儿童图书阅读与指导 [M]. 北京：新世纪出版社.

李宇明，2004. 儿童的语言发展 [M]. 武汉：华中师范大学出版社.

琳达·杜威尔-沃森，等，2011. 婴儿和学步儿的课程与教学 [M]. 苏贵民，陈晓霞，译. 5版. 北京：人民教育出版社.

刘金花，2013. 儿童发展心理学 [M]. 3版. 上海：华东师范大学出版.

帕帕拉，奥尔兹，费尔德曼，2011. 孩子的世界：0～3岁 [M]. 陈福美，郭素然，郝嘉佳，等译. 11版. 北京：人民邮电出版社.

庞丽娟，李辉，1993. 婴儿心理学 [M]. 杭州：浙江教育出版社.

赛尔日·西科迪，2008. 100个心理小实验：帮你更好地了解宝宝 [M]. 王文新，陈明媛，李美平，译. 上海：上海社会科学院出版社.

宋荷良，2013. 亲子活动中教师的指导策略 [J]. 河南教育（幼教）（11）：37.

魏锦虹，2003. 0～3岁儿童词义理解的几个阶段 [J]. 淮南师范学院学报（4）：118-120.

文颐，2016. 0～3岁婴儿的保育与教育 [M]. 北京：高等教育出版社.

文颐，2020. 婴儿心理与教育（0～3岁）[M]. 2版. 北京：北京师范大学出版社.

文颐，2023. 0～3岁早期教育指导课程 [M]. 北京：北京师范大学出版社.

文颐，杨秀蓉，杨春华，2018. 0～3岁婴儿早期教育亲子指导课程教学设计方案 [M]. 北京：科学出版社.

徐莉，2021. 婴幼儿语言发展评估与活动指导 [M]. 重庆：西南师范大学出版社.

颜晓燕，2021. 0～3岁儿童语言与交往 [M]. 上海：复旦大学出版社.

杨凤琴，2013. 亲子活动中家长的角色定位 [J]. 小学科学（教师版）（3）：173.

尹坚勤，张元，2008. 0～3岁婴幼儿教养手册 [M]. 南京：南京师范大学出版社.

袁萍，朱泽舟，2011. 0～3岁婴幼儿语言发展与教育 [M]. 上海：复旦大学出版社.

张明红，2006. 学前儿童语言教育 [M]. 上海：华东师范大学出版社.

张明红，2020．0～3岁婴幼儿语言发展与教育［M］．上海：华东师范大学出版社．

张远丽，2009．如何为0～3岁儿童选择早期阅读材料［J］．现代幼教（1）：17-18．

张远丽，2013．亲子活动家长指导五原则［J］．学前教育（4）：51-52．

赵寄石，楼必生，2001．学前儿童语言教育［M］．北京：人民教育出版社．

郑琼，2013．0～3岁婴幼儿亲子活动指导与设计［M］．福州：福建人民出版社．

周兢，2008．学前儿童语言教育［M］．南京：南京师范大学出版社．

周念丽，2021．0～3岁儿童观察与评估［M］．上海：华东师范大学出版社．